Nase vorn!

Mathematik

4A

AF204188

Arbeitsheft

Erarbeitet von
Alexandra Freytag
Anna Harrich-Voßen
Gesa Hochscherff
Jule Johnen
Uwe Nienhaus
Anna Pöllinger-Miebach

Illustriert von
Friederike Ablang
Antje Hagemann
Josephine Wolff

Deine digitalen Inhalte findest du in der Cornelsen Lernen App

Cornelsen Lernen **App**

Cornelsen

Inhalt

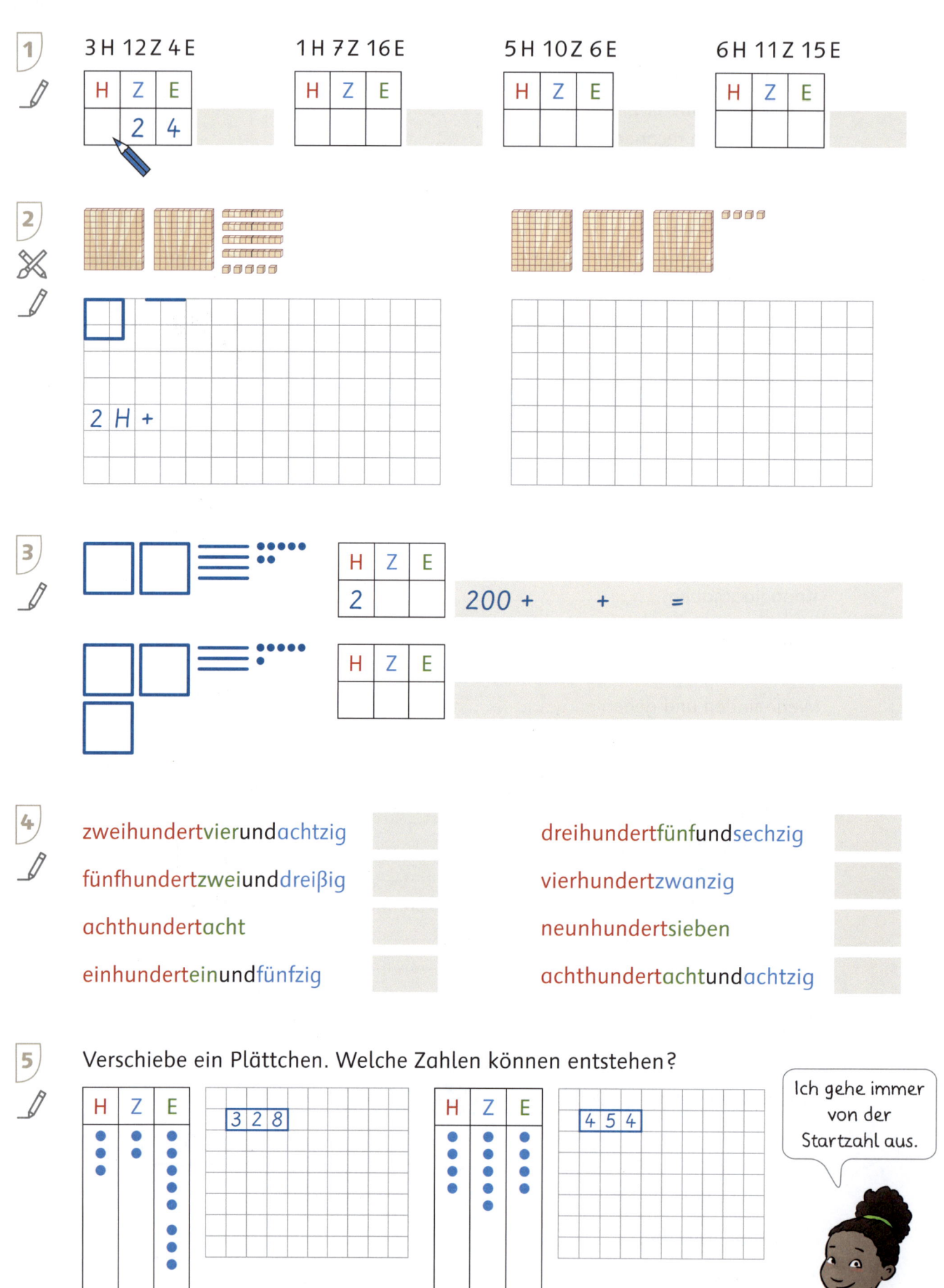

1 3 H 12 Z 4 E   1 H 7 Z 16 E   5 H 10 Z 6 E   6 H 11 Z 15 E

H	Z	E
	2	4

H	Z	E

H	Z	E

H	Z	E

2

2 H +

3

H	Z	E
2		

200 +   +   =

H	Z	E

4 zweihundertvierundachtzig   dreihundertfünfundsechzig

fünfhundertzweiunddreißig   vierhundertzwanzig

achthundertacht   neunhundertsieben

einhunderteinundfünfzig   achthundertachtundachtzig

5 Verschiebe ein Plättchen. Welche Zahlen können entstehen?

H	Z	E

3 2 8

H	Z	E

4 5 4

Ich gehe immer von der Startzahl aus.

APP

6 <, > oder = ?

120 ● 90   345 ● 541   765 ● 764   110 ● 101

340 ● 340   515 ● 151   123 ● 456   343 ● 434

410 ● 510   323 ● 222   543 ● 543   901 ● 999

7 Immer 1000.

900 + ☐   600 + ☐   700 + ☐   400 + ☐

200 + ☐   650 + ☐   750 + ☐   150 + ☐

8 Tausendertafel.

 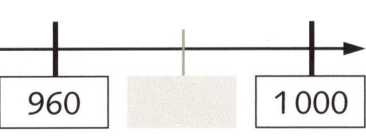 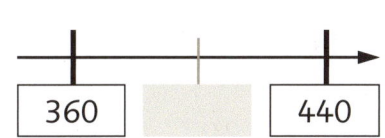

	727	729
736		
		749

| | | 404 |
| 423 | | |

| | | |
| | | 556 |

9
a) 311, 312 … 320   d) 120, 130 … 200   g) 522, 520 … 500

b) 502, 501 … 490   e) 350, 360 … 450   h) 344, 346 … 360

c) 432, 433 … 450   f) 755, 750 … 715   i) 712, 715 … 736

10

| 400 | ☐ | 500 | | 960 | ☐ | 1000 | | 360 | ☐ | 440 |

11 Schreibe die Nachbarhunderter, Nachbarzehner und Nachbarzahlen.

VH	VZ	V	Zahl	N	NZ	NH
300	340	344	345	346	350	400
			712			
			598			
			402			
			816			
			781			
			942			

Addition bis 1000

1

$362 + 4 = \boxed{}$ $576 + 2 = \boxed{}$ $114 + 5 = \boxed{}$

$2 + 4 = \boxed{}$ $\boxed{} + \boxed{} = \boxed{}$ $\boxed{} + \boxed{} = \boxed{}$

$641 + 7 = \boxed{}$ $774 + 4 = \boxed{}$ $456 + 3 = \boxed{}$

$\boxed{} + \boxed{} = \boxed{}$ $\boxed{} + \boxed{} = \boxed{}$ $\boxed{} + \boxed{} = \boxed{}$

$895 + 3 = \boxed{}$ $183 + 2 = \boxed{}$ $893 + 5 = \boxed{}$

$\boxed{} + \boxed{} = \boxed{}$ $\boxed{} + \boxed{} = \boxed{}$ $\boxed{} + \boxed{} = \boxed{}$

2

$94 + 8 = \boxed{}$ $898 + 6 = \boxed{}$ $593 + 8 = \boxed{}$

$94 + 6 + 2 = \boxed{}$ $898 + \boxed{} + \boxed{} = \boxed{}$ $593 + \boxed{} + \boxed{} = \boxed{}$

$692 + 9 = \boxed{}$ $799 + 7 = \boxed{}$ $697 + 9 = \boxed{}$

$692 + \boxed{} + \boxed{} = \boxed{}$ $799 + \boxed{} + \boxed{} = \boxed{}$ $697 + \boxed{} + \boxed{} = \boxed{}$

3

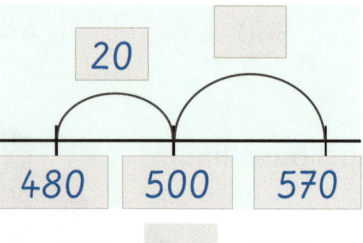

$480 + \boxed{} = 570$

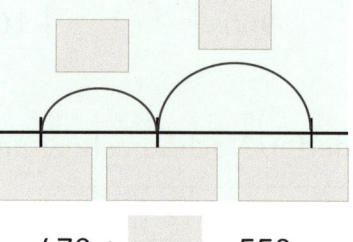

$470 + \boxed{} = 550$ $670 + \boxed{} = 740$

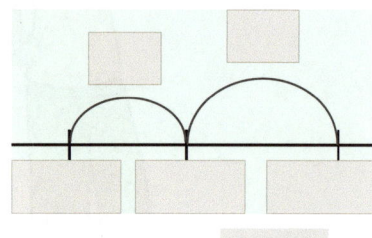

$690 + 80 = \boxed{}$

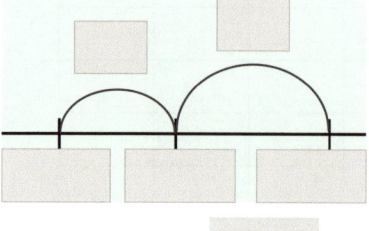

$470 + 90 = \boxed{}$

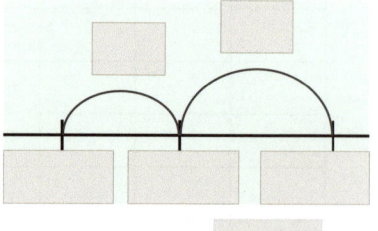

$860 + 90 = \boxed{}$

APP

4 ⌢

3	6	2	+	1	2	5	=		
3	6	2	+	1	0	0	=		
				+			=		
				+			=		

1	4	1	+	5	3	2	=		
1	4	1	+	5	0	0	=		
				+			=		
				+			=		

4	4	7	+	2	1	8	=		
4	4	7	+	2	0	0	=		
				+			=		
				+			=		

4	4	5	+	2	3	7	=		
4	4	5	+	2	0	0	=		
				+			=		
				+			=		

5 H+H / Z+Z / E+E

3	6	7	+	1	2	1	=		
3	0	0	+	1	0	0	=		
				+			=		
				+			=		
			+			+		=	

3	4	3	+	2	5	4	=		
3	0	0	+	2	0	0	=		
				+			=		
				+			=		
			+			+		=	

6 H+H / Z+Z / E+E oder ⌢

a) 633 + 255   b) 339 + 656   c) 687 + 522   d) 237 + 427   e) 488 + 339
   208 + 706   428 + 464   616 + 166   354 + 422   364 + 367
   561 + 417   453 + 521   718 + 108   835 + 104   518 + 229

7 +/−

	5	1	3
+	2	3	6

	8	1	1
+	1	2	3

	5	5	1
+	2	3	6

	3	2	0
+	6	6	6

	4	7	2
+	1	0	7

	3	5	5
+	5	2	2

	3	1	9
+	3	6	2

	2	5	2
+	5	5	2

	3	7	0
+	3	7	0

	3	9	1
+	4	6	2

	5	2	2
+	4	8	9

	2	6	8
+	4	3	3

	4	4	2
+	2	7	8

	6	2	5
+	2	8	5

	3	5	6
+	2	4	4

	2	5	8
+	6	6	5

	5	9	1
+	2	7	9

	3	4	4
+	1	6	8

1

653 – 2 = ⬚   668 – 5 = ⬚   777 – 5 = ⬚

$\quad$ 3 – 2 = ⬚   ⬚ – ⬚ = ⬚   ⬚ – ⬚ = ⬚

765 – 4 = ⬚   476 – 3 = ⬚   689 – 8 = ⬚

⬚ – ⬚ = ⬚   ⬚ – ⬚ = ⬚   ⬚ – ⬚ = ⬚

867 – 6 = ⬚   369 – 7 = ⬚   993 – 2 = ⬚

⬚ – ⬚ = ⬚   ⬚ – ⬚ = ⬚   ⬚ – ⬚ = ⬚

2

101 – 6 = ⬚   402 – 8 = ⬚   704 – 9 = ⬚

101 – 1 – 5 = ⬚   402 – ⬚ – ⬚ = ⬚   704 – ⬚ – ⬚ = ⬚

203 – 5 = ⬚   501 – 6 = ⬚   305 – 7 = ⬚

203 – ⬚ – ⬚ = ⬚   501 – ⬚ – ⬚ = ⬚   305 – ⬚ – ⬚ = ⬚

3

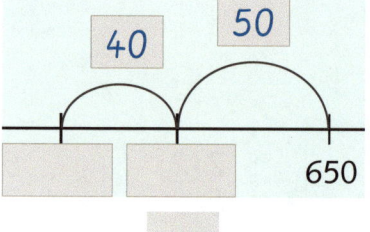
650 – ⬚ = 560

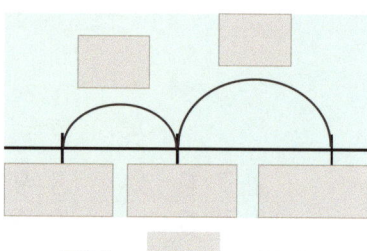
520 – ⬚ = 450

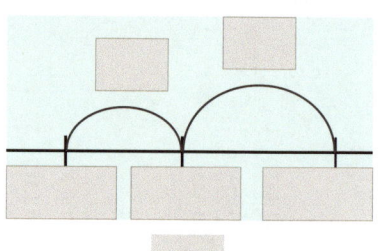
230 – ⬚ = 150

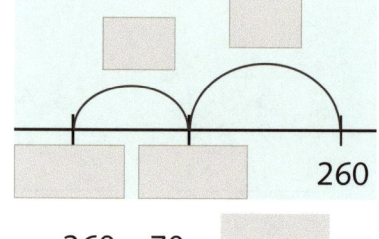
260 – 70 = ⬚

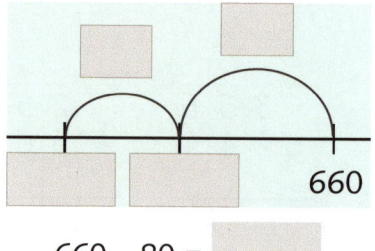
660 – 80 = ⬚

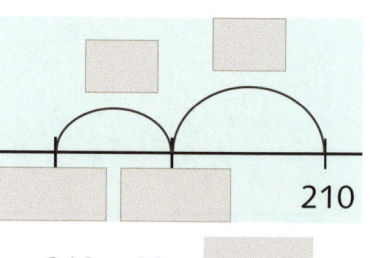
210 – 90 = ⬚

APP

4

6 6 5 – 1 2 3 =		
6 6 5 – 1 0 0 =		
–	=	
–	=	

7 8 9 – 6 7 8 =		
7 8 9 – 6 0 0 =		
–	=	
–	=	

3 6 7 – 1 4 5 =		
3 6 7 – 1 0 0 =		
–	=	
–	=	

5 7 2 – 4 1 3 =		
5 7 2 – 4 0 0 =		
–	=	
–	=	

5

8 8 2 – 2 4 1 =		
8 0 0 – 2 0 0 =		
–	=	
–	=	
+	+	=

6 4 4 – 3 2 4 =		
6 0 0 – 3 0 0 =		
–	=	
–	=	
+	+	=

6 H+H Z+Z E+E oder ⌒

a) 633 – 255
706 – 208
561 – 417

b) 656 – 393
653 – 464
521 – 428

c) 687 – 522
616 – 166
718 – 108

d) 427 – 237
854 – 422
835 – 104

e) 488 – 339
664 – 367
518 – 229

7 +/–

```
    8 3 6        8 6 7        3 3 4        6 5 8        7 4 4        6 4 4
  – 3 1 2      – 5 2 4      – 2 1 2      – 4 2 5      – 2 0 1      – 1 2 3
```

```
    5 0 9        8 0 6        8 3 0        8 0 3        6 9 0        8 0 9
  – 3 9 9      – 2 5 1      – 5 2 8      – 1 9 1      – 2 7 3      – 2 9 9
```

```
    8 2 6        5 5 1        7 1 5        3 7 7        9 8 5        5 2 2
  – 3 9 9      – 2 4 8      – 5 8 0      – 1 3 9      – 2 7 3      – 3 4 4
```

1

| € | € | € |

2 Zeichne möglichst wenige Scheine und Münzen.

97 €

212 €

3

4 € 67 ct			
467 ct			
4,67 €			

4 a) Welcher Gesamtpreis?

799,00 € ◦

59,99 € ◦

b) Wie viel Guthaben bleibt übrig?   Gutschein 1000 €

5 Überschlage.

Prüfe dann mit .

18,99 € + 41,05 € + 119,95 €

Ü:

APP

Zeit

1 Wie viele Sekunden sind es?

a) 3 min
5 min

b) 7 min
6 min

c) 1 min 15 s
2 min 40 s

d) 3 min 30 s
4 min 25 s

e) 5 min 10 s
8 min 35 s

2 Wie viele Minuten sind es?

a) 2 h
5 h

b) 4 h
3 h

c) 1 h 45 min
2 h 15 min

d) 2 h 50 min
3 h 10 min

e) 4 h 15 min
9 h 35 min

3

 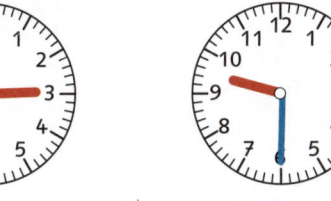 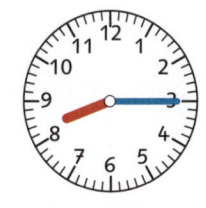 

 14:55 Uhr  _____ Uhr  _____ Uhr _____ Uhr

 _____ Uhr _____ Uhr _____ Uhr _____ Uhr

4 Wie viele Minuten dauert die Zeitspanne?

05:10 ___ min → 05:47   10:50 ___ min → 11:05

10:30 ___ min → 10:58   20:55 ___ min → 21:15

     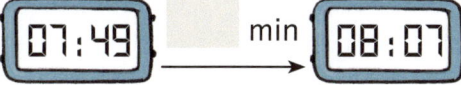

16:03 ___ min → 16:43   07:49 ___ min → 08:07

5

00:45 —37 min→ ☐   15:50 —115 min→ ☐

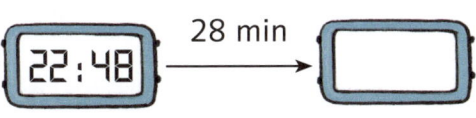   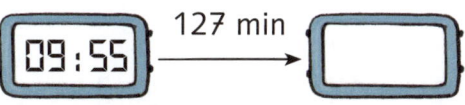

22:48 —28 min→ ☐   09:55 —127 min→ ☐

    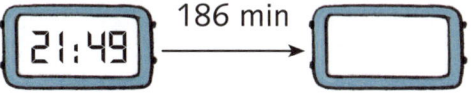

20:52 —40 min→ ☐   21:49 —186 min→ ☐

APP

1

4 · 30 = ☐   5 · 70 = ☐   3 · 50 = ☐

4 · 3 = ☐   ☐ · ☐ = ☐   ☐ · ☐ = ☐

9 · 40 = ☐   2 · 80 = ☐   7 · 60 = ☐

☐ · ☐ = ☐   ☐ · ☐ = ☐   ☐ · ☐ = ☐

2

| 7 · 2 6 = |
| 7 · 2 0 = |
| 7 ·   6 = |
| + = |

| 3 · 3 8 = |
| 3 · 3 0 = |
| 3 ·   8 = |
| + = |

| 6 · 4 9 = |
| 6 · 4 0 = |
| 6 ·   9 = |
| + = |

| 5 · 5 6 = |
| · = |
| · = |
| + = |

| 6 · 8 8 = |
| · = |
| · = |
| + = |

| 4 · 9 3 = |
| · = |
| · = |
| + = |

| 3 · 2 4 = |
| · = |
| · = |
| + = |

| 4 · 3 4 = |
| · = |
| · = |
| + = |

| 6 · 3 1 = |
| · = |
| · = |
| + = |

| 7 · 8 6 = |
| · = |
| · = |
| + = |

| 8 · 4 1 = |
| · = |
| · = |
| + = |

| 9 · 5 5 = |
| · = |
| · = |
| + = |

| 6 · 7 2 = |
| · = |
| · = |
| + = |

| 8 · 5 4 = |
| · = |
| · = |
| + = |

| 7 · 3 3 = |
| · = |
| · = |
| + = |

3

a) 5 · 17
3 · 25
3 · 32
7 · 44

b) 4 · 33
7 · 39
6 · 46
7 · 87

c) 9 · 33
8 · 44
7 · 55
6 · 66

d) 7 · 58
4 · 56
7 · 63
8 · 44

e) 4 · 52
9 · 66
5 · 29
7 · 76

APP

4

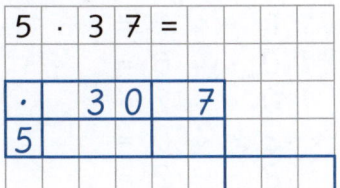

$5 \cdot 37 =$

·	30	7
5		

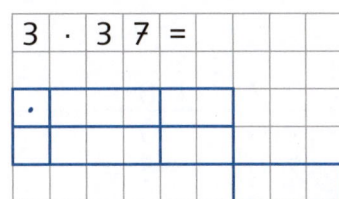

$8 \cdot 23 =$

·	20	3
8		

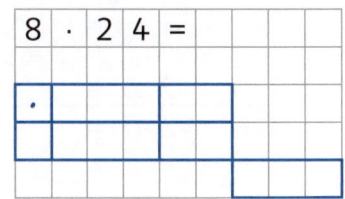

$4 \cdot 42 =$

·	40	2
4		

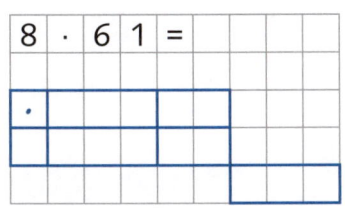

$7 \cdot 29 =$

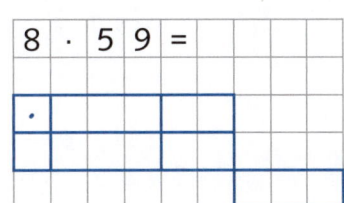

$3 \cdot 37 =$

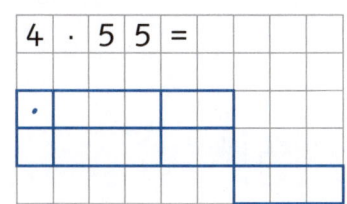

$8 \cdot 24 =$

$8 \cdot 61 =$

$8 \cdot 59 =$

$4 \cdot 55 =$

5

$4 \cdot 39 =$

$4 \cdot 40 =$

$4 \cdot 1 =$

$\boxed{} - \boxed{} =$

$8 \cdot 29 =$

$8 \cdot 30 =$

$8 \cdot 1 =$

$\boxed{} - \boxed{} =$

$3 \cdot 89 =$

$3 \cdot 90 =$

$3 \cdot 1 =$

$\boxed{} - \boxed{} =$

6

$5 \cdot 19 =$

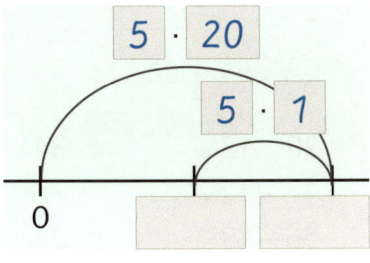

$5 \cdot 20$
$5 \cdot 1$

$4 \cdot 29 =$

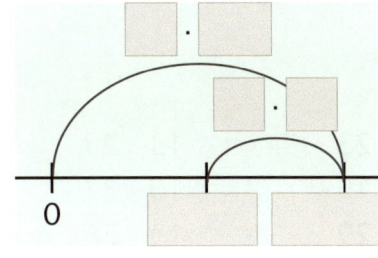

$2 \cdot 68 =$

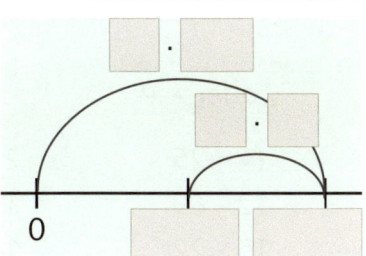

7

```
1 6 · 1 7 =
1 0 · 1 0 =
1 0 ·   7 =
    6 · 1 0 =
    6 ·   7 =
```

```
3 5 · 2 4 =
3 0 · 2 0 =
3 0 ·   4 =
    5 · 2 0 =
    5 ·   4 =
```

```
1 8 · 4 2 =
1 0 · 4 0 =
1 0 ·   2 =
    8 · 4 0 =
    8 ·   2 =
```

APP

```
1 6 · 2 6 =
1 0 · 2 0 =
1 0 ·   6 =
```

```
2 7 · 1 8 =
2 0 · 1 0 =
2 0 ·   8 =
```

```
1 8 · 3 6 =
1 0 · 3 0 =
1 0 ·   6 =
```

8

```
2 7 · 3 4 =
  ·  3 0   4
2 0
  7
```

```
2 6 · 2 3 =
  ·  2 0   3
2 0
  6
```

```
4 3 · 2 1 =
  ·  2 0   1
4 0
  3
```

```
1 2 · 4 4 =
  ·
```

```
3 7 · 1 2 =
  ·
```

```
1 4 · 3 3 =
  ·
```

9

```
1 5 · 2 7 =
1 5 · 2 0 =
1 5 ·   7 =
```

```
1 2 · 3 6 =
1 2 · 3 0 =
1 2 ·   6 =
```

```
1 4 · 4 4 =
1 4 · 4 0 =
1 4 ·   4 =
```

10 oder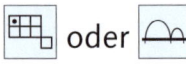

a) 14 · 25	b) 23 · 23	c) 13 · 29	d) 28 · 13	e) 34 · 14
12 · 69	15 · 15	16 · 37	47 · 12	76 · 13
15 · 22	16 · 29	13 · 26	56 · 13	24 · 14

APP

Division bis 1000

1

80 : 4 = ⬚   100 : 5 = ⬚   300 : 6 = ⬚   490 : 7 = ⬚

8 : 4 = ⬚   ⬚ : ⬚ = ⬚   ⬚ : ⬚ = ⬚   ⬚ : ⬚ = ⬚

270 : 3 = ⬚   560 : 8 = ⬚   320 : 4 = ⬚   480 : 8 = ⬚

⬚ : ⬚ = ⬚   ⬚ : ⬚ = ⬚   ⬚ : ⬚ = ⬚   ⬚ : ⬚ = ⬚

2

600 : 200 = ⬚   180 : 60 = ⬚   360 : 60 = ⬚   240 : 30 = ⬚

800 : 200 = ⬚   280 : 70 = ⬚   810 : 90 = ⬚   200 : 50 = ⬚

600 : 300 = ⬚   300 : 50 = ⬚   540 : 90 = ⬚   210 : 70 = ⬚

3

8 : 2 = ⬚   4 : 4 = ⬚   6 : 3 = ⬚

80 : 2 = ⬚   40 : 4 = ⬚   60 : 3 = ⬚

800 : 2 = ⬚   400 : 40 = ⬚   60 : 30 = ⬚

80 : 20 = ⬚   400 : 400 = ⬚   600 : 30 = ⬚

800 : 20 = ⬚   40 : 40 = ⬚   600 : 300 = ⬚

800 : 200 = ⬚   400 : 4 = ⬚   600 : 3 = ⬚

4

420 : 6 = 70   160 : 2 = ⬚   640 : 8 = ⬚

70 · 6 = ⬚   ⬚ = ⬚   ⬚ = ⬚

240 : 3 = ⬚   350 : 5 = ⬚   280 : 70 = ⬚

⬚ = ⬚   ⬚ = ⬚   ⬚ = ⬚

420 : 7 = ⬚   720 : 8 = ⬚   360 : 40 = ⬚

⬚ = ⬚   ⬚ = ⬚   ⬚ = ⬚

5

2 1 6 : 6 =	
1 8 0 : 6 =	
3 6 : 6 =	
+ =	

2 1 5 : 5 =	
2 0 0 : 5 =	
1 5 : 5 =	
+ =	

3 1 5 : 7 =	
2 8 0 : 7 =	
3 5 : 7 =	
+ =	

1 4 4 : 8 =	
8 0 : 8 =	
: =	
+ =	

1 3 3 : 7 =	
7 0 : 7 =	
: =	
+ =	

1 2 8 : 8 =	
8 0 : 8 =	
: =	
+ =	

1 9 2 : 6 =	
1 8 0 : 6 =	
: =	
+ =	

1 2 6 : 3 =	
1 2 0 : 3 =	
: =	
+ =	

2 0 8 : 4 =	
2 0 0 : 4 =	
: =	
+ =	

6

1 7 3 : 4 =	R
1 6 0 : 4 =	
1 3 : 4 =	R
+ R =	R

4 2 6 : 5 =	R
4 0 0 : 5 =	
2 6 : 5 =	R
+ R =	R

4 2 9 : 7 =	R
: =	
: =	R
+ R =	R

5 3 2 : 6 =	R
: =	
: =	R
+ R =	R

3 8 9 : 8 =	R
: =	
: =	R
+ R =	R

2 3 5 : 4 =	R
: =	
: =	R
+ R =	R

7

a) 167 : 7   b) 712 : 9   c) 568 : 9   d) 355 : 5   e) 639 : 9
   132 : 4   147 : 7   721 : 8   256 : 8   467 : 4
   179 : 3   126 : 7   346 : 4   827 : 9   612 : 8

APP

8

$$117 : 3 = \boxed{}$$
$$120 : 3 = \boxed{}$$
$$3 : 3 = \boxed{}$$
$$\boxed{} - \boxed{} = \boxed{}$$

$$156 : 4 = \boxed{}$$
$$\boxed{} : \boxed{} = \boxed{}$$
$$\boxed{} : \boxed{} = \boxed{}$$
$$\boxed{} - \boxed{} = \boxed{}$$

$$232 : 8 = \boxed{}$$
$$\boxed{} : \boxed{} = \boxed{}$$
$$\boxed{} : \boxed{} = \boxed{}$$
$$\boxed{} - \boxed{} = \boxed{}$$

$$801 : 9 = \boxed{}$$
$$\boxed{} : \boxed{} = \boxed{}$$
$$\boxed{} : \boxed{} = \boxed{}$$
$$\boxed{} - \boxed{} = \boxed{}$$

$$483 : 7 = \boxed{}$$
$$\boxed{} : \boxed{} = \boxed{}$$
$$\boxed{} : \boxed{} = \boxed{}$$
$$\boxed{} - \boxed{} = \boxed{}$$

$$594 : 6 = \boxed{}$$
$$\boxed{} : \boxed{} = \boxed{}$$
$$\boxed{} : \boxed{} = \boxed{}$$
$$\boxed{} - \boxed{} = \boxed{}$$

9 Rechne und mache die Probe.

$$102 : 6 = \boxed{}$$
$$\boxed{} : \boxed{} = \boxed{}$$
$$\boxed{} : \boxed{} = \boxed{}$$
$$P: \boxed{} \cdot \boxed{} = \boxed{}$$
$$\boxed{} \cdot \boxed{} = \boxed{}$$
$$\boxed{} \cdot \boxed{} = \boxed{}$$

Mit und ohne Rest.

$$171 : 8 = \boxed{} \, R \, \boxed{}$$
$$\boxed{} : \boxed{} = \boxed{}$$
$$\boxed{} : \boxed{} = \boxed{} \, R \, \boxed{}$$
$$P: \boxed{} \cdot \boxed{} = \boxed{} + R \, \boxed{}$$
$$\boxed{} \cdot \boxed{} = \boxed{}$$
$$\boxed{} \cdot \boxed{} = \boxed{}$$

10
a) 126 : 9
   136 : 8

b) 155 : 5
   261 : 9

c) 162 : 8
   324 : 9

Wie machst du die Probe mit Rest?

11

Alle geraden Zahlen sind durch $\boxed{}$ teilbar.

Eine Zahl ist durch 5 teilbar, wenn ihre letzte Ziffer eine $\boxed{}$ oder eine $\boxed{}$ ist.

Eine Zahl ist durch 10 teilbar, wenn ihre letzte Ziffer eine $\boxed{}$ ist.

10. Hinweis: Probe mit Rest thematisieren.

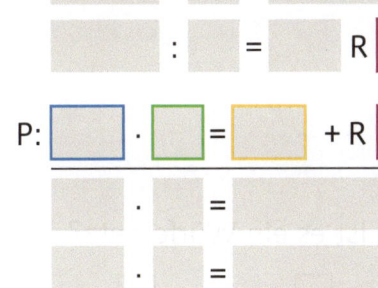

APP

17

1
| die Pyramide | der Würfel | der Quader | der Kegel |

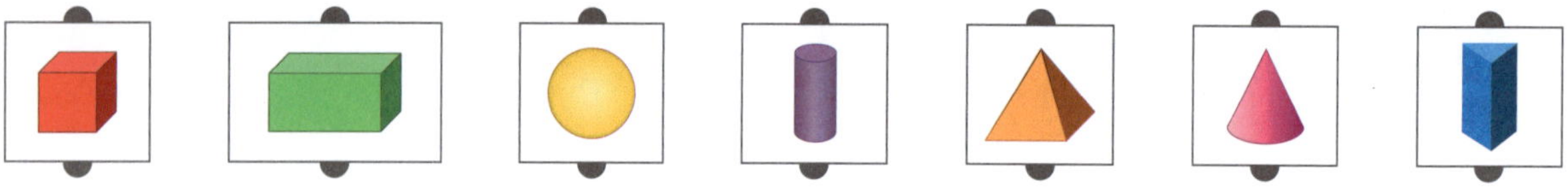

der Zylinder   das Prisma   die Kugel

2 Welcher Körper ist es?

3 Ist es ein Würfelnetz? ✔ oder ✘ ?

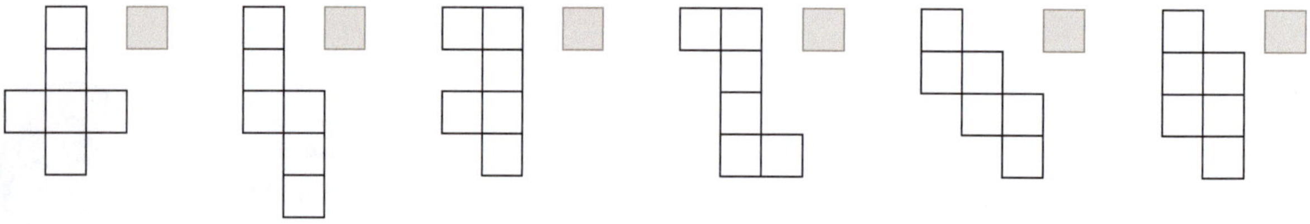

4 Ergänze die Augenzahlen.

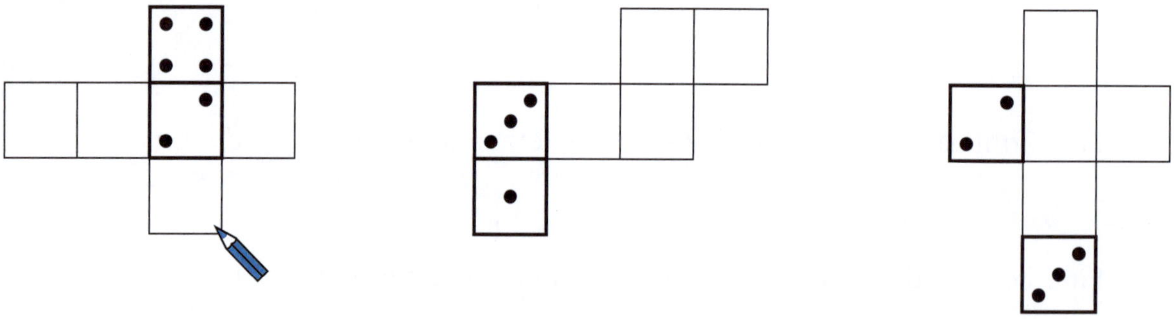

4. Die gegenüberliegenden Augenzahlen ergeben zusammen immer 7.

APP

Symmetrie und Muster

1 Zeichne die Symmetrieachsen ein.

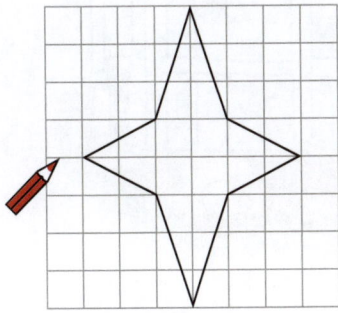 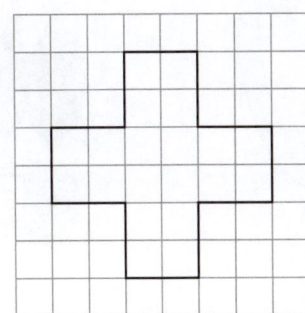 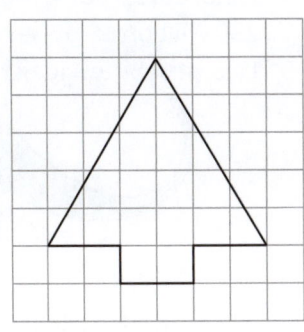

2 Ergänze zu einer symmetrischen Figur.

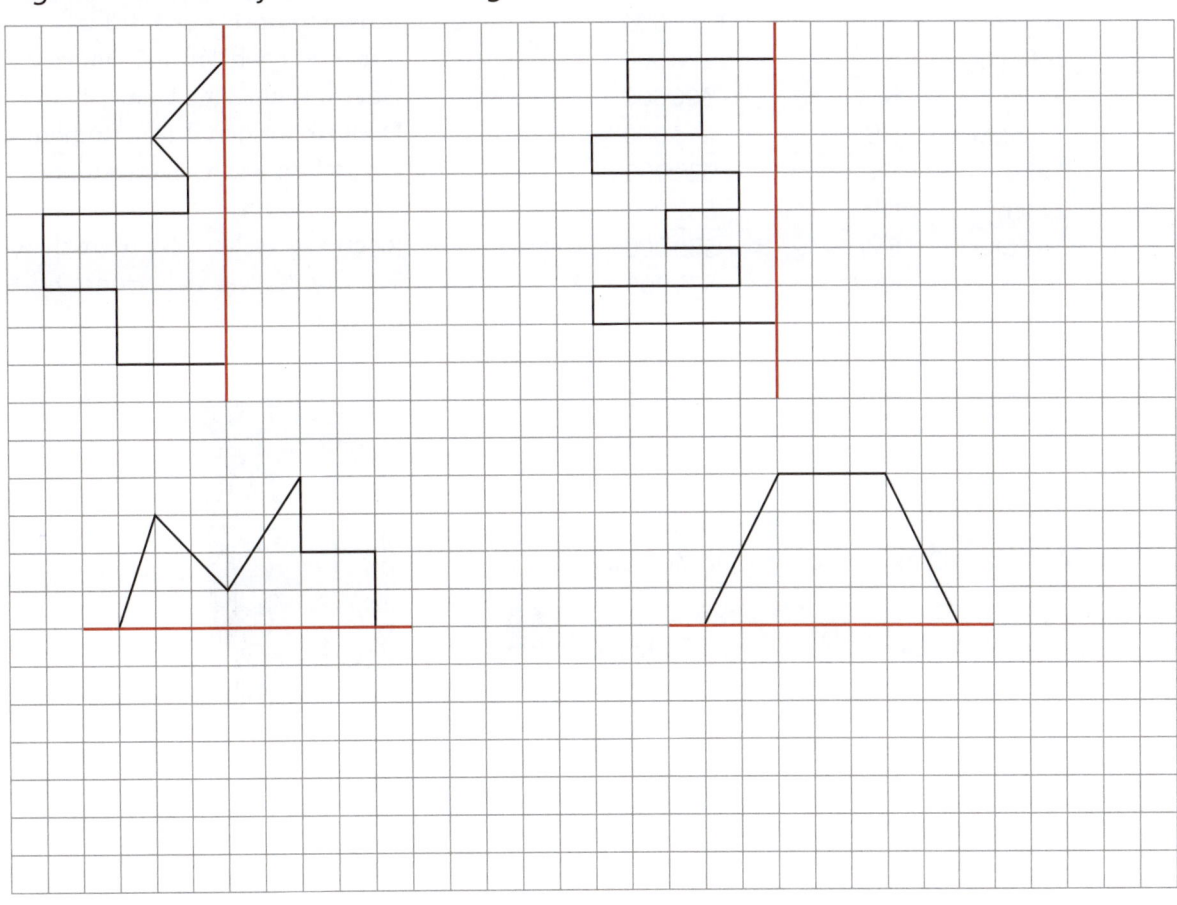

3 Ist das Muster richtig fortgesetzt? ✔ oder ✘ ?

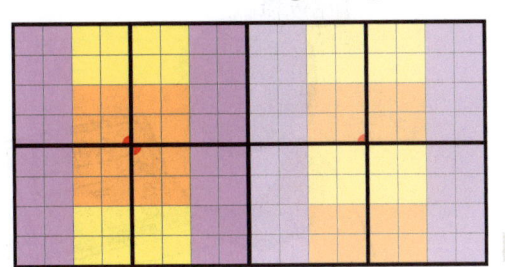 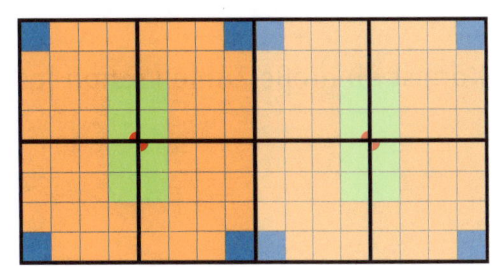

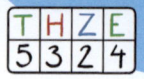

Dinosaurier haben vor 230 Millionen Jahren gelebt. Das ist sehr lange her.

845 000 €

Wie viele Menschen leben in deiner Stadt?

Stadt	Bundesland	Einwohnerinnen/ Einwohner
Berlin	BE	3 388 000
Hamburg	HH	1 734 000
München	BY	1 248 000
Köln	NW	966 000
Frankfurt	HE	643 000
Leipzig	SN	629 000
Essen	NW	589 000
Stuttgart	BW	589 000
Düsseldorf	NW	573 000
Dresden	SN	572 000
Hannover	NI	516 000
Rostock	MV	212 000

Blonde Menschen haben die meisten Haare. Ihnen wachsen ungefähr 150 000 Haare. Schwarzhaarige und Brünette haben in etwa 100 000 Haare. Aber das einzelne Haar ist bei Dunkelhaarigen dicker. Rothaarigen Menschen wachsen ungefähr 90 000 Haare. Jeden Tag verliert der Mensch 50 bis 100 Haare. Wie viele Haare hast du in etwa?

200 000
250 000
1 350 510
9 496 239

Große Zahlen
Podcast für Mathematik

☆ 5,0 (48 Tsd.)

240 000 Schritte Oktober

Wie viele Schritte gehst du ungefähr in einem Monat?

1 Unterstreiche große Zahlen.

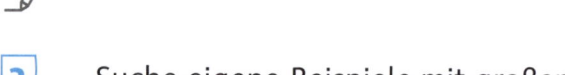

2 Suche eigene Beispiele mit großen Zahlen.

3 Kannst du große Zahlen schon lesen?

SUCHE:

Ein mittelgroßer Tannenbaum für das Wohnzimmer hat etwa 182 150 Nadeln.

Megabyte und Kilobyte

1.7 Mio. Aufrufe

▶ ●————— 0:00 / 1:35 🔊 ————●

Carli Lloyd ist die bestbezahlte Fußballerin der Welt und verdient 520 000 US-Dollar. Das sind ungefähr 475 000 Euro. Jamal Musiala von FC Bayern München verdient hingegen 18,5 Millionen Euro. Wie viel verdient die deutsche Fußballerin Alexandra Popp?

Guthaben	3 200 000 €
Heute	
Zugticket	- 320,00 €
Hotel	- 4 900,00 €
Gestern	
Kino	- 35,00 €
Restaurant	- 260,00 €

4 Erstelle eine Collage mit Zahlen bis 1 Million in der Umwelt.

Zahlen in der Umwelt

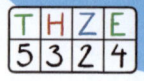
Große Mengen

Um die Anzahl der Bohnen im Glas zu schätzen, brauchen wir eine Strategie.

Wie viele Löffel können wir mit Bohnen füllen?

Wenn ich weiß, wie viele Bohnen auf einen Löffel passen, kann ich die Gesamtzahl der Bohnen im Glas schätzen.

Schätzen bedeutet, den Zahlenwert ungefähr zu bestimmen, ohne genau zu zählen.

1

Ich schätze:

T	H	Z	E

Ich schätze:

T	H	Z	E

Ich schätze:

T	H	Z	E

Ich schätze, es sind insgesamt 4 800 Schrauben.

2 Wie gehst du beim Schätzen vor?

3  Suche große Mengen und führe eigene Schätzungen durch.

 APP

4 Welche Anzahl passt? X

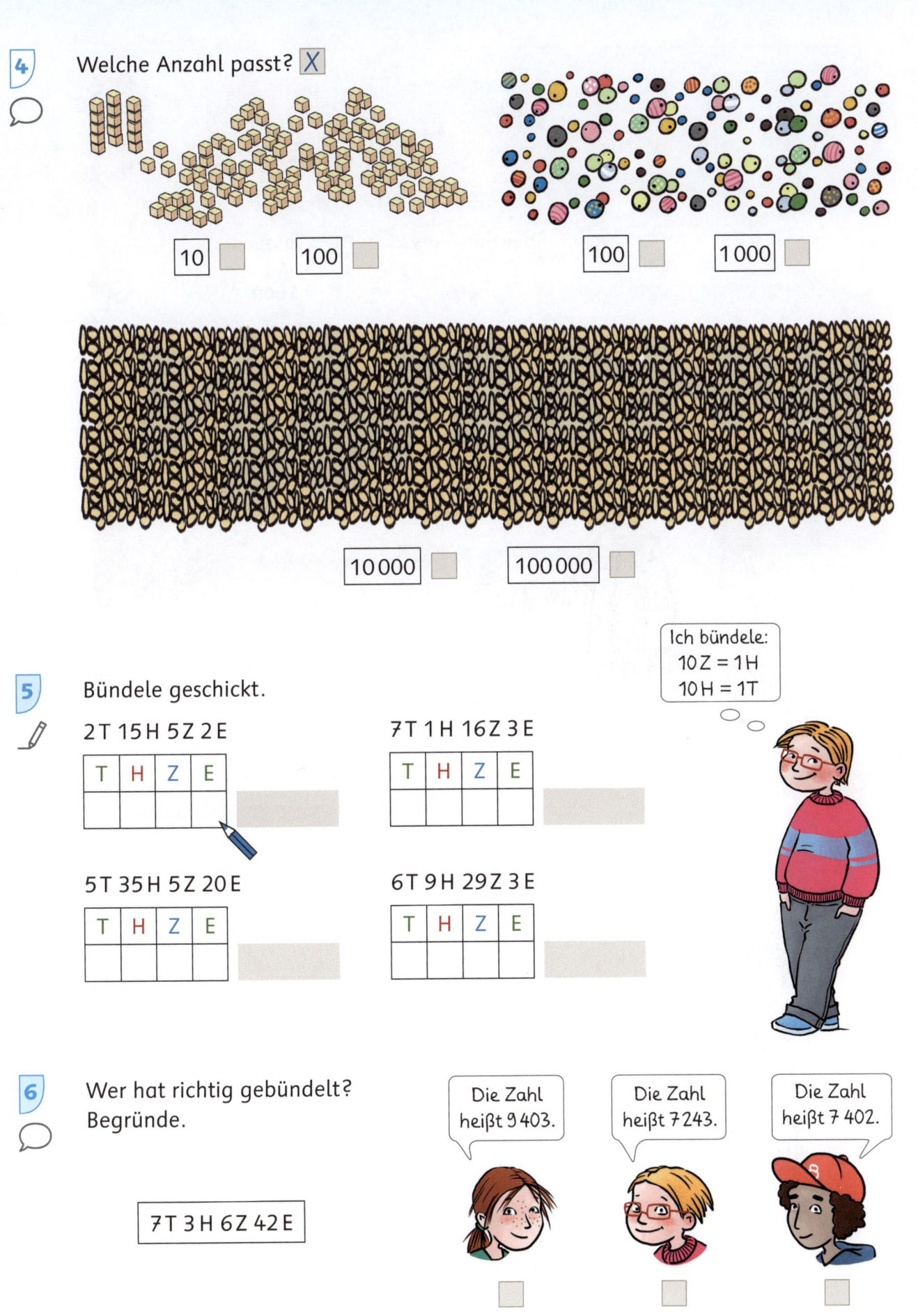

| 10 | ☐ | | 100 | ☐ | | | 100 | ☐ | | 1 000 | ☐ |

| 10 000 | ☐ | | 100 000 | ☐ |

5 Bündele geschickt.

Ich bündele:
10 Z = 1 H
10 H = 1 T

2 T 15 H 5 Z 2 E

T	H	Z	E

7 T 1 H 16 Z 3 E

T	H	Z	E

5 T 35 H 5 Z 20 E

T	H	Z	E

6 T 9 H 29 Z 3 E

T	H	Z	E

6 Wer hat richtig gebündelt?
Begründe.

7 T 3 H 6 Z 42 E

Die Zahl heißt 9 403.

Die Zahl heißt 7 243.

Die Zahl heißt 7 402.

☐   ☐   ☐

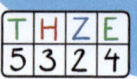

der Einer
1 E
1

der Zehner
1 Z
10

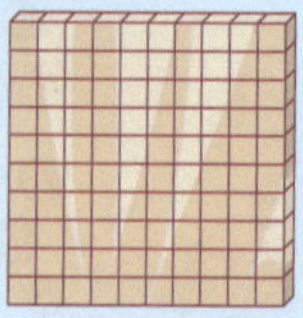

der Hunderter
1 H
100

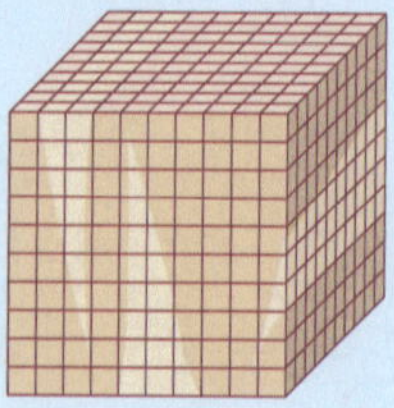

der Tausender
1 T
1000

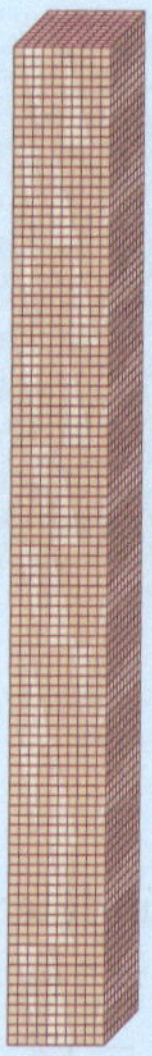

Der Hunderttausender besteht aus 10 Zehntausendern.

der Zehntausender
1 ZT
10 000

der Hunderttausender
1 HT
100 000

Der Millionenwürfel besteht aus 10 Hunderttausendern.

die Million
1 M
1 000 000

APP

1

Ein Zehner hat ☐ Einer.

Ein Hunderter hat ☐ Zehner.

Ein Tausender hat ☐ Hunderter.

Ein Zehntausender hat ☐ Tausender.

Ein Hunderttausender hat ☐ Tausender.

Eine Million hat ☐ Hunderttausender.

Die Stellenwerttafel hilft mir.

2

T	H	Z	E

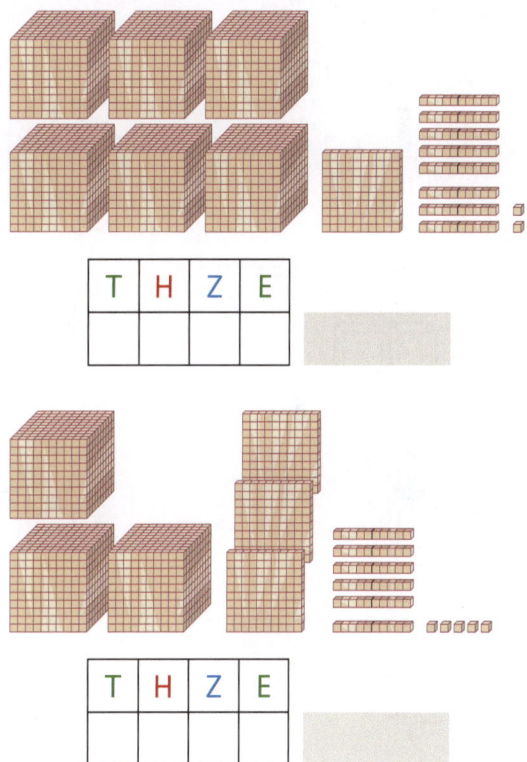

T	H	Z	E

T	H	Z	E

T	H	Z	E

3 Welche Zahlen können es sein?

a)
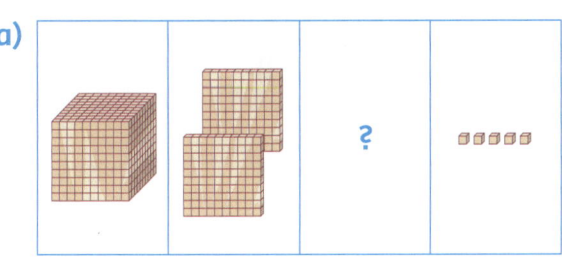

b)
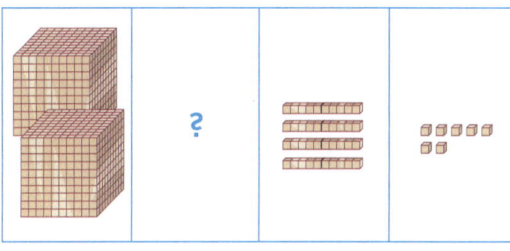

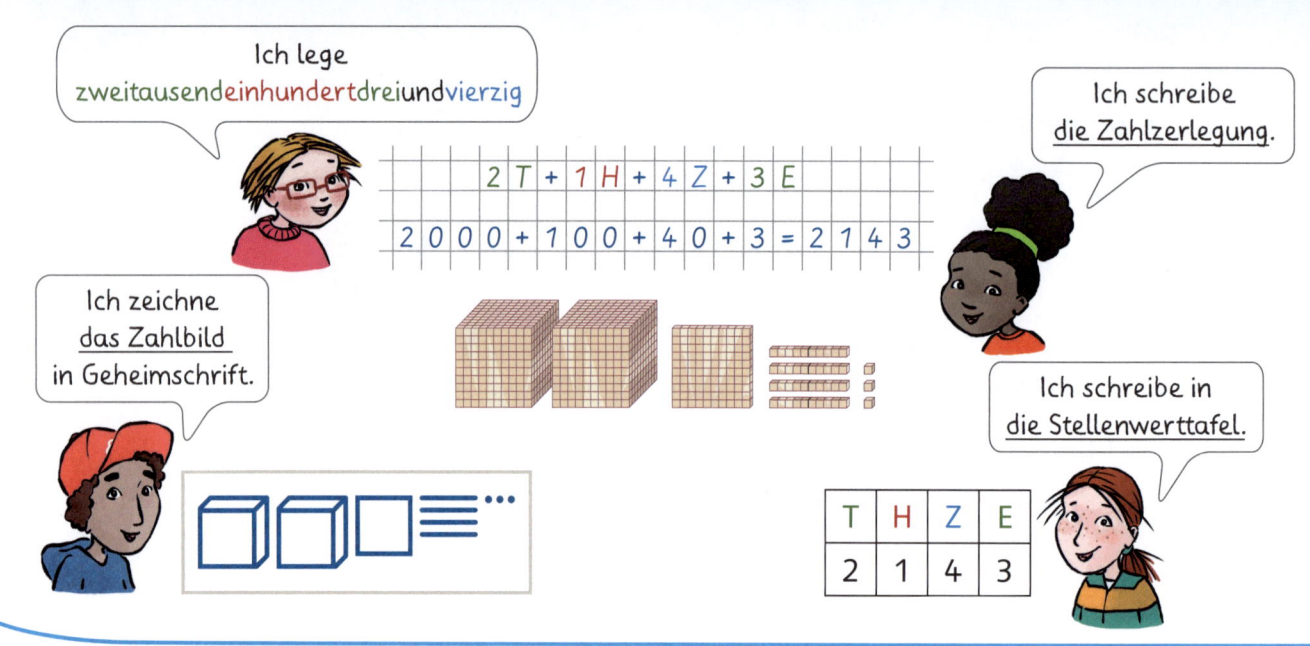

Zahlen verschieden darstellen

S. 7

2 T + 1 H + 4 Z + 3 E

2000 + 100 + 40 + 3 = 2143

T	H	Z	E
2	1	4	3

1

a)

a) 2 T + 2 H + 2 Z + 2 E

2000 + 200 + 20 + 2 = 2222

b)

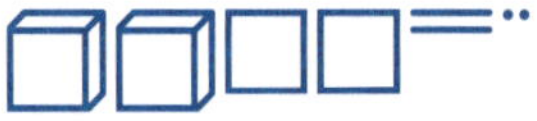

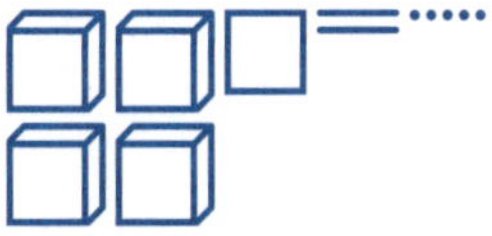

c)

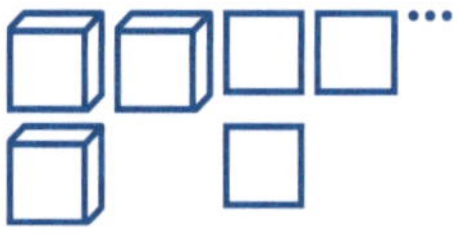

d)

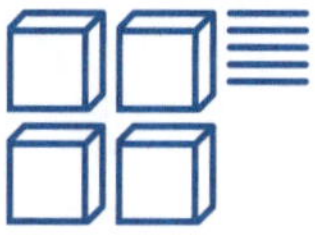

e)

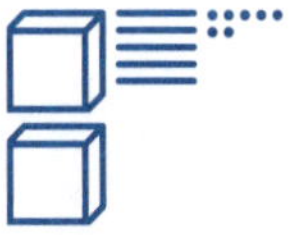

f)

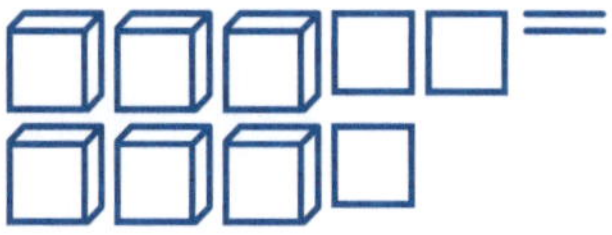

g)

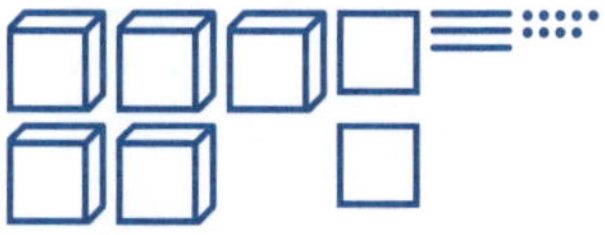

h)

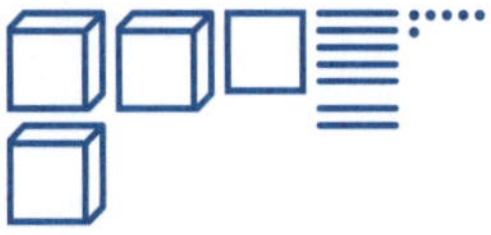

i)

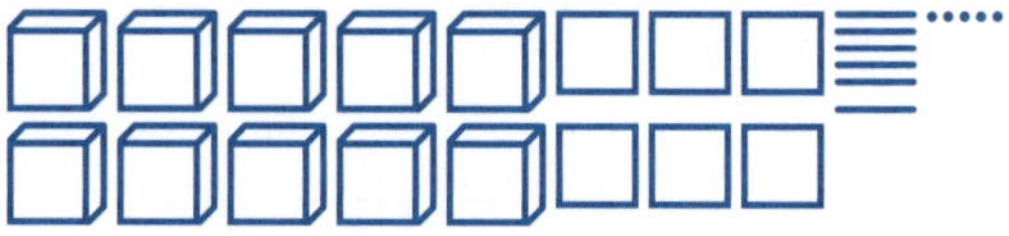

j)

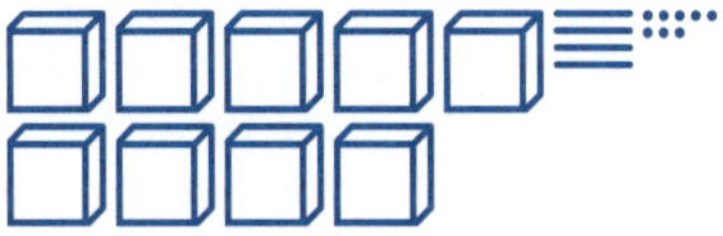

k)

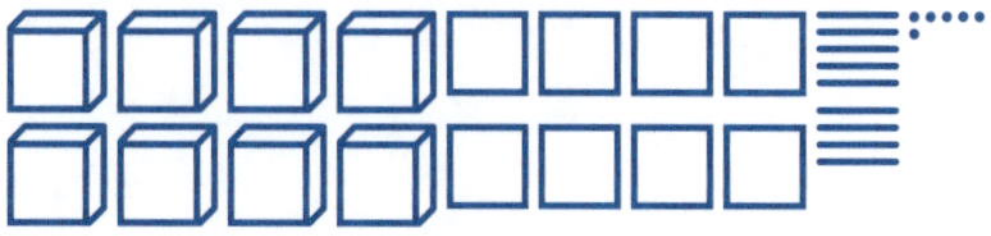

l)

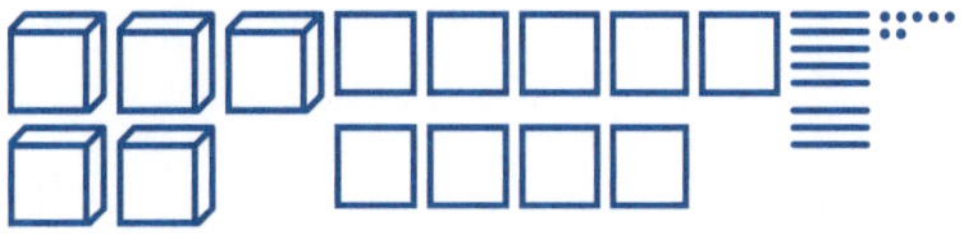

m)

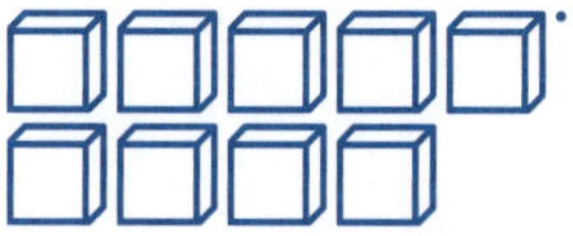

n)

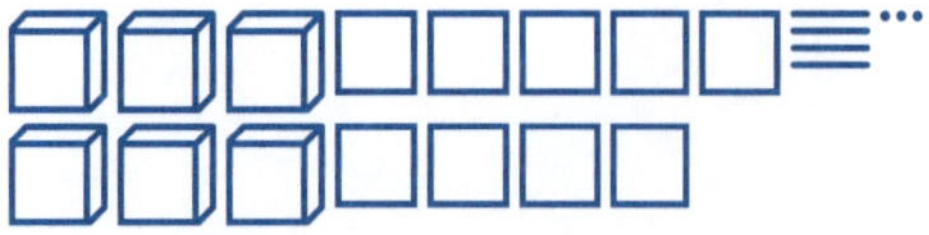

o) Meine Zahl.

Richtige Sprechweise großer Zahlen üben und Schreibweise thematisieren (nach 3 Ziffern von hinten gelesen immer eine Lücke lassen).

2

2ZT + 9T + 3H + 8Z + 2E

7HT + 3ZT+ 2H + 5Z + 4E

6HT + 6ZT + 4T + 9H + 6E

1HT + 9ZT + 2H + 4Z + 4E

1M + 5T + 5H + 9Z + 8E

4HT + 8ZT + 2T + 7Z + 3E

M	HT	ZT	T	H	Z	E	Zahl
		2	9	3	8	2	29 382

3

Schreibe in die Stellenwerttafel.

a) 200 000 + 10 000 + 5 000 + 800 + 20 + 3

b) 800 000 + 30 000 + 4 000 + 70 + 4

c) 50 000 + 2 000 + 900 + 8

d) 100 000 + 90 000 + 9 000 + 100 + 10 + 5

e) 300 000 + 7 000 + 200 + 80 + 2

f) 60 000 + 3 000 + 400 + 5

g) 400 000 + 20 000 + 400 + 80 + 7

h) 50 000 + 300 + 7

4

Schreibe in die Stellenwerttafel.

a) einhundertvierundsechzigtausenddreihundertachtzig

b) zweiundachtzigtausendneunhundertdreiundfünfzig

c) achthundertfünftausendvierhunderteinundsiebzig

d) siebenhundertfünfunddreißigtausendeinhundertsechs

e) vierundvierzigtausendzweihundertachtzehn

f) zweihundertachtundneunzigtausendneunundneunzig

5

Würfel und entscheide, an welcher Stelle du die Ziffer einträgst.
Die höchste Zahl gewinnt.

Zahlen verschieden darstellen

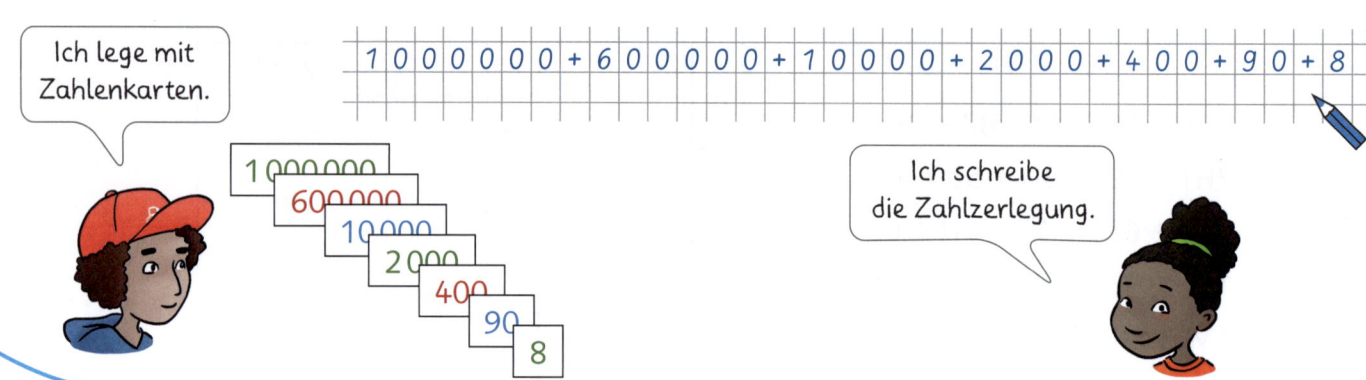

Ich lege mit Zahlenkarten.

$1\,000\,000 + 600\,000 + 10\,000 + 2\,000 + 400 + 90 + 8$

Ich schreibe die Zahlzerlegung.

1

a) 2ZT + 7T + 1H + 6Z +4E

b) 8HT + 2ZT+ 5T+ 3H + 9Z + 1E

c) 6HT + 4T + 6H + 7Z + 3E

d) 3HT + 2ZT + 2H + 4Z + 2E

e) 4ZT + 1T + 4H + 9E

f) 7HT + 5ZT + 5T + 3Z + 7E

g) 13ZT + 2T + 7Z + 4E

h) 6HT + 8ZT + 9H

i) 8HT + 5Z + 9E

j) 4ZT + 9H + 2Z

k) 2ZT + 7T + 6E

l) 1HT + 1T + 1Z

m) 1M + 6ZT + 5Z

n) 1M + 4HT + 2E

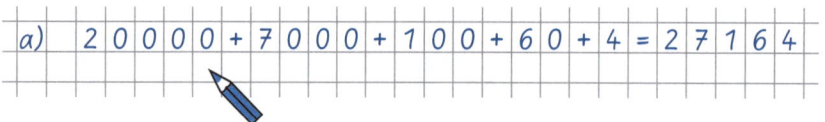

a) $20\,000 + 7\,000 + 100 + 60 + 4 = 27\,164$

2

a) 20 304, 20 330, 20 347, 3 059, 30 670

b) 190 328, 190 330, 109 299, 109 301, 380 124

c) 478 123, 480 124, 508 345, 510 678, 618 199

d) 899 100, 900 296, 926 240, 840 265, 903 207

e) Meine Zahlen.

a) $20\,304 = 20\,000 + 300 + 4$

3

Welche Zahlen können es sein? Finde immer 5 verschiedene Zahlen.

a)
| 40 000 |
| 3 000 |
| 200 |
| 50 |
| ? |

b)
| 90 000 |
| 2 000 |
| ? |
| 70 |
| 2 |

c)
| 60 000 |
| ? |
| 400 |
| 30 |
| 8 |

d)
| 10 000 |
| 1 000 |
| 700 |
| ? |
| 3 |

a)
| 4 | 3 | 2 | 5 | 1 |
| 4 | 3 | 2 | 5 | 2 |

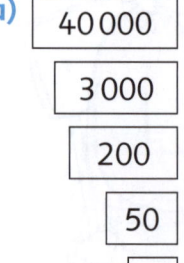

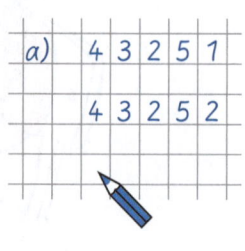

APP

fünfhundertzweiundvierzigtausend ...

Die Zahl besteht aus zwei Dreiergruppen.

... einhundertdreiundneunzig

M	HT	ZT	T	H	Z	E
	5	4	2	1	9	3

4

🖉

a) einhundertvierzigtausend

b) fünfunddreißigtausend

c) sechshunderteinundvierzigtausendachthundert

d) achthundertzweitausenddreihundertfünfzehn

e) zweiundzwanzigtausendeinhundertzweiundsiebzig

f) siebenhundertachtundachtzigtausendfünf

Ich trenne die Stellenwerte mit Strichen.

5

Einhundertfünfundzwanzig ...

6

Welche Zahlen können es sein?

a) Meine Zahl hat 7 T, 2 H und doppelt so viele Z wie E.

b) Meine Zahl hat 4 T, halb so viele Hunderter und doppelt so viele E wie T.

c) Meine Zahl hat dreimal so viele Tausender wie Zehner. Sie hat 2 Einer und doppelt so viele Hunderter.

6. Mehrere Zahlen möglich.

1

Verschiebe das Plättchen immer **1 nach rechts**. Welche Zahlen entstehen?

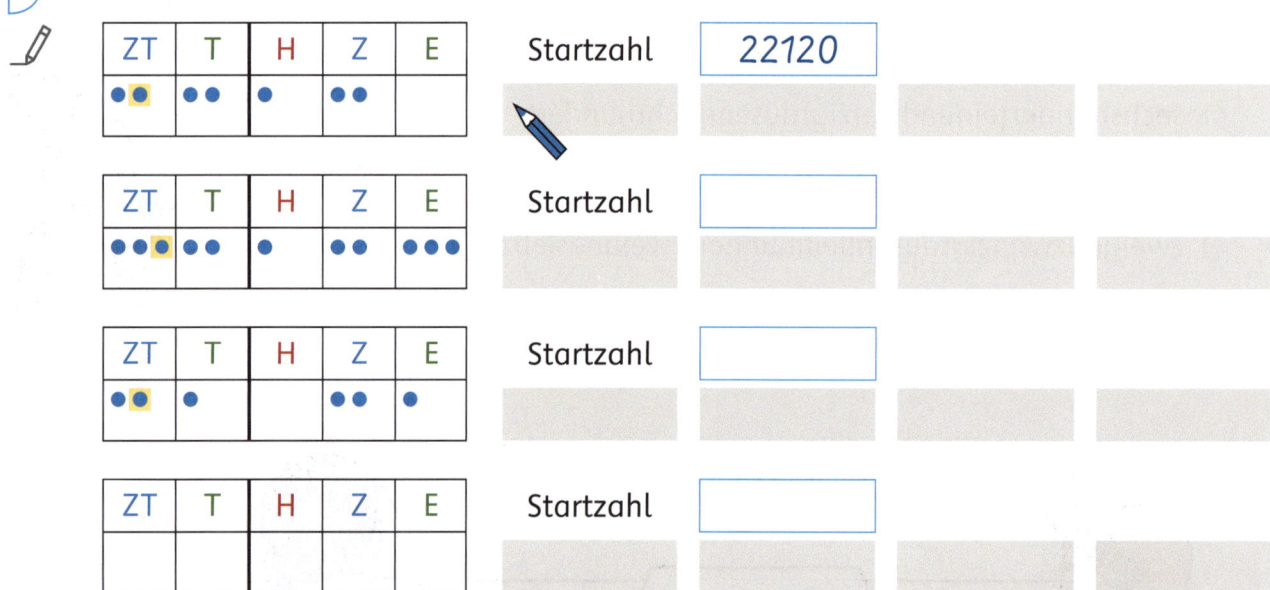

Startzahl **22120**

Startzahl

Startzahl

Startzahl

2

Verschiebe das Plättchen immer **1 nach links**. Welche Zahlen entstehen?

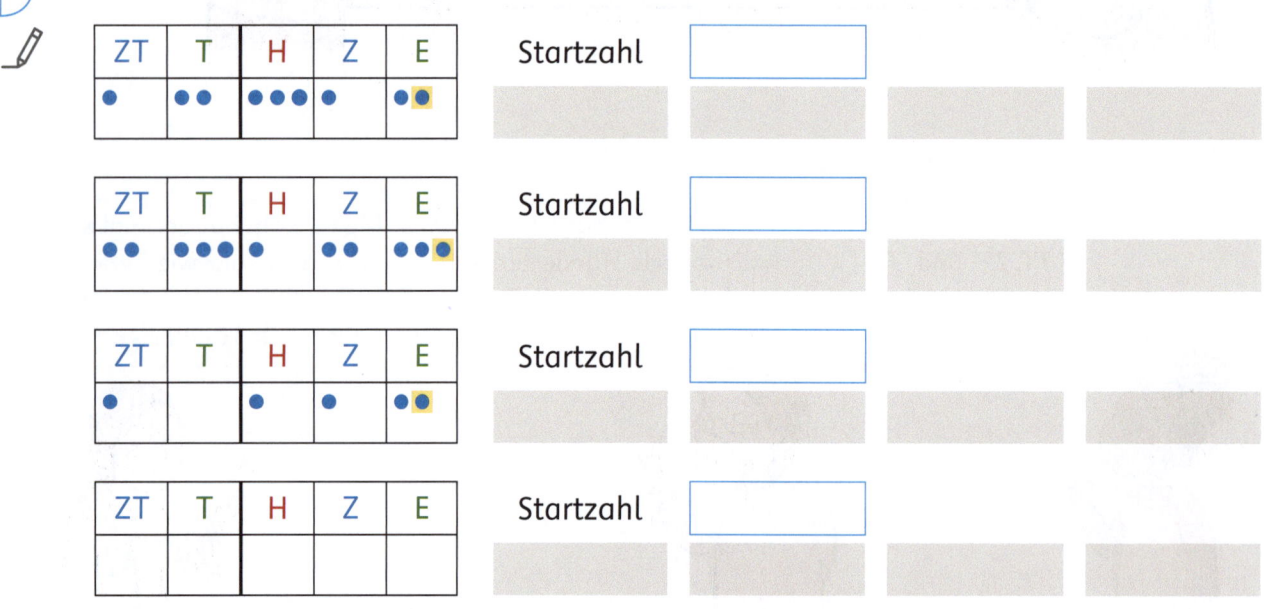

Startzahl

Startzahl

Startzahl

Startzahl

3 Lege ein Plättchen dazu. Welche Zahlen können es sein?

a)

ZT	T	H	Z	E
••		•••• •	•	•••

b)

ZT	T	H	Z	E
•	••		•••• •	•••• •

c) Deine Zahlen.

a)	Z: 2 0 4 1 3
	3 0 4 1 3, 2 1 4 1 3,

---

4 Nimm ein Plättchen weg. Welche Zahlen können es sein?

a)

ZT	T	H	Z	E
••• ••	•			••

b)

ZT	T	H	Z	E
••• •		••	•••	•

c)

ZT	T	H	Z	E
••• •		••	••••	•

d) Deine Zahlen.

a)	Z: 3 2 1 0 2
	2 2 1 0 2, 3 1 1 0 2,

---

5 Verschiebe ein Plättchen. Welche Zahlen können es sein?

a)

ZT	T	H	Z	E
•	•••	••• •••		••• ••

b)

ZT	T	H	Z	E
•••• ••		•••		••

c)

ZT	T	H	Z	E
••• •		••		••• •

d) Deine Zahlen.

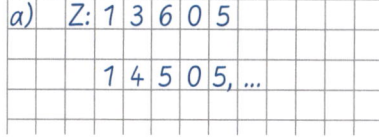

a)	Z: 1 3 6 0 5
	1 4 5 0 5, …

---

6 Welche **6-stelligen Zahlen** kannst du mit …

Finde mindestens 3 Zahlen bei jeder Aufgabe.

a) … 2 Plättchen legen?
b) … 3 Plättchen legen?
c) …   Plättchen legen?

a)	2 0 0 0 0 0
	1 1 0 0 0 0

---

6. ↑ Welche ist die größte/kleinste Zahl mit 2/3/… Plättchen? Findest du alle Zahlen mit … Plättchen?

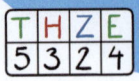

Kleiner, größer, gleich

550 000 ist kleiner als 650 000.

650 000 ist größer als 550 000.

470 000 ist gleich 470 000.

550 000	<	650 000		470 000	=	470 000		650 000	>	550 000

ist kleiner als   ist gleich   ist größer als

1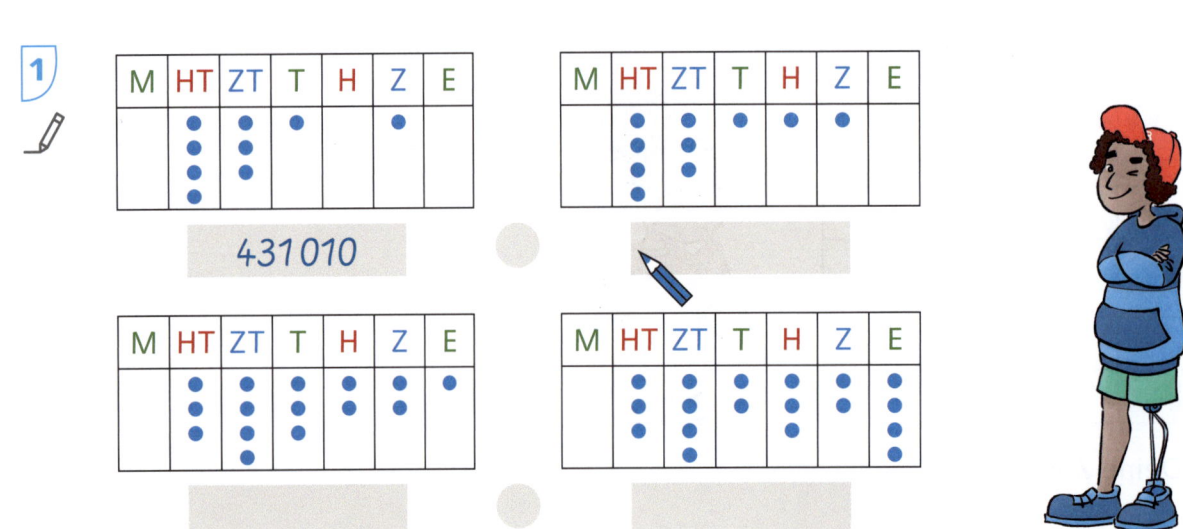

431 010

2

500 000 ⚪ 660 000	234 123 ⚪ 23 424	10 010 ⚪ 10 101
330 000 ⚪ 730 000	31 333 ⚪ 133 030	998 998 ⚪ 989 999
210 000 ⚪ 205 000	76 569 ⚪ 76 545	1 000 012 ⚪ 900 099
652 000 ⚪ 752 000	712 071 ⚪ 710 209	123 432 ⚪ 123 442

3 Ordne die Zahlen. Beginne mit der **kleinsten** Zahl.

a) | 660 000 | 662 000 | 805 000 | 699 000 | a) 6 6 0 0 0 0 < 6 6 2 0 0 0 <

b) | 73 212 | 23 722 | 37 221 | 32 711 | 723 121 |

c) | 18 976 | 918 453 | 198 910 | 81 967 | 198 909 |

d) Bilde Zahlen mit 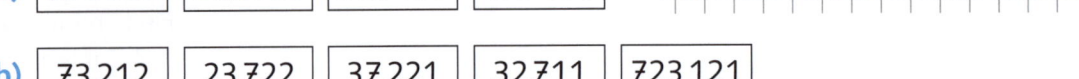 .

APP

4

31 200 < ⬚ > 31 400

99 998 < ⬚ > 100 002

578 000 > ⬚ = ⬚ < ⬚

1 000 000 > ⬚ > ⬚ > ⬚

⬚ = 190 000 > ⬚ < ⬚

⬚ > ⬚ > 798 090 < ⬚

Hier gibt es verschiedene Lösungen.

5 Vergleiche immer zwei Zahlen.

111 000   66 000   177 000

20 000   176 000   200 000

111 000 ◯ ⬚
⬚ ◯ ⬚
⬚ ◯ ⬚

111 000   110 111   110 011

101 010   101 111   111 111

⬚ ◯ ⬚
⬚ ◯ ⬚
⬚ ◯ ⬚

880 199   989 612   19 876

110 018   109 999   1 000 000

⬚ ◯ ⬚
⬚ ◯ ⬚
⬚ ◯ ⬚

706 702   77 089   772 678

877 663   776 677   77 706

⬚ ◯ ⬚
⬚ ◯ ⬚
⬚ ◯ ⬚

6 Welche Zahlen sind es?

Die Zahlen sind kleiner als 400 002 und größer als 399 997.

Die Zahlen sind kleiner als 798 032 und größer als 798 027.

Die Zahlen sind kleiner als 900 001 und größer als 899 196.

Die Zahlen sind kleiner als 433 971 und größer als 433 966.

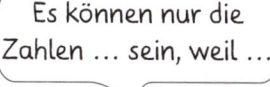

Es können nur die Zahlen ... sein, weil ...

4.–5. Verschieden Lösungen möglich. ↑ Im Heft alle Möglichkeiten finden.
6. ↑ Eigene Zahlenrätsel ins Heft schreiben.

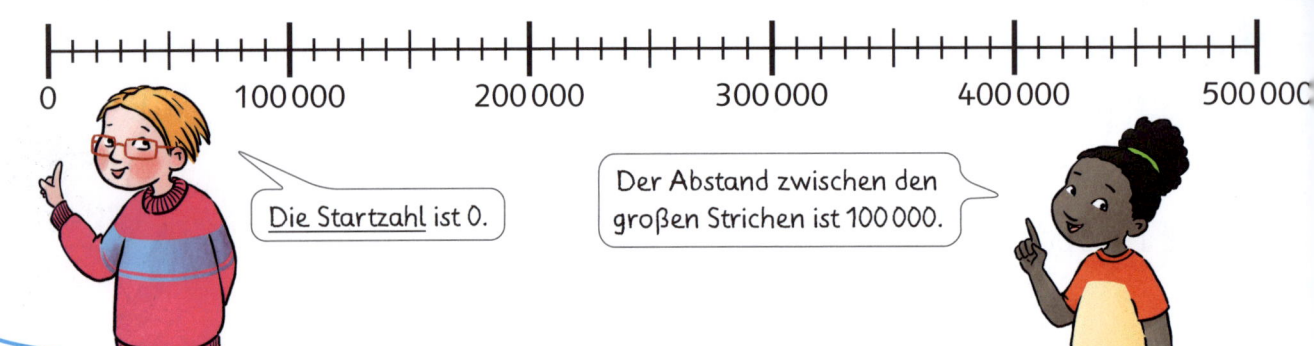

1 Zeige die Zahlen am Zahlenstrahl.

| 200 000 | 350 000 | 150 000 | 730 000 | 660 000 | 890 000 |

2

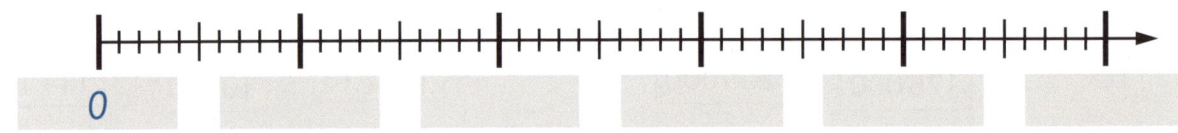

0

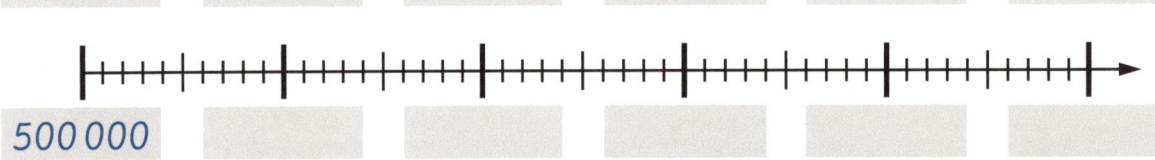

500 000

3

| 550 000 | 700 000 | 680 000 | 790 000 | 1 000 000 |

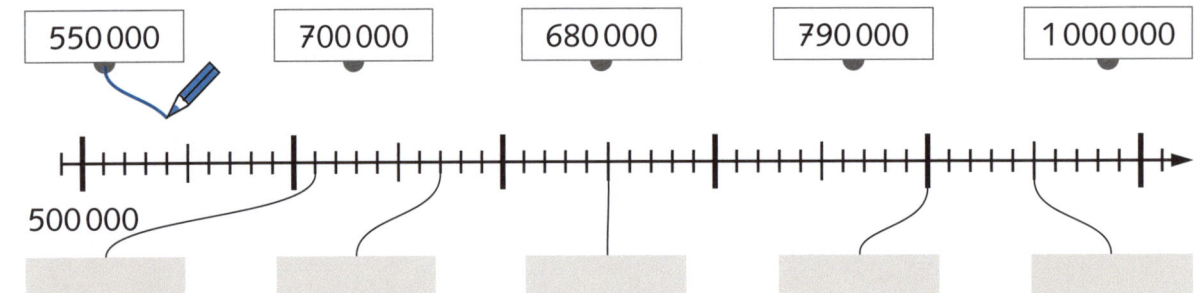

500 000

4 Zeichne einen eigenen Zahlenstrahl mit Lineal. Wähle die Startzahl.

a) Jeder Strich entspricht 1 000.

b) Jeder Strich entspricht 10 000.

5 Welche Tausender liegen zwischen …

a) 458 000 und 467 000?

b) 894 000 und 903 000?

c) 567 000 und 576 000?

d) 189 000 und 198 000?

e) 245 000 und 254 000?

f) 699 000 und 708 000?

g) 991 000 und 1 000 000?

h) 796 000 und 805 000?

a)	4	5	8	0	0	0	,
		4	5	9	0	0	0	,
		4	6	0	0	0	0	,
			…				

4. Einen eigenen Zahlenstrahl erstellen und eine mögliche Strategie zum Einordnen von Zahlen besprechen.

APP

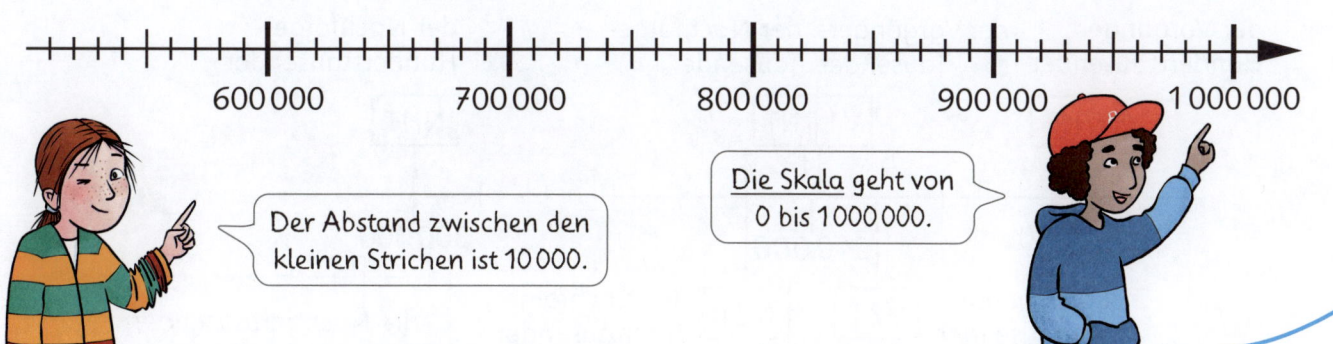

6

a) 231 000, 241 000 … 291 000

b) 560 000, 565 000 … 595 000

c) 117 000, 127 000 … 187 000

d) 389 000, 387 000 … 379 000

e) 725 000, 720 000 … 695 000

f) 993 000, 990 000 … 972 000

g) 800 000, 785 000 … 710 000

h) 100 000, 89 000 … 34 000

7

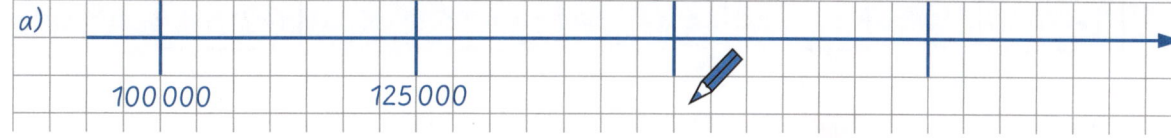

a) 100 000, 125 000, 150 000, 175 000, 200 000

b) 0, 250 000, 500 000, 1 000 000

c) 200 000, 400 000, 600 000, 800 000, 1 000 000

d) 350 000, 500 000, 650 000, 800 000, 950 000

Immer 25 000 mehr bei a).

8

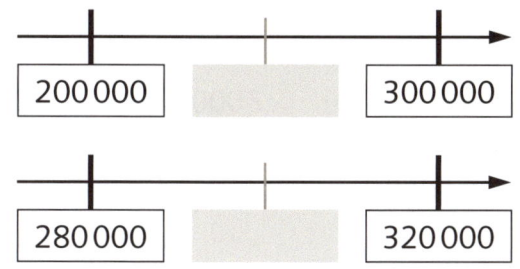

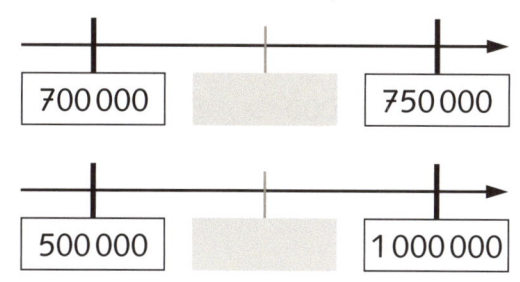

9

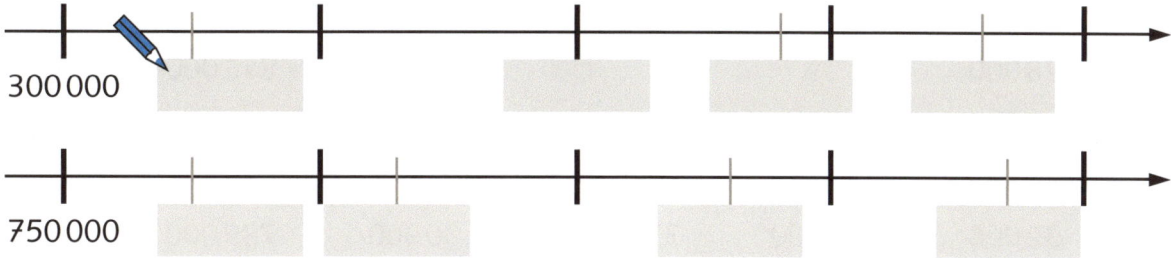

---

7. Maßstäbe thematisieren.   **8.** Unterschiedliche Maßstäbe beachten.   **9.** Mehrere Lösungen möglich.

Nachbarzahlen

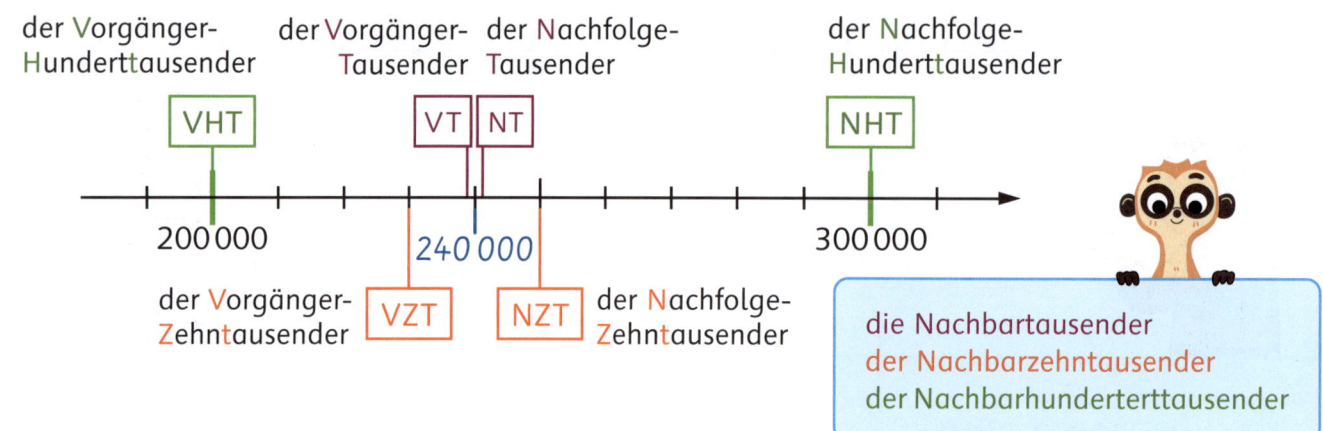

der Vorgänger-Hunderttausender **VHT**

der Vorgänger-Tausender **VT** der Nachfolge-Tausender **NT**

der Nachfolge-Hunderttausender **NHT**

200 000   240 000   300 000

der Vorgänger-Zehntausender **VZT**   **NZT** der Nachfolge-Zehntausender

die Nachbartausender
der Nachbarzehntausender
der Nachbarhunderttausender

1 Schreibe die Nachbarzehntausender und die Nachbartausender.

55 000   65 000

2 Schreibe die Nachbarzehntausender und die Nachbartausender.

a) 54 000   b) 36 000   c) 77 000

d) 389 000   e) 901 300   f) 400 000

	VZ	VT	Zahl	NT	NZ
a)	50 000	53 000	54 000	55 000	60 000

3 VT und NT.

a) 213 000
336 000
706 000

a) 2 1 3 0 0 0 − 1 0 0 0 =
2 1 3 0 0 0 + 1 0 0 0 =

b) 222 000   c) 599 000
444 000   500 000
888 000   700 000

d) 999 000   e) 899 000   f) 221 000   g) 691 000   h) 7 000   i) 1 000
99 000   371 000   399 000   483 000   97 000   100 000
1 000 000   269 000   289 000   301 000   897 000   1 001 000

4 VZT und NZT.

a) 218 000
348 000
728 000

a) 2 1 8 0 0 0 − 8 0 0 0 =
2 1 8 0 0 0 + 2 0 0 0 =

b) 416 000   c) 998 000
616 000   798 000
816 000   598 000

d) 236 000   e) 616 000   f) 555 000   g) 339 000   h) 123 000   i) 9 000
134 000   256 000   333 000   899 000   456 000   99 000
32 000   286 000   777 000   400 000   789 000   999 000

APP

5 Schreibe die Nachbarhunderttausender.

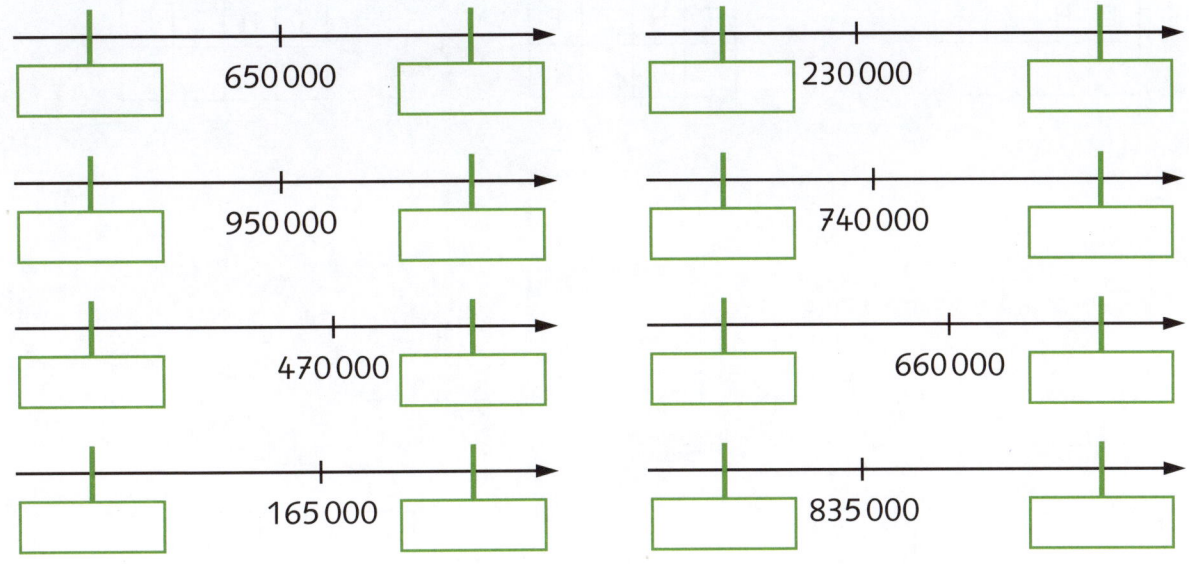

		650 000						230 000			
		950 000						740 000			
			470 000						660 000		
			165 000						835 000		

6 Schreibe die Nachbarhunderttausender.

a) 236 000
   336 000
   706 000

	VHT	Zahl	NHT
a)	200 000	236 000	300 000

b) 623 000
   523 000
   423 000

c) 999 000
   777 000
   555 000

d) 240 000
   230 000
   220 000

e) 250 000
   379 000
   391 000

f) 212 485
  607 972
  901 663

g) 908 606
  234 551
  555 384

h) 506 119
  678 184
  781 967

i)   99 879
 999 961
1 000 000

7 Schreibe die Nachbarhunderttausender, Nachbarzehntausender und Nachbartausender.

	VHT	VZT	VT	Zahl	NT	NZT	NHT
a)	200 000	250 000	254 000	255 000	256 000	260 000	300 000

a) 255 000
  187 000
  555 000
  901 000

b) 338 000
  741 600
  499 000
  989 500

c) 672 400
  488 240
  321 320
  291 970

d) 123 321
  777 777
  111 999
  456 789

Ich lege mein Heft quer.

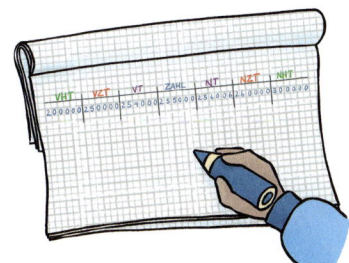

8 Nenne eine Zahl. Dein Partnerkind nennt Nachbarhunderttausender, Nachbarzehntausender und Nachbartausender.

1

3T 5H 12Z

T	H	Z	E

8T 11H 37E

T	H	Z	E

6T 25Z 32E

T	H	Z	E

2

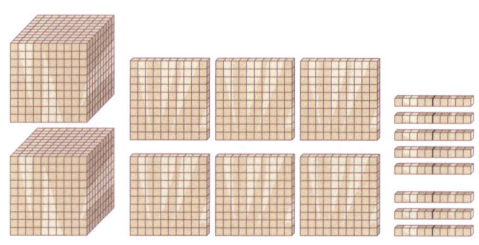

T	H	Z	E

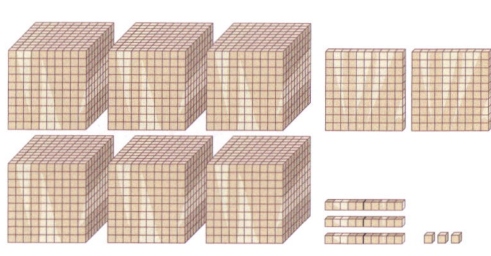

T	H	Z	E

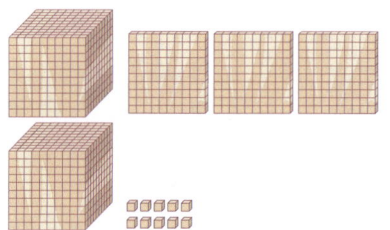

T	H	Z	E

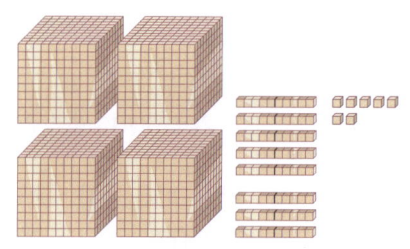

T	H	Z	E

3

a)

a)			3T + 1H + 9E		
	3000 + 100 + 9 =				

b)

c)

d)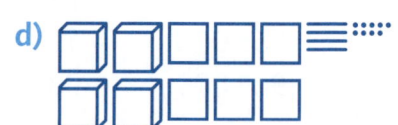

e)

f)

38

APP

4 Verschiebe ein Plättchen. Welche Zahlen können entstehen?

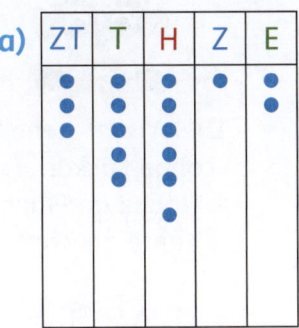

a)

ZT	T	H	Z	E
•	•	•	•	•
•	•	•		
•	•	•		
	•	•		
		•		

b)

ZT	T	H	Z	E
•	•	•	•	•
•	•	•	•	•
•		•	•	•
•		•	•	•
•			•	•
			•	
			•	

c)

ZT	T	H	Z	E
•	•		•	•
	•		•	•
			•	•
				•

☺ 🤔

5 <, > oder =?

506 000 ◯ 650 000   505 550 ◯ 550 055   889 988 ◯ 988 899

810 000 ◯ 180 000   120 202 ◯ 201 120   100 010 ◯ 100 001

250 000 ◯ 520 000   377 003 ◯ 737 300   1 000 000 ◯ 999 999

770 000 ◯ 770 000   191 091 ◯ 191 019   908 887 ◯ 908 887

☺ 🤔

6

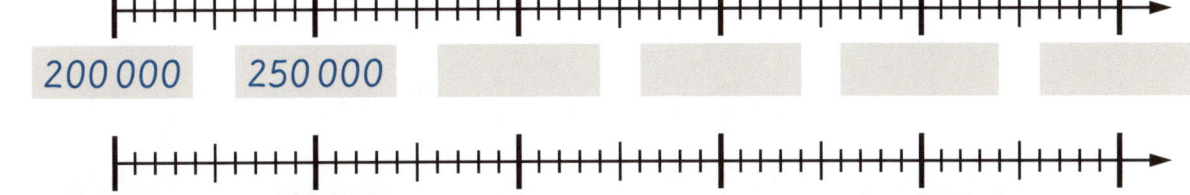

200 000   250 000

100 000   300 000

☺ 🤔

7

300 000 | | 400 000   800 000 | | 850 000

460 000 | | 520 000   650 000 | | 820 000

☺ 🤔

8

VHT	VZT	Zahl	NZT	NHT
		120 566		
		890 960		
		607 750		
		455 560		

☺ 🤔

Würfelgebäude und Baupläne

 S. 13

Ich baue ein Würfelgebäude.

Ich schreibe den passenden Bauplan. In jedes Feld notiere ich die Anzahl der Würfel.

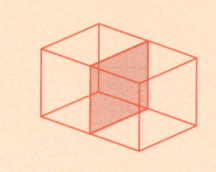

Die Würfel stehen
– ohne Lücken.
– Fläche an Fläche.
– Kante an Kante.

1

  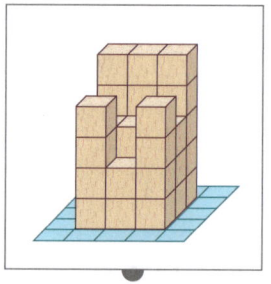 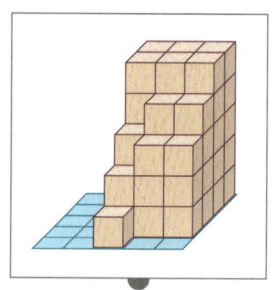

	5	5	5	
	3	3	3	
	4	2	4	

5	5	5	5	5
5	3	1	3	3
5	3	1	3	5
5	3	1	3	5
2	2	1	2	1

	5	5	5	
	5	5	5	
	3	4	4	
	2	3	3	
	1			

5	5	4	3	
5	5	4	3	
5	5	4	3	
5	5	4	3	
5	5	4	3	

2

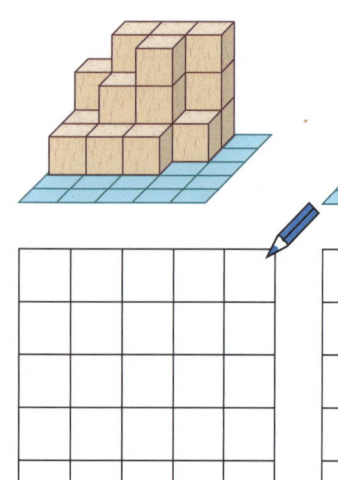 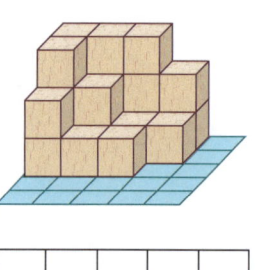 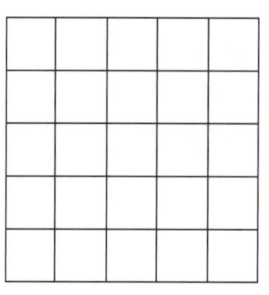  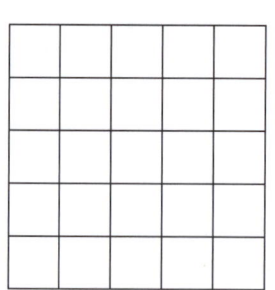  

40

2. ↑SuS ergänzen die Gebäude zu einem großen Würfel und notieren die Anzahl der benötigten kleinen Würfel.

APP

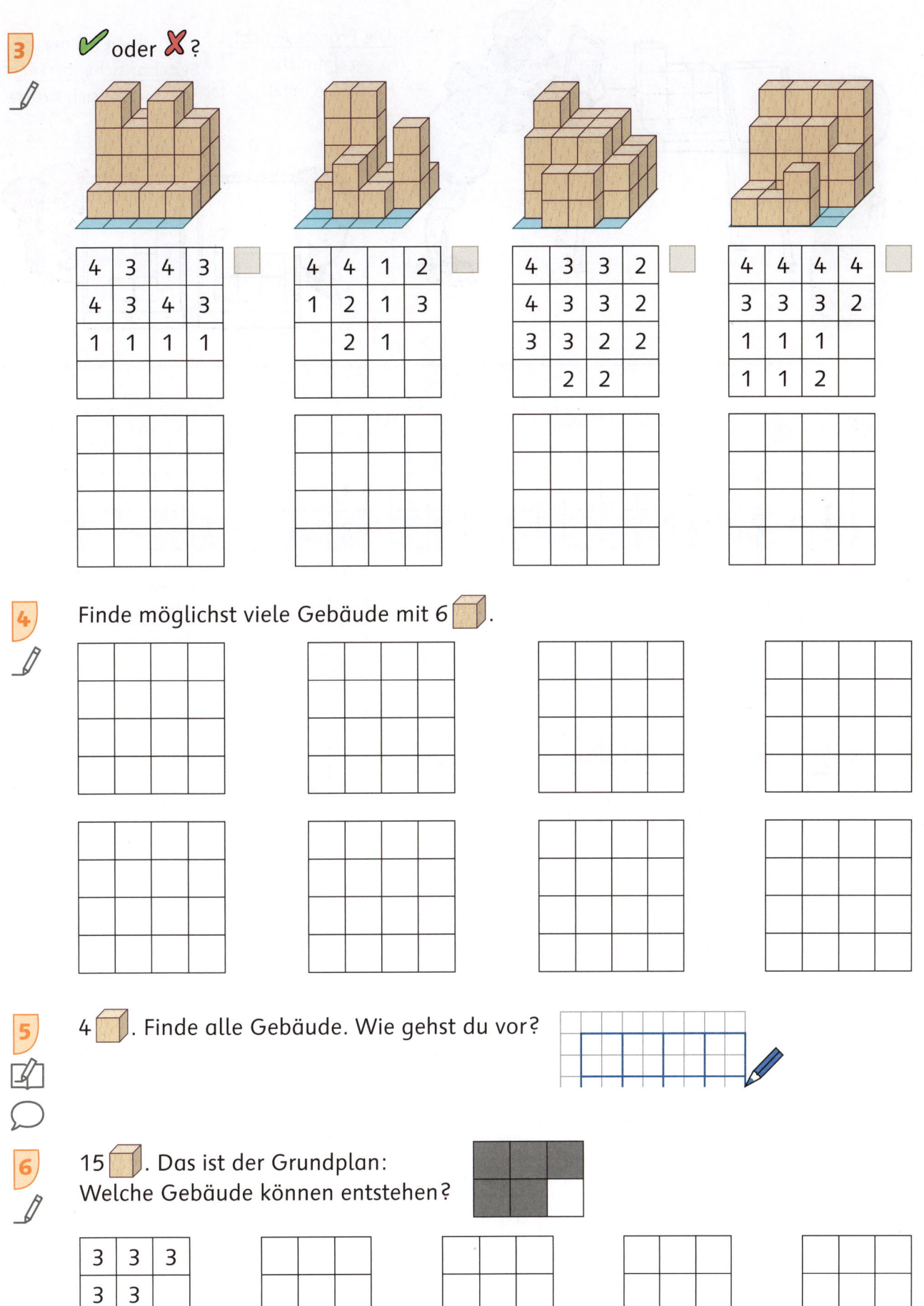

3 ✔ oder ✘ ?

4	3	4	3
4	3	4	3
1	1	1	1

4	4	1	2
1	2	1	3
	2	1	

4	3	3	2
4	3	3	2
3	3	2	2
	2	2	

4	4	4	4
3	3	3	2
1	1	1	
1	1	2	

4 Finde möglichst viele Gebäude mit 6 Würfel.

5 4 Würfel. Finde alle Gebäude. Wie gehst du vor?

6 15 Würfel. Das ist der Grundplan:
Welche Gebäude können entstehen?

3	3	3
3	3	

6. Hinweis: Nur an den markierten Feldern des Grundplanes stehen Würfel.
↑SuS finden alle Würfelgebäude und erklären ihr Vorgehen.

41

Ansichten von Würfelgebäuden

S. 14

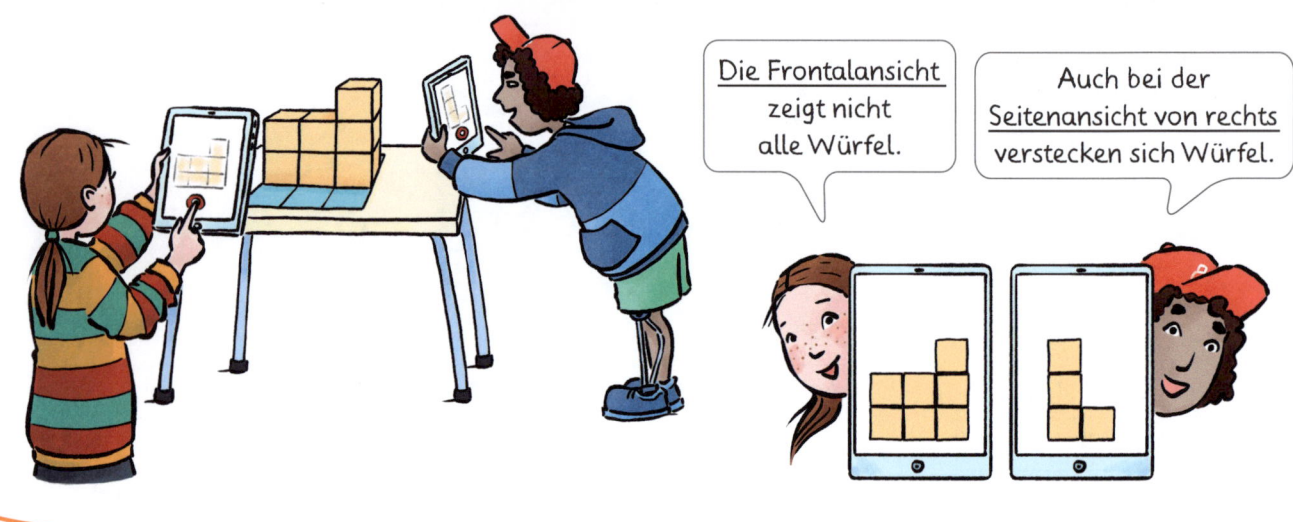

Die Frontalansicht zeigt nicht alle Würfel.
Auch bei der Seitenansicht von rechts verstecken sich Würfel.

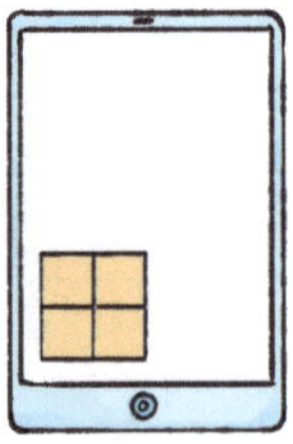

1 ✔ oder ✘?

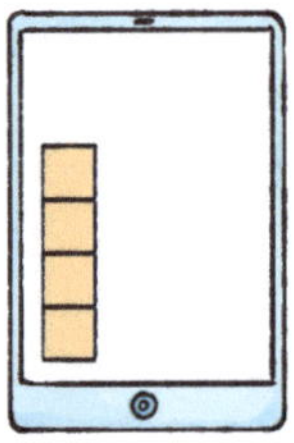

4			
4			
4			
4			

4			

1			
3			
3			
4			

4	3	2	

2	2		

1	3		
2	2		

1	2		
2	2		

2	2	1	

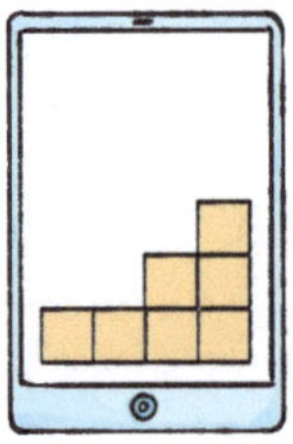

	1	1	3
1	1	2	3

	1	1	
	1	2	
	2	2	
1	1	2	3

	1	1	3
			2
1	1	2	3

1	1	2	3

1	1	1	1
2	1	2	1

3	1	2	1
2	1	2	1

2	1	2	1

1	2	1	2
2	1	2	1

1. Zu jeder Ansicht passen mehrere Baupläne.

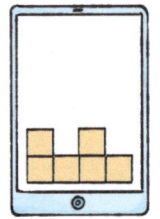

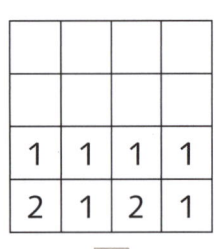

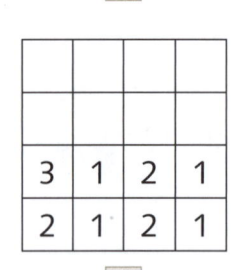

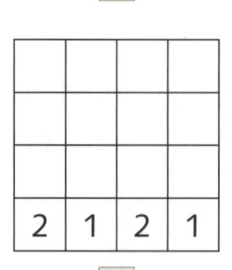

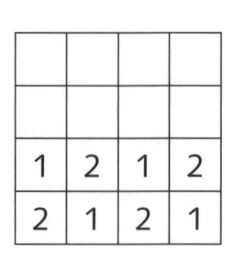

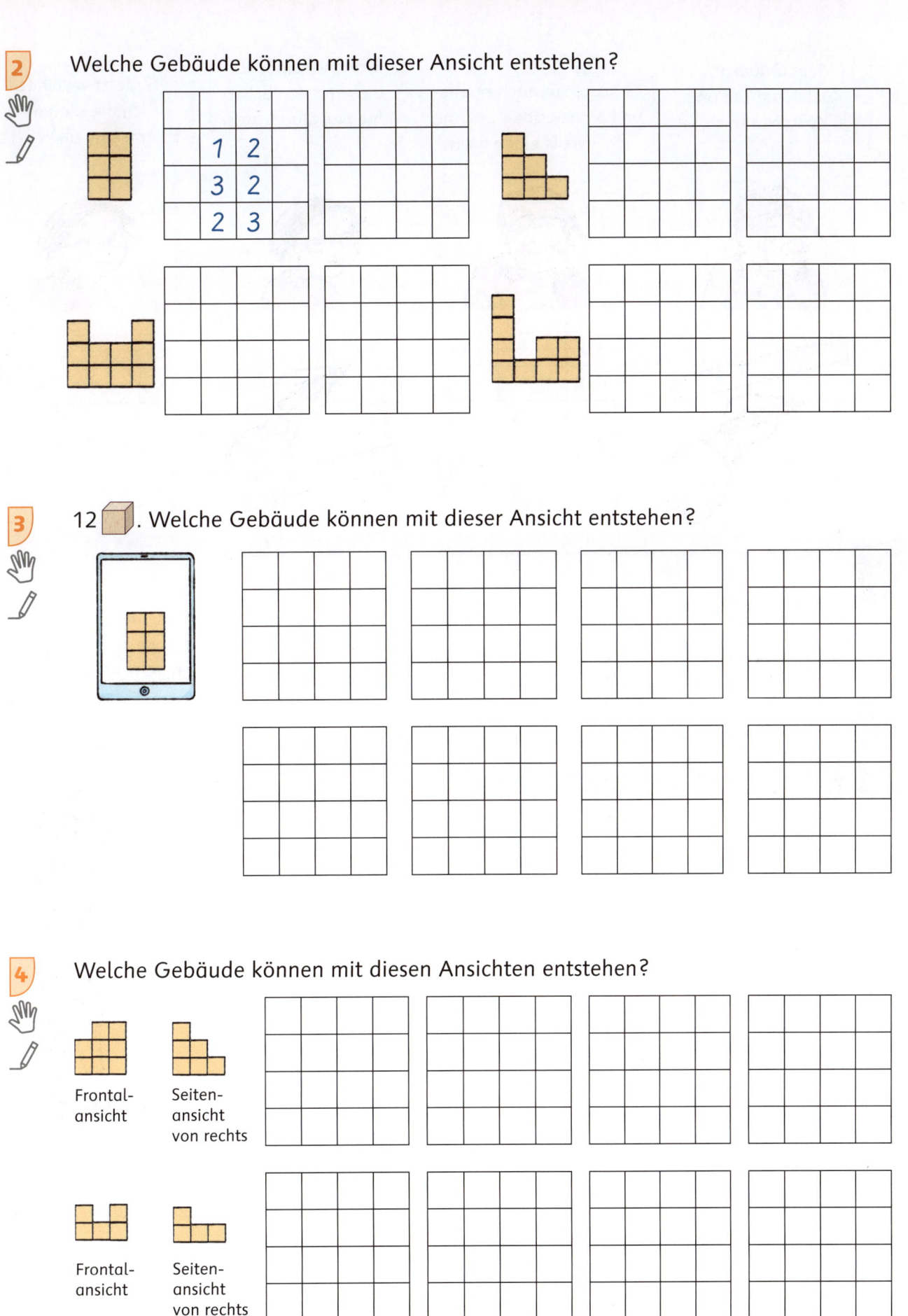

2 Welche Gebäude können mit dieser Ansicht entstehen?

1	2
3	2
2	3

3 12 ☐. Welche Gebäude können mit dieser Ansicht entstehen?

4 Welche Gebäude können mit diesen Ansichten entstehen?

Frontalansicht Seitenansicht von rechts

Frontalansicht Seitenansicht von rechts

Schrägbilder zeichnen

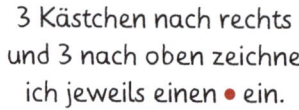

Mein Quadrat: 6 Kästchen breit und 6 Kästchen hoch.

3 Kästchen nach rechts und 3 nach oben zeichne ich jeweils einen ● ein.

Dann verbinde ich die ● mit den Ecken meines Quadrates.

Zuletzt verbinde ich die Kanten. Es entsteht ein Würfel.

1 Zeichne Würfel.

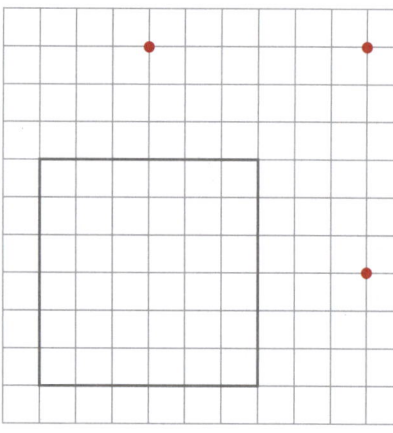

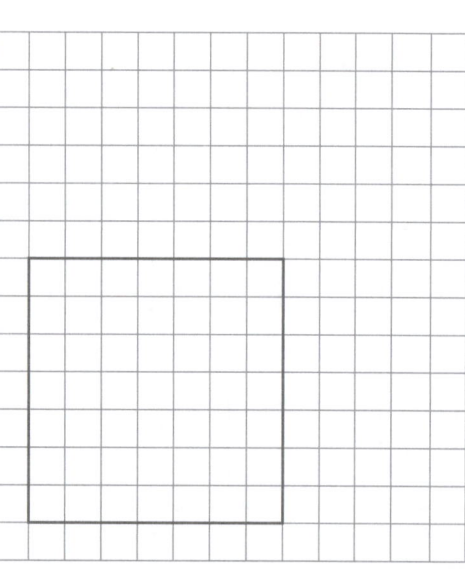

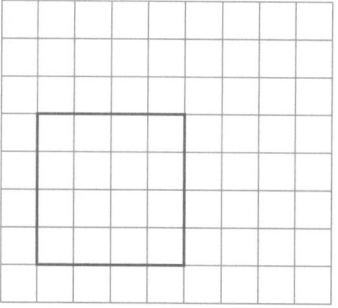

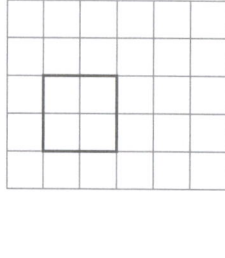

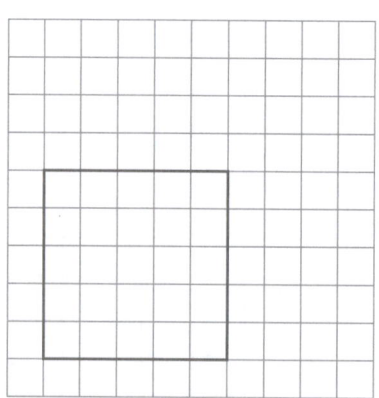

Wenn das Quadrat eine Länge von 4 Kästchen hat, dann gehe ich 2 Kästchen nach rechts und 2 nach oben. Immer die halbe Kästchenanzahl!

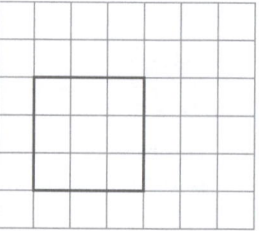

Zeichne die Würfelgebäude ab. Nutze 4 Kästchen Kantenlänge pro Seite.

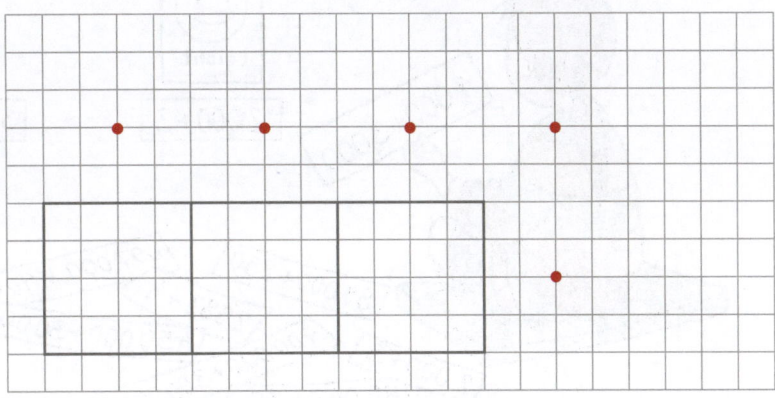

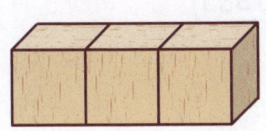

das Schrägbild

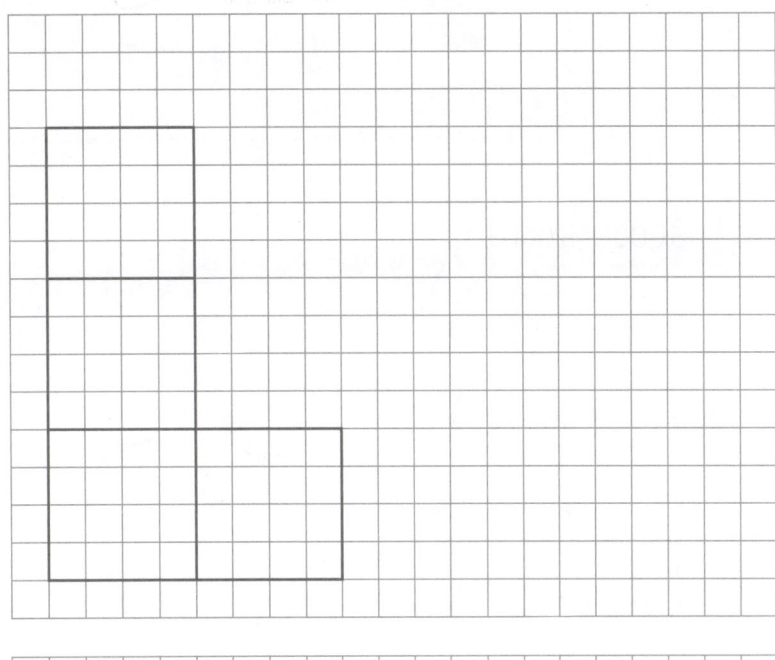

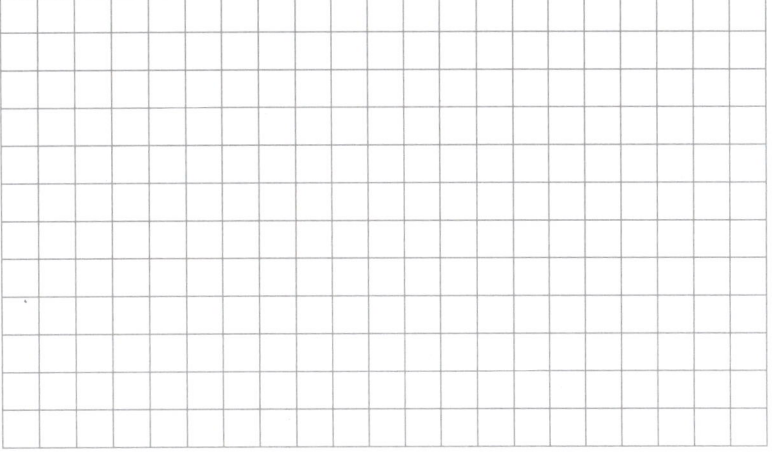

Zeichne das Würfelgebäude in dein Heft.
Nutze 2 Kästchen Kantenlänge pro Seite.

---

3. ↑ SuS bauen eigene Gebäude und zeichnen sie in ihr Heft.

Addition bis 1 000 000

S. 16

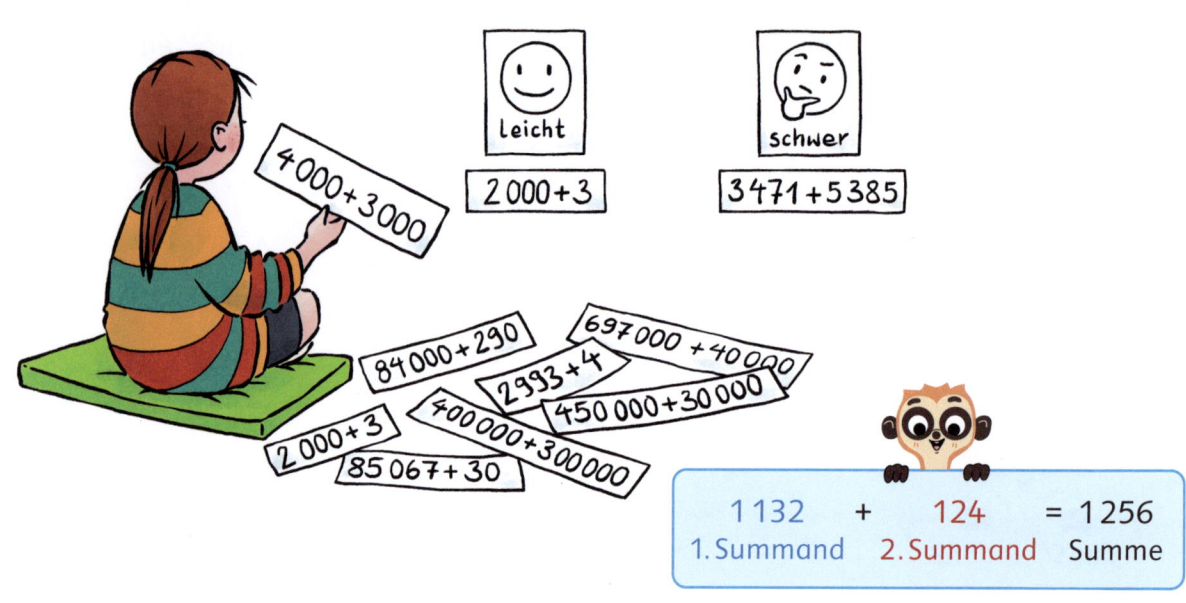

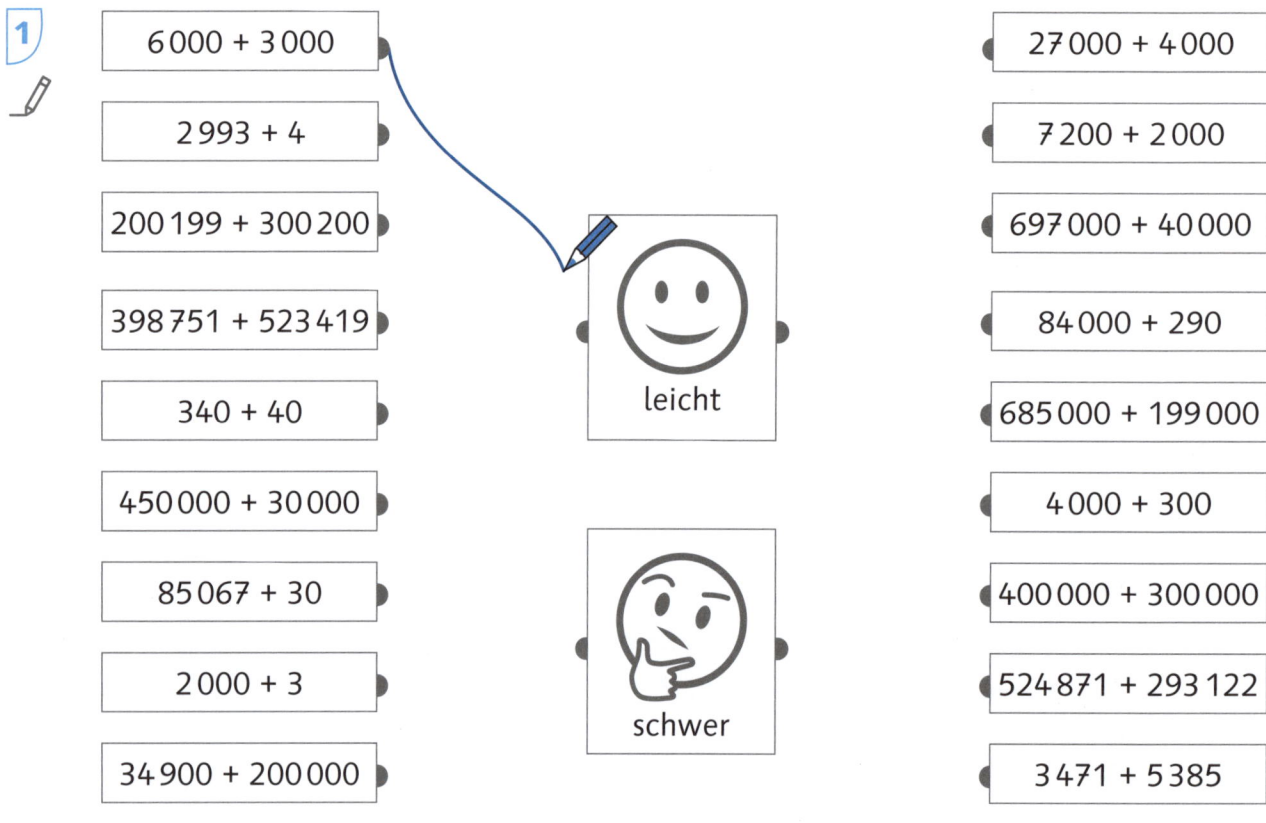

1

| leicht | | schwer |

6 000 + 3 000

2 993 + 4

200 199 + 300 200

398 751 + 523 419

340 + 40

450 000 + 30 000

85 067 + 30

2 000 + 3

34 900 + 200 000

27 000 + 4 000

7 200 + 2 000

697 000 + 40 000

84 000 + 290

685 000 + 199 000

4 000 + 300

400 000 + 300 000

524 871 + 293 122

3 471 + 5 385

2 Löse die leichten Aufgaben im Heft.

3 Erkläre deinen Rechenweg.

Ich nutze die Rechenwege, die ich schon kenne. Ich rechne im Kopf oder schriftlich.

1. SuS schätzen individuell ein, was eine leichte/schwere Aufgabe für sie ist.

APP

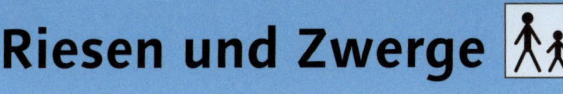
$4253 + 4 =$ 🫤

Ich weiß:
$253 + 4 = 257$,
weil $3 + 4 = 7$.

Also ist das
Ergebnis
4000 mehr.

$4253 + 4 = 4257$

$253 + 4 = 257$

$3 + 4 = 7$

1

$24 + 3 =$ ⬜ $46 + 2 =$ ⬜ $51 + 7 =$ ⬜

$164 + 3 =$ ⬜ $246 + 2 =$ ⬜ $951 + 7 =$ ⬜

$5364 + 3 =$ ⬜ $7546 + 2 =$ ⬜ $10351 + 7 =$ ⬜

2 Finde passende Riesenaufgaben.

$52 + 7 =$ ⬜ $74 + 2 =$ ⬜ $48 + 1 =$ ⬜

⬜ + ⬜ = ⬜   ⬜ + ⬜ = ⬜   ⬜ + ⬜ = ⬜

⬜ + ⬜ = ⬜   ⬜ + ⬜ = ⬜   ⬜ + ⬜ = ⬜

3 Was ändert sich?

$80 + 10 =$ ⬜ $60 + 30 =$ ⬜ $70 + 20 =$ ⬜

$800 + 100 =$ ⬜ $600 + 300 =$ ⬜ $700 + 200 =$ ⬜

$8000 + 1000 =$ ⬜ $6000 + 3000 =$ ⬜ $7000 + 2000 =$ ⬜

Antwort: ⬜

⬜

4 Finde eigene Päckchen wie in **3**.

⬜ + ⬜ = ⬜   ⬜ + ⬜ = ⬜

⬜ + ⬜ = ⬜   ⬜ + ⬜ = ⬜

⬜ + ⬜ = ⬜   ⬜ + ⬜ = ⬜

5 Nutze .

a) $2356 + 3$ **b)** $56321 + 7$ **c)** $4000 + 3000$ **d)** $40000 + 30000$

$4571 + 4$ $45222 + 5$ $50000 + 20000$ $400000 + 200000$

$8527 + 2$ $65926 + 6$ $800000 + 200000$ $5000 + 4000$

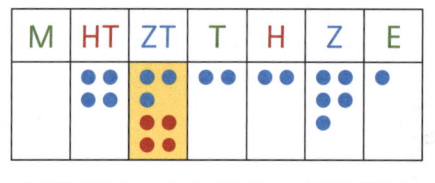

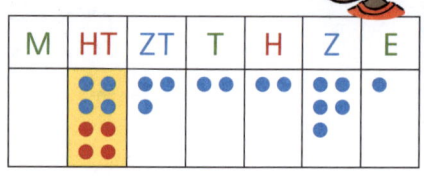

432251 + 40000 = 472251

432251 + 4000 = 436251

432251 + 400000 = 832251

1 Welche Stelle ändert sich?

583065 + 900 =

604733 + 200 =

171213 + 300 =

HT ☐ ZT ☐ T ☐ H ☐

573586 + 4000 =

672667 + 5000 =

113584 + 6000 =

HT ☐ ZT ☐ T ☐ H ☐

431824 + 50000 =

217340 + 80000 =

570734 + 20000 =

HT ☐ ZT ☐ T ☐ H ☐

125326 + 700000 =

267475 + 300000 =

451661 + 200000 =

HT ☐ ZT ☐ T ☐ H ☐

2
a)	b)	c)
321154 + 30	163421 + 2000	734921 + 40000
321154 + 3	163421 + 20	251389 + 6000
321154 + 3000	163421 + 200000	159474 + 700000
321154 + 300	163421 + 2	849251 + 8
321154 + 300000	163421 + 200	634252 + 30

3
a)	b)	c)
836408 + 30	707965 + 20000	95030 + 300
555279 + 400	613806 + 6000	303707 + 100000
219427 + 100	939779 + 10000	422277 + 50000
322251 + 1000	734016 + 4000	89946 + 300000

APP

Zur Nachbarzahl und weiter

📖 S. 19–20

1 Immer der Nachfolge-Tausender.

5 990 + ☐ = 6 000   5 997 + ☐ = ☐

34 940 + ☐ = 35 000   45 992 + ☐ = ☐

456 980 + ☐ = 457 000   658 994 + ☐ = ☐

587 965 + ☐ = 588 000   463 992 + ☐ = ☐

> 4 950 ist verliebt in die 50. Der NT ist 5 000.

2 Immer der Nachfolge-Zehntausender.

9 930 + ☐ = 10 000   9 998 + ☐ = ☐

79 910 + ☐ = 80 000   39 996 + ☐ = ☐

289 920 + ☐ = 290 000   559 991 + ☐ = ☐

679 937 + ☐ = 680 000   489 993 + ☐ = ☐

3 Immer der Nachfolge-Hunderttausender.

99 980 + ☐ = 100 000   99 993 + ☐ = ☐

399 930 + ☐ = 400 000   599 997 + ☐ = ☐

799 940 + ☐ = 800 000   899 998 + ☐ = ☐

699 946 + ☐ = 700 000   499 995 + ☐ = ☐

4 Von der Nachbarzahl weiter.

1 000 + 130 = ☐   10 000 + 3 500 = ☐   100 000 + 655 = ☐

4 000 + 240 = ☐   40 000 + 6 700 = ☐   400 000 + 931 = ☐

6 000 + 780 = ☐   60 000 + 4 250 = ☐   600 000 + 496 = ☐

8 000 + 960 = ☐   80 000 + 7 900 = ☐   800 000 + 543 = ☐

Plus 2 bis zur glatten Nachbarzahl und dann plus 5.

24 998 + 7 =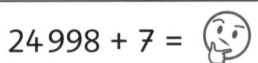

Ich löse die Aufgabe am Rechenstrich.

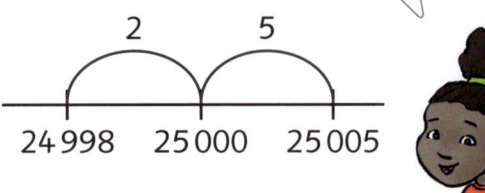

$24\,998 + 7 = 25\,005$

$24\,998 + 2 + 5 = 25\,005$

1

$4\,996 + 5 =$

$4\,996 + \boxed{} + \boxed{} =$

$5\,993 + 9 =$

$5\,993 + \boxed{} + \boxed{} =$

$41\,997 + 6 =$

$41\,997 + \boxed{} + \boxed{} =$

$82\,999 + 6 =$

$82\,999 + \boxed{} + \boxed{} =$

2

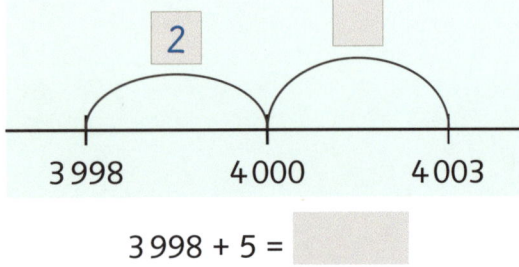

$3\,998 + 5 =$

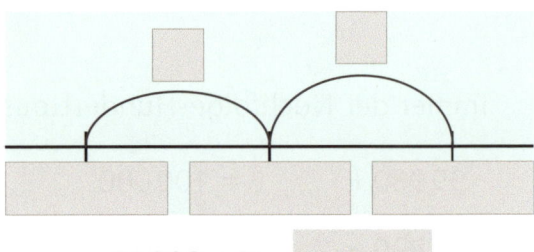

$61\,998 + 7 =$

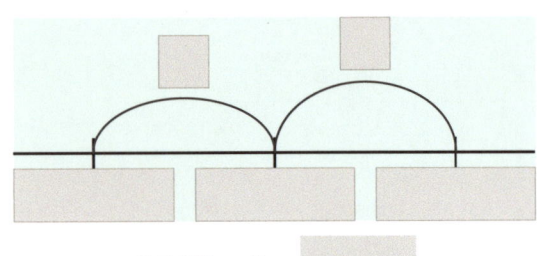

$7\,997 + 9 =$

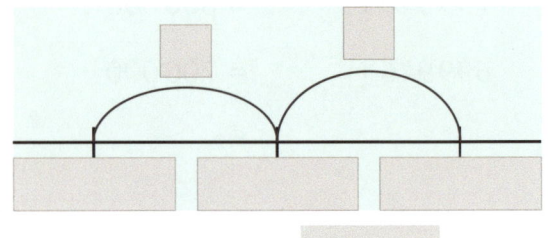

$87\,994 + 8 =$

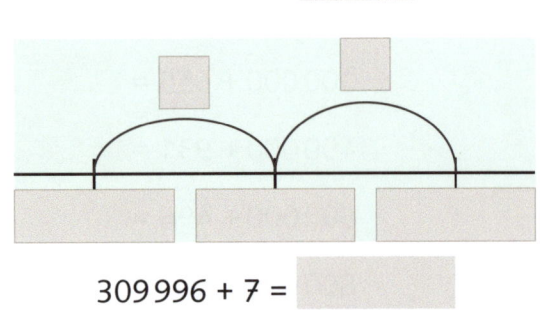

$309\,996 + 7 =$

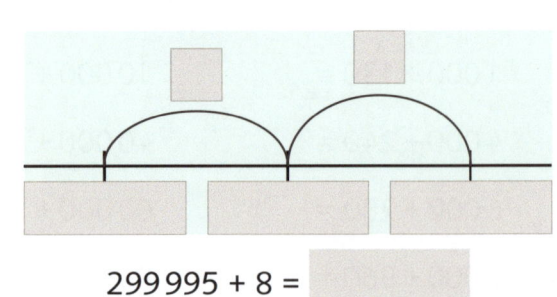

$299\,995 + 8 =$

3

$7000 + 5000 =$ ⬜　　　　$38000 + 3000 =$ ⬜

$7000 + \mathbf{3000} + \mathbf{2000} =$ ⬜　　$38000 +$ ⬜ $+$ ⬜ $=$ ⬜

$26000 + 7000 =$ ⬜　　　　$458000 + 4000 =$ ⬜

$26000 +$ ⬜ $+$ ⬜ $=$ ⬜　　$458000 +$ ⬜ $+$ ⬜ $=$ ⬜

$80000 + 30000 =$ ⬜　　　$677000 + 8000 =$ ⬜

$80000 +$ ⬜ $+$ ⬜ $=$ ⬜　　$677000 +$ ⬜ $+$ ⬜ $=$ ⬜

4

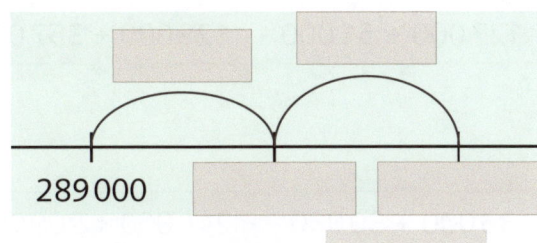

289000

$289000 + 5000 =$ ⬜

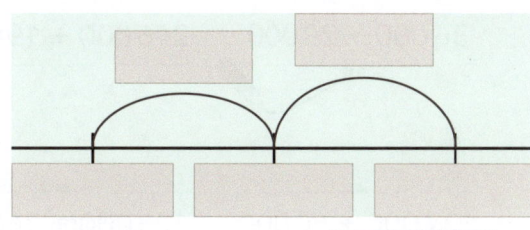

$360000 + 80000 =$ ⬜

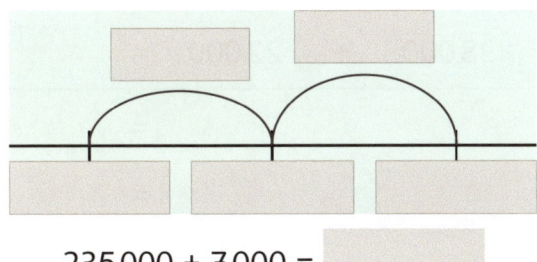

$235000 + 7000 =$ ⬜

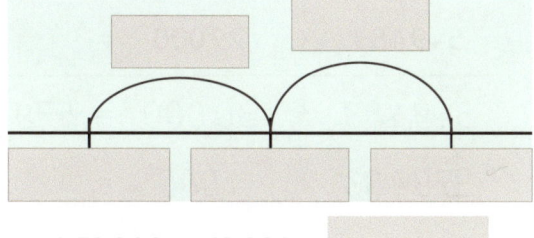

$470000 + 60000 =$ ⬜

5

a)	b)	c)	d)
$4000 + 7000$	$34000 + 9000$	$234000 + 8000$	$360000 + 80000$
$5000 + 8000$	$56000 + 5000$	$556000 + 6000$	$760000 + 60000$
$7000 + 6000$	$72000 + 9000$	$776000 + 7000$	$580000 + 60000$
$8000 + 8000$	$79000 + 8000$	$183000 + 8000$	$290000 + 70000$
$7000 + 7000$	$85000 + 9000$	$365000 + 8000$	$760000 + 70000$

6 Im Kopf oder schriftlich?

a)　　$350 + 70 =$ ⬜　　　　　b)　　$4500 + 700 =$ ⬜

$6930 + 80 =$ ⬜　　　　　　　$8600 + 700 =$ ⬜

$34740 + 90 =$ ⬜　　　　　　$45500 + 700 =$ ⬜

$256970 + 40 =$ ⬜　　　　　$678700 + 700 =$ ⬜

---

6. Lösungen, die im Kopf errechnet werden, können direkt ins Arbeitsheft eingetragen werden. Die restlichen Aufgaben lösen die SuS im eigenen Heft.

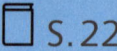

20 000 kann ich einfacher addieren als 19 000.

Ich reduziere den 1. Summanden um 1000. Ich erhöhe den 2. Summanden um 1000. So kann ich die Aufgabe einfacher rechnen.

41 000 + 19 000 = 60 000

$\boxed{+}$ 1000

41 000 + 20 000 = 61 000
61 000 $\boxed{-}$ 1000 = 60 000

41 000 + 19 000 = 60 000

$\boxed{-}$ 1000 $\boxed{+}$

40 000 + 20 000 = 60 000

 1 Welche Aufgabe hilft?

| 36 000 + 29 000 | 246 000 + 198 000 | 127 000 + 51 000 | 128 000 + 357 000 |

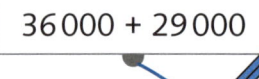

| 127 000 + 50 000 | 125 000 + 360 000 | 36 000 + 30 000 | 244 000 + 200 000 |

2

549 483 + 29 000 =   38 000 + 22 000 =

549 483 + 30 000 = 579 483   =

579 483 − 1000 =   =

87 000 + 63 000 =   311 266 + 39 000 =

= =

= =

32 115 + 799 000 =   430 000 + 370 000 =

= =

= =

 3

a) 4376 + 39 000
5728 + 59 000
8121 + 79 000
45 912 + 19 000

b) 34 000 + 36 000
18 000 + 72 000
57 000 + 23 000
49 000 + 38 000

c) 85 637 + 290 000
26 352 + 490 000
52 361 + 390 000
171 542 + 190 000

APP

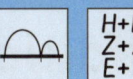 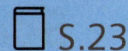

Ich rechne schrittweise, indem ich zuerst T, H, Z und am Ende E addiere.

7421 + 1346

Ich rechne stellenweise:
T + T
H + H
Z + Z
E + E

7	4	2	1	+	1	3	4	6	=	8	7	6	7
7	4	2	1	+	1	0	0	0	=	8	4	2	1
8	4	2	1	+		3	0	0	=	8	7	2	1
8	7	2	1	+			4	0	=	8	7	6	1
8	7	6	1	+				6	=	8	7	6	7

7	4	2	1	+	1	3	4	6	=	8	7	6	7
7	0	0	0	+	1	0	0	0	=	8	0	0	0
	4	0	0	+		3	0	0	=		7	0	0
		2	0	+			4	0	=			6	0
			1	+				6	=				7

1 Nutze .

2 4 2 5 + 5 4 6 3 =
2 4 2 5 + 5 0 0 0 =

6 4 3 1 + 1 2 7 5 =
6 4 3 1 + 1 0 0 0 =

4 5 3 7 + 2 4 0 2 =
4 5 3 7 + 2 0 0 0 =

2 2 8 9 + 2 2 4 3 =
2 2 8 9 + 2 0 0 0 =

2 Nutze .

4 2 5 5 + 3 3 5 9 =
4 0 0 0 + 3 0 0 0 =

4 5 6 4 + 2 1 3 1 =
4 0 0 0 + 2 0 0 0 =

6 7 3 1 + 2 6 8 4 =
6 0 0 0 + 2 0 0 0 =

4 6 9 2 + 3 2 8 2 =
4 0 0 0 + 3 0 0 0 =

3 Nutze oder .

a) 1493 + 7446
4318 + 1760
1483 + 8428
2978 + 4506

b) 5566 + 2153
2126 + 1601
1063 + 5016
4937 + 2409

c) 72035 + 16362
65311 + 23831
22357 + 40232
74160 + 33379

d) 677065 + 110852
839677 + 92869
870800 + 18657
190468 + 74747

432 424 + 254 346 = 🤔

HT	ZT	T	H	Z	E

Ich addiere stellenweise und beginne mit den Einern.

HT	ZT	T	H	Z	E
4	3	2	4	2	4
+ 2	5	4	3	4	6
				1	
6	8	6	7	7	0

Achtung Übertrag! Ich wechsle 10 E in 1 Z.

1

		3	7	2	2
	+	1	1	4	7

		3	5	2	4
	+	5	0	1	2

	2	2	5	0	1
+	2	6	2	6	3

	5	3	4	2	8
+	3	1	1	4	1

6	3	6	3	2	4
+ 1	4	2	4	1	5

1	1	0	3	4	7
+ 3	2	8	3	1	0

7	6	6	4	2	1
+ 1	1	0	2	2	4

		4	2	2	6
+ 7	7	4	0	4	2

7	2	6	2	3	3
+ 2	3	3	3	2	4

2	0	1	2	5	6
+ 4	1	7	4	0	1

6	5	5	3	1	2
+ 2	2	1	0	0	5

		5	3	3	7
+ 8	1	2	6	4	1

2

a) 5355 + 3631
3826 + 1041
6341 + 3408
8269 + 1120

b) 44 802 + 23 103
33 414 + 61 071
12 501 + 86 120
33 271 + 42 203

Schreibe stellengerecht untereinander.

c) 115 585 + 770 202
274 309 + 657 170
434 387 + 135 000
443 382 + 406 300

d) 130 422 + 547 204
603 485 + 166 000
813 375 + 136 504
385 052 + 112 602

APP

3

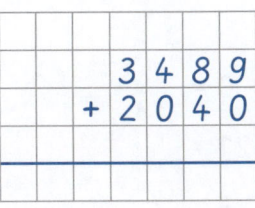 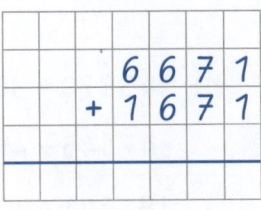 

```
    3 4 8 9          6 6 7 1              6 3 6 5 1
  + 2 0 4 0        + 1 6 7 1            + 7 1 4 5 5
```

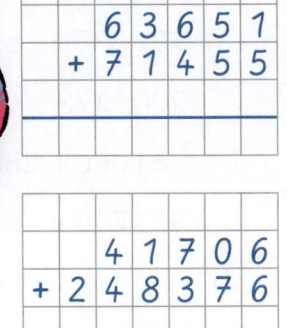
Hier gibt es mehrere Überträge.

```
  7 3 1 8 5 3      3 6 3 0 6 0        8 5 5 0 2 8        4 1 7 0 6
+ 1 4 7 6 3 6    + 5 7 5 2 7 9      +   3 0 8 7 4      + 2 4 8 3 7 6
```

4

a) 6 732 + 30 916
    67 211 + 538 758
    680 630 + 99 161
    456 848 + 230 968

b) 776 236 + 47 882
    540 604 + 348 030
    637 972 + 75 938
    456 848 + 230 968

c) 579 422 + 216 212 + 144 856
    623 817 + 48 798 + 36 952
    569 005 + 44 330 + 105 968
    782 428 + 50 396 + 122 465

5

Meine Aufgaben mit Ziffernkarten.

a) 3 Aufgaben ohne Übertrag.
b) 3 Aufgaben mit Übertrag.
c) 2 Aufgaben mit Übertrag.
   Die Summe ist jeweils
   über 500 000.
d) 2 Aufgaben mit Übertrag.
   Die Summe ist jeweils zwischen
   70 000 und 80 000.

`0  1  2  3  4  5  6  7  8  9`

Ich lege zuerst meine Aufgabe.

```
    3 6 7 4
  + 6 2 4 5
```

6

oder ✗? Welcher Fehler wurde gemacht?

a)
```
    4 8 5 0
  + 2 4 4 8
      1
    6 2 9 8
```
☐

b)
```
    3 2 1 6 4
  + 1 6 0 2
    4 6 1 8 4
```
☐

c)
```
    1 7 6 1 2 9
  + 1 6 7 4 1 8
        1     1
    2 4 3 5 4 7
```
☐

d)
```
    2 5 6 9 4 2
  + 5 2 5 4 7 8
      1 1 1 1
    7 8 2 4 2 0
```
☐

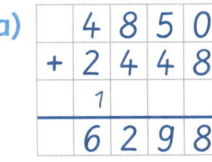
Übertrag vergessen

nicht stellengerecht geschrieben

falsch gerechnet

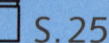
1 Welche Aufgabe löst du im Kopf? ☒

a) 757 533 + 55 411 = ⬚   ☐   b) 145 370 + 300 000 = ⬚   ☐

   200 117 + 42 000 = ⬚   ☐   47 145 + 467 621 = ⬚   ☐

    61 066 + 281 765 = ⬚   ☐   181 141 +   7 = ⬚   ☐

   322 718 + 61 550 = ⬚   ☐   425 363 + 200 216 = ⬚   ☐

c) 424 034 + 35 766 = ⬚   ☐   d) 400 836 +   1 694 = ⬚   ☐

   238 392 + 200 000 = ⬚   ☐   257 473 + 21 000 = ⬚   ☐

    55 269 + 354 035 = ⬚   ☐   341 117 + 534 202 = ⬚   ☐

    52 394 +   2 000 = ⬚   ☐   621 230 +   4 009 = ⬚   ☐

e) 872 845 + 112 024 = ⬚   ☐

   662 502 + 41 415 = ⬚   ☐

   383 740 +   6 545 = ⬚   ☐    Manche Rechenwege helfen mir, die Aufgaben im Kopf zu lösen.

   567 438 + 69 000 = ⬚   ☐

f)   42 811 + 478 001 = ⬚   ☐   g) 198 675 +   300 = ⬚   ☐

   307 127 + 22 363 = ⬚   ☐   716 589 + 133 879 = ⬚   ☐

   421 236 + 50 000 = ⬚   ☐   54 996 +   9 = ⬚   ☐

   989 993 +   8 = ⬚   ☐   426 393 + 50 505 = ⬚   ☐

2 Löse die restlichen Aufgaben im Heft. Erkläre deinen Rechenweg.

Welchen Rechenweg hast du genutzt?

Ich habe …

3 Bilde Additionsaufgaben, die du im Kopf lösen kannst.

12 000	23 714	620 000		3 000	5 287	89 034
74 001	531 832	9 999	**+**	25 500	650	55 000
200 000	38 242	40 000		670 000	422 948	1 200

4 Wie könnten Samu, Ella und Noa rechnen?

45 000 + 3 500
Das rechne ich schnell und einfach im Kopf.

53 872 + 489 214
Das rechne ich lieber schriftlich.

32 765 + 6 999
Das rechne ich im Kopf.

5 Wann rechnest du schriftlich, wann im Kopf?

Zeig, was du kannst!

1

44 + 4 = ☐   91 + 7 = ☐   187 + 2 = ☐

955 + 3 = ☐   282 + 6 = ☐   11 232 + 6 = ☐

12 686 + 2 = ☐   125 381 + 8 = ☐   855 263 + 3 = ☐

2 Welche Stelle ändert sich?

a) 15 620 +   2 000

88 613 +   1 000

526 333 +   3 000

801 156 +   8 000

HT ☐ ZT ☐ T ☐

b) 15 730 + 80 000

66 155 + 30 000

142 698 + 50 000

809 699 + 90 000

HT ☐ ZT ☐ T ☐

c) 456 193 + 300 000

728 196 + 200 000

563 987 + 400 000

185 966 + 800 000

HT ☐ ZT ☐ T ☐

3 Zur Nachbarzahl.

8 850 + ☐ = 9 000

68 730 + ☐ = 69 000

16 270 + ☐ = 17 000

888 800 + ☐ = 890 000

691 750 + ☐ = 692 000

461 285 + ☐ = 462 000

4 Von der Nachbarzahl weiter.

2 000 + 700 = ☐

50 000 + 999 = ☐

50 000 + 6 750 = ☐

80 000 + 7 741 = ☐

200 000 + 750 = ☐

400 000 + 17 606 = ☐

500 000 + 13 700 = ☐

300 000 + 25 012 = ☐

5 ♡ 3 995 + 7 = ☐

3 995 + ♡ + ☐ = ☐

8 896 + 6 = ☐

8 996 + ♡ + ☐ = ☐

16 993 + 8 = ☐

16 993 + ♡ + ☐ = ☐

56 997 + 8 = ☐

56 997 + ♡ + ☐ = ☐

6

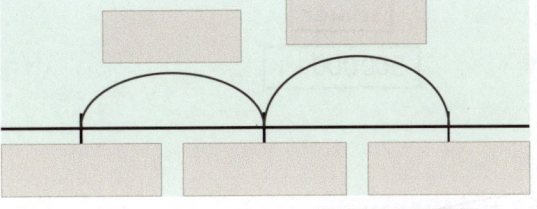

163 000 + 8 000 = ▢

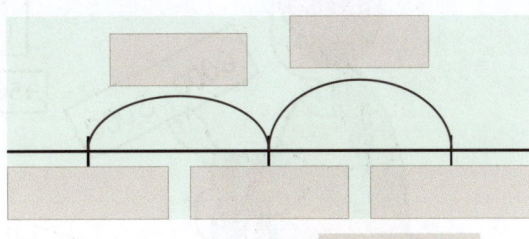

645 000 + 7 000 = ▢

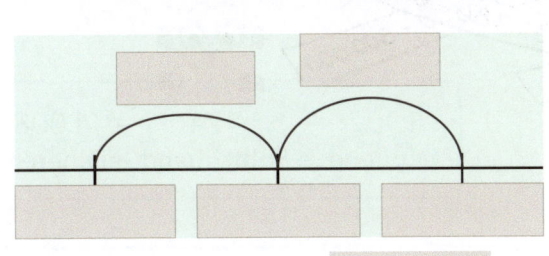

887 000 + 6 000 = ▢

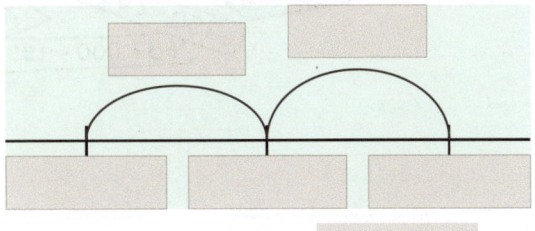

266 000 + 7 000 = ▢ 😊 🤔

7

448 683 + 39 000 = ▢

▢ + ▢ = ▢

▢ − ▢ = ▢

44 256 + 699 000 = ▢

▢ + ▢ = ▢

▢ − ▢ = ▢

48 000 + 32 000 = ▢

▢ + ▢ = ▢

▢ − ▢ = ▢

47 000 + 53 000 = ▢

▢ + ▢ = ▢

▢ − ▢ = ▢

😊 🤔

8 +/−

```
    7 2 7 2 3 3        2 9 1 2 5 6        4 4 5 2 1 6        1 4 2 2 7
+   2 1 1 1 3 5     +  3 8 8 5 0 6     +  2 2 1 0 9 5     + 8 1 7 6 4 8
```

😊 🤔

9 H+H Z+Z E+E oder ⌒ oder +/− .

a) 2 633 + 1 144
   4 860 + 1 672
   6 963 + 2 356

b) 6 763 + 2 396
   4 503 + 2 577
   5 006 + 2 893

c) 81 027 + 12 051
   36 447 + 58 303
   26 050 + 75 560

d) 310 849 + 425 529
   708 598 + 94 454
   132 582 + 408 249

😊 🤔

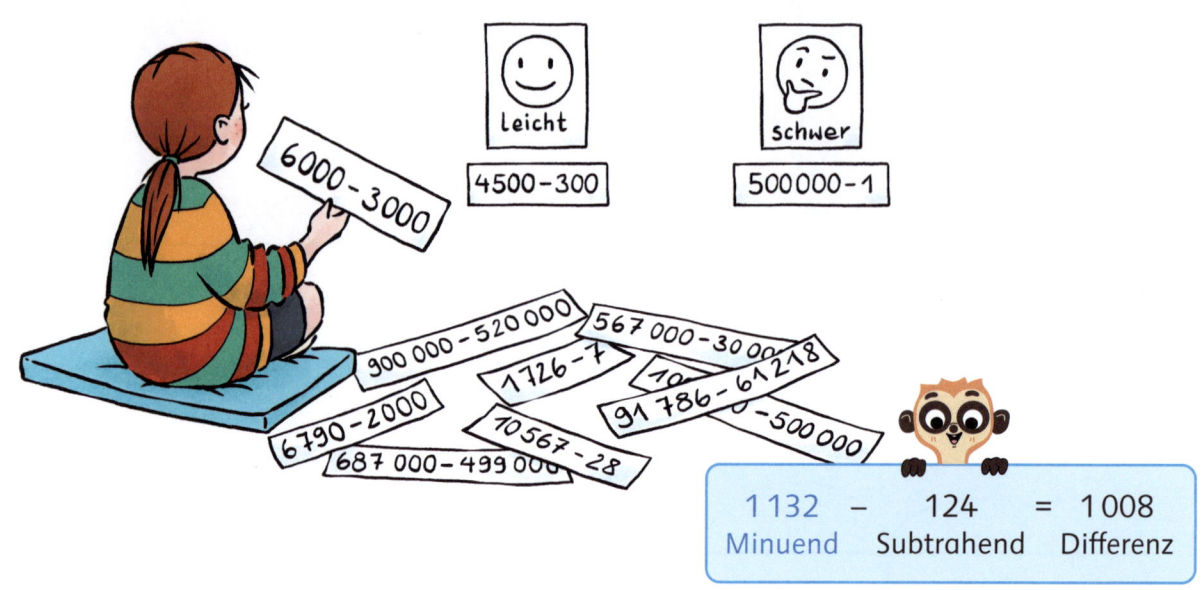

1132 – 124 = 1008
Minuend Subtrahend Differenz

1

6 000 – 3 000	6 790 – 2 000
4 500 – 300	687 000 – 499 000
208 000 – 4 000	500 009 – 7
3 491 – 2 000	2 825 – 9
40 000 – 10 000	1 000 000 – 500 000
10 567 – 28	567 000 – 30 000
1 235 – 1 123	1 726 – 5
800 000 – 200 000	500 000 – 1
91 786 – 61 218	900 000 – 520 000

leicht

schwer

2 Löse die leichten Aufgaben im Heft.

3 Erkläre deinen Rechenweg.

> Ich nutze die Rechenwege, die ich schon kenne. Ich rechne im Kopf oder schriftlich.

1. SuS schätzen individuell ein, was eine leichte/schwere Aufgabe für sie ist.

APP

Riesen und Zwerge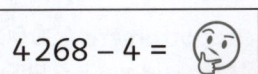

S. 27

$4268 - 4 =$

Ich weiß:
$268 - 4 = 264$,
weil $8 - 4 = 4$.

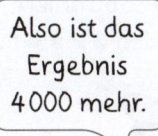

$4268 - 4 = 4264$

$268 - 4 = 264$

$8 - 4 = 4$

Also ist das
Ergebnis
4000 mehr.

1

$34 - 3 =$ ☐ $47 - 5 =$ ☐ $69 - 3 =$ ☐

$334 - 3 =$ ☐ $647 - 5 =$ ☐ $769 - 3 =$ ☐

$6234 - 3 =$ ☐ $8547 - 5 =$ ☐ $24669 - 3 =$ ☐

2 Finde passende Riesenaufgaben.

$63 - 3 =$ ☐ $75 - 2 =$ ☐ $19 - 8 =$ ☐

☐ $-$ ☐ $=$ ☐   ☐ $-$ ☐ $=$ ☐   ☐ $-$ ☐ $=$ ☐

☐ $-$ ☐ $=$ ☐   ☐ $-$ ☐ $=$ ☐   ☐ $-$ ☐ $=$ ☐

3 Was ändert sich?

$600 - 200 =$ ☐ $900 - 500 =$ ☐

$6000 - 2000 =$ ☐ $9000 - 5000 =$ ☐

$60000 - 20000 =$ ☐ $90000 - 50000 =$ ☐

Antwort: _____

_____

4 Finde eigene Päckchen wie in **3**.

☐ $-$ ☐ $=$ ☐   ☐ $-$ ☐ $=$ ☐

☐ $-$ ☐ $=$ ☐   ☐ $-$ ☐ $=$ ☐

☐ $-$ ☐ $=$ ☐   ☐ $-$ ☐ $=$ ☐

5 Nutze .

a) $6457 - 3$ b) $56328 - 7$ c) $40000 - 30000$ d) $4000 - 3000$

$9458 - 4$ $45444 - 4$ $50000 - 20000$ $50000 - 20000$

$7183 - 2$ $65926 - 5$ $800000 - 700000$ $800000 - 300000$

Ich subtrahiere 4000. Also ⊘⊘⊘⊘ bei **T**.

M	HT	ZT	T	H	Z	E
	● ●	● ●	● ●	●	● ●	● ●
	● ●	⊘ ⊘	● ●			
		⊘ ⊘				

465 132 − 40 000 = 425 132

Ich subtrahiere 400 000. Also ⊘⊘⊘⊘ bei **HT**.

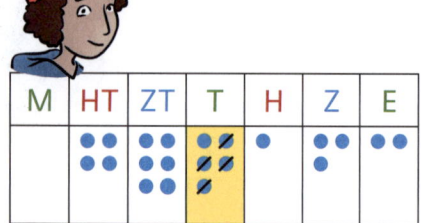

M	HT	ZT	T	H	Z	E
	● ●	● ●	⊘ ⊘	●	● ●	● ●
	● ●	● ●	⊘ ⊘			

465 132 − 4 000 = 461 132

Ich subtrahiere 40 000. Also ⊘⊘⊘⊘ bei **ZT**.

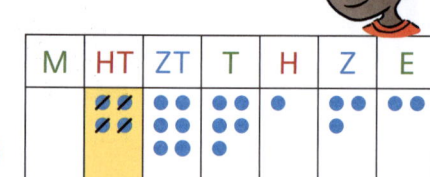

M	HT	ZT	T	H	Z	E
	⊘ ⊘	● ●	● ●	●	● ●	● ●
	⊘ ⊘	● ●	● ●			

465 132 − 400 000 = 65 132

---

1 Welche Stelle ändert sich?

644 756 −   600 =

651 574 −   400 =

300 628 −   500 =

HT ☐   ZT ☐   T ☐   H ☐

847 983 −   3 000 =

709 894 −   6 000 =

639 152 −   2 000 =

HT ☐   ZT ☐   T ☐   H ☐

685 214 − 70 000 =

983 529 − 20 000 =

371 623 − 40 000 =

HT ☐   ZT ☐   T ☐   H ☐

573 628 − 400 000 =

793 294 − 700 000 =

862 742 − 500 000 =

HT ☐   ZT ☐   T ☐   H ☐

2

a)
57 864 −   4 000
57 864 −   40
57 864 − 40 000
57 864 −   400
57 864 −   4

b)
96 798 −   6 000
96 798 −   60
96 798 − 60 000
96 798 −   6
96 798 −   600

c)
740 593 − 30 000
740 593 −   3
740 593 −   300
740 593 −   30
740 593 −   3 000

3

a)
23 648 −   500
45 672 − 30 000
12 859 −   7
37 614 −   6 000

b)
93 621 − 80 000
31 528 −   1 000
82 813 −   700
20 566 −   5

c)
78 625 −   4 000
52 038 −   6
93 561 − 20 000
73 691 −   50

APP

1 Immer der Vorgänger-Tausender.

5005 − ⬜ = 5000   4067 − ⬜ = ⬜

34020 − ⬜ = 34000   27245 − ⬜ = ⬜

356180 − ⬜ = 356000   876012 − ⬜ = ⬜

598158 − ⬜ = 598000   981609 − ⬜ = ⬜

> Der VT von 5005 ist 5000.

2 Immer der Vorgänger-Zehntausender.

10003 − ⬜ = 10000   10048 − ⬜ = ⬜

80030 − ⬜ = 80000   40525 − ⬜ = ⬜

290240 − ⬜ = 290000   610409 − ⬜ = ⬜

698153 − ⬜ = 690000   451590 − ⬜ = ⬜

3 Immer der Vorgänger-Hunderttausender.

100008 − ⬜ = 100000   100065 − ⬜ = ⬜

400075 − ⬜ = 400000   600005 − ⬜ = ⬜

800160 − ⬜ = 800000   900300 − ⬜ = ⬜

600269 − ⬜ = 600000   800025 − ⬜ = ⬜

4 Von der Nachbarzahl weiter zurück.

a) 1000 − 30   **b)** 10000 − 50   **c)** 100000 − 80

4000 − 200   40000 − 600   400000 − 82

6000 − 150   60000 − 240   600000 − 650

8000 − 250   80000 − 750   800000 − 450

 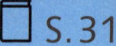
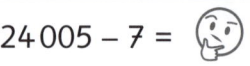

Minus 5 bis zur glatten Nachbarzahl und dann minus 2.

$24\,005 - 7 = $ 🤔

Ich löse die Aufgabe am Rechenstrich.

$24\,005 \quad - 7 = 23\,998$

$24\,005 - 5 - 2 = 23\,998$

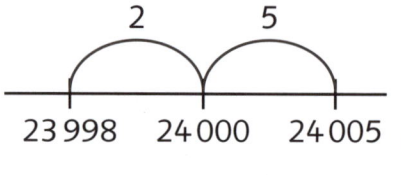

2   5

23 998   24 000   24 005

1

$4\,006 - 8 = $ ⬚

$4\,006 - $ ♡ $ - $ ⬚ $ = $ ⬚

$5\,003 - 9 = $ ⬚

$5\,003 - $ ♡ $ - $ ⬚ $ = $ ⬚

$41\,004 - 6 = $ ⬚

$41\,004 - $ ♡ $ - $ ⬚ $ = $ ⬚

$82\,007 - 8 = $ ⬚

$82\,007 - $ ♡ $ - $ ⬚ $ = $ ⬚

2

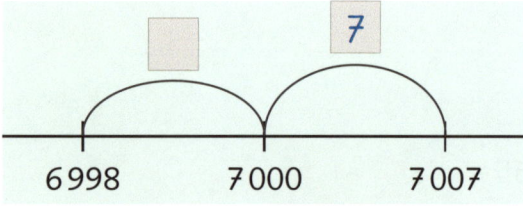

7

6 998   7 000   7 007

$7\,007 - 9 = $ ⬚

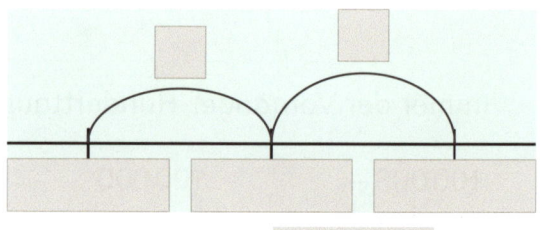

$6\,005 - 7 = $ ⬚

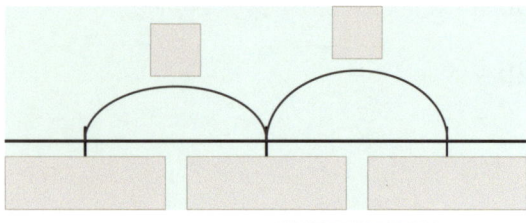

$87\,004 - 8 = $ ⬚

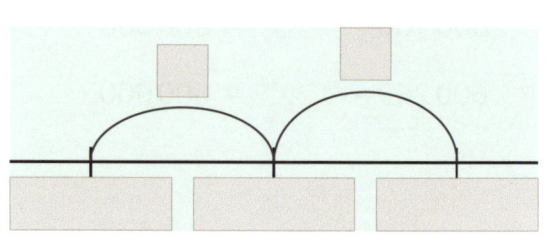

$34\,005 - 8 = $ ⬚

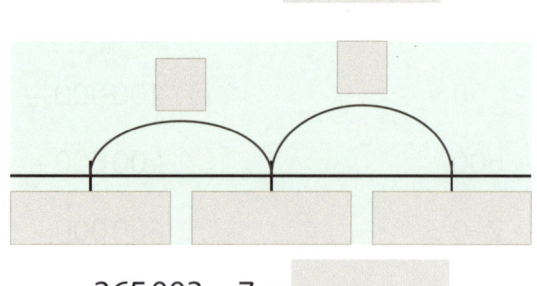

$265\,003 - 7 = $ ⬚

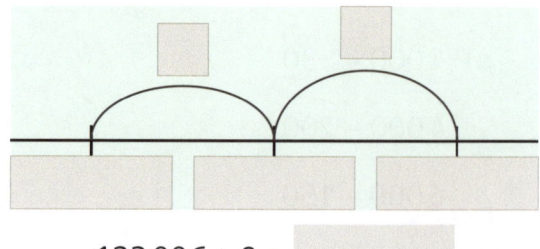

$123\,006 - 9 = $ ⬚

APP

3 ♡

$$13\,000 - 5\,000 = \boxed{}$$

$$13\,000 - 3\,000 - 2\,000 = \boxed{}$$

$$16\,000 - 9\,000 = \boxed{}$$

$$16\,000 - \boxed{} - \boxed{} = \boxed{}$$

$$140\,000 - 80\,000 = \boxed{}$$

$$140\,000 - \boxed{} - \boxed{} = \boxed{}$$

4

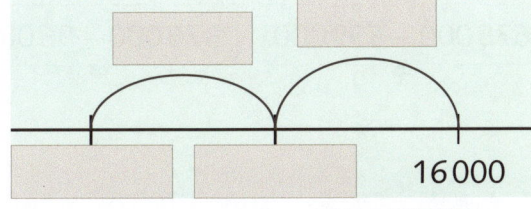

16 000

$$16\,000 - 8\,000 = \boxed{}$$

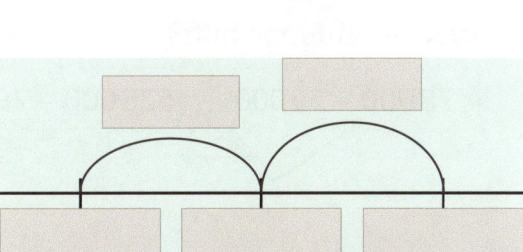

$$74\,000 - 8\,000 = \boxed{}$$

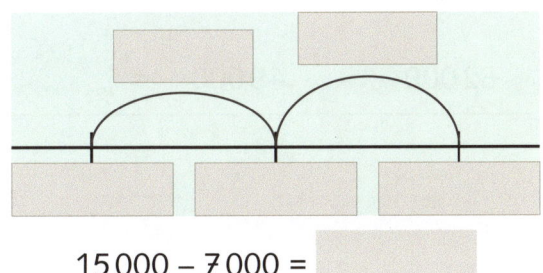

$$15\,000 - 7\,000 = \boxed{}$$

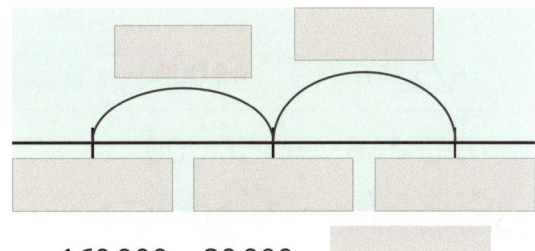

$$160\,000 - 80\,000 = \boxed{}$$

5

a)	b)	c)	d)
14 000 – 7 000	34 000 – 9 000	234 000 – 8 000	150 000 – 70 000
15 000 – 8 000	56 000 – 7 000	556 000 – 8 000	130 000 – 90 000
17 000 – 8 000	72 000 – 9 000	776 000 – 7 000	140 000 – 80 000
18 000 – 9 000	72 000 – 7 000	183 000 – 8 000	120 000 – 60 000
13 000 – 7 000	85 000 – 9 000	360 000 – 8 000	760 000 – 70 000

6 Im Kopf oder schriftlich?

a)
$$350 - 70 = \boxed{}$$
$$6\,030 - 80 = \boxed{}$$
$$34\,040 - 90 = \boxed{}$$
$$256\,840 - 60 = \boxed{}$$

b)
$$4\,500 - 700 = \boxed{}$$
$$8\,600 - 900 = \boxed{}$$
$$45\,005 - 6 = \boxed{}$$
$$678\,301 - 8 = \boxed{}$$

6. Lösungen, die im Kopf errechnet werden, können direkt ins Arbeitsheft eingetragen werden. Die restlichen Aufgaben lösen die SuS im eigenen Heft.

30 000 kann ich einfacher subtrahieren als 28 000.

Ich erhöhe den Minuenden um 2 000. Ich erhöhe den Subtrahenden um 2 000. So kann ich die Aufgabe einfacher rechnen.

48 000 – 28 000 = 20 000
⎯⎯⎯⎯⎯⎯⎯⎯⎯⎯⎯⎯⎯⎯⎯
   + 2 000
48 000 – 30 000 = 18 000
18 000 + 2 000 = 20 000

48 000 – 28 000 = 20 000
⎯⎯⎯⎯⎯⎯⎯⎯⎯⎯⎯⎯⎯⎯⎯
   + 2 000 +
50 000 – 30 000 = 20 000

1 Welche Aufgabe hilft?

| 78 000 – 59 000 | 528 000 – 297 000 | 678 000 – 399 000 | 376 000 – 96 000 |

| 678 000 – 400 000 | 78 000 – 60 000 | 380 000 – 100 000 | 528 000 – 300 000 |

2

675 346 – 49 000 = ⬚

675 346 – 50 000 = 625 346
625 346 + 1 000 = ⬚

82 000 – 48 000 = ⬚
⬚ ● ⬚ = ⬚
⬚ ● ⬚ = ⬚

876 716 – 39 000 = ⬚
⬚ ● ⬚ = ⬚
⬚ ● ⬚ = ⬚

64 521 – 58 000 = ⬚
⬚ ● ⬚ = ⬚
⬚ ● ⬚ = ⬚

298 000 – 268 000 = ⬚
⬚ ● ⬚ = ⬚
⬚ ● ⬚ = ⬚

813 837 – 499 000 = ⬚
⬚ ● ⬚ = ⬚
⬚ ● ⬚ = ⬚

3

a) 87 341 – 49 000
62 456 – 39 000
52 532 – 29 000
34 782 – 9 999

b) 585 000 – 168 000
430 000 – 280 000
960 000 – 560 000
897 000 – 257 000

c) 845 621 – 699 000
931 739 – 599 000
315 937 – 298 000
562 812 – 299 990

 APP

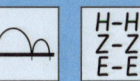 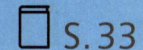

7427 – 1316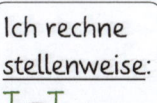

Ich rechne <u>schrittweise</u>, indem ich zuerst T, H, Z und am Ende E subtrahiere.

Ich rechne stellenweise:
T – T
H – H
Z – Z
E – E

7	4	2	7	–	1	3	1	6	=	6	1	1	1
7	4	2	7	–	**1**	**0**	**0**	**0**	=	6	4	2	7
6	4	2	7	–			**3**	**0**	**0**	=	6	1	2	7
6	1	2	7	–				**1**	**0**	=	6	1	1	7
6	1	1	7	–					**6**	=	6	1	1	1

7	4	2	7	–	1	3	1	6	=	6	1	1	1
7	**0**	**0**	**0**	–	**1**	**0**	**0**	**0**	=	**6**	**0**	**0**	**0**
	4	**0**	**0**	–		**3**	**0**	**0**	=		**1**	**0**	**0**
		2	**0**	–			**1**	**0**	=			**1**	**0**
			7	–				**6**	=				**1**

---

1 Nutze .

| 6 | 7 | 6 | 4 | – | 3 | 5 | 5 | 8 | = | | | |
| 6 | 0 | 1 | 4 | – | 3 | 0 | 0 | 0 | = | | | |

| 1 | 5 | 2 | 7 | – | 1 | 4 | 7 | 4 | = | | | |
| 1 | 5 | 2 | 7 | – | 1 | 0 | 0 | 0 | = | | | |

| 7 | 3 | 1 | 1 | – | 1 | 3 | 5 | 0 | = | | | |
| 7 | 3 | 1 | 1 | – | 1 | 0 | 0 | 0 | = | | | |

| 6 | 3 | 3 | 6 | – | 3 | 8 | 7 | 0 | = | | | |
| 6 | 3 | 3 | 6 | – | 3 | 0 | 0 | 0 | = | | | |

2 Nutze .

| 3 | 8 | 5 | 9 | – | 2 | 6 | 4 | 9 | = | | | |
| 3 | 0 | 0 | 0 | – | 2 | 0 | 0 | 0 | = | | | |

| 1 | 7 | 2 | 8 | – | 1 | 1 | 1 | 7 | = | | | |
| 1 | 0 | 0 | 0 | – | 1 | 0 | 0 | 0 | = | | | |

| 6 | 0 | 1 | 5 | – | 5 | 0 | 1 | 3 | = | | | |
| 6 | 0 | 0 | 0 | – | 5 | 0 | 0 | 0 | = | | | |

| 5 | 8 | 7 | 6 | – | 1 | 5 | 4 | 5 | = | | | |
| 5 | 0 | 0 | 0 | – | 1 | 0 | 0 | 0 | = | | | |

3 Nutze oder .

a) 5740 – 1030	**b)** 3552 – 2341	**c)** 23542 – 16521	**d)** 501154 – 201140
5719 – 1612	5480 – 1130	75362 – 64352	886999 – 521712
7742 – 4306	4187 – 3623	57368 – 25346	799758 – 295767
4016 – 2867	3719 – 2754	77203 – 40069	613498 – 510662

432231 − 211127 = 🤔

HT	ZT	T	H	Z	E

Ich subtrahiere stellenweise und beginne mit den Einern.

	4	3	2	2	2̶ 3̶/10	1̶
−	2	1	1	1	2	7
	2	2	1	1	0	4

Achtung Übertrag! Ich wechsle 1 Z in 10 E. Ich rechne 11 − 7.

1

```
    4 4 1 2        3 2 7 5        8 4 2 5 3        8 4 2 5 3
  − 2 0 1 0      − 2 0 3 1      − 4 1 1 2 3      − 4 1 1 2 3
```

```
  1 4 4 7 6 4      4 8 8 4 6 8      6 8 2 2 3 7      8 1 1 1 2 5
  −   1 1 6 4 0    − 1 2 5 3 0 7    − 5 4 1 0 0 2    − 6 0 0 0 1 4
```

```
  2 5 5 8 7 6      5 7 9 3 5 7      7 9 1 1 4 6      7 2 2 2 3 6
  −   2 2 6 5 1    − 2 2 4 1 1 6    − 4 5 0 0 3 4    − 5 1 1 1 0 5
```

2

a) 9181 − 7021
   9899 − 6346
   6582 − 6172
   9648 − 3122

b) 72745 − 32524
   64855 − 43052
   51260 − 40140
   76573 − 54270

Schreibe stellengerecht untereinander.

c) 573135 − 273014
   766731 − 645521
   875257 − 424017
   846341 − 115211

d) 424246 − 324135
   688625 − 456614
   972347 − 652235
   735965 − 532854

APP

3

			4	3	8	8	5	8
−				7	5	4	5	5

		5	0	7	0	4	8
−	1	2	0	4	4	0	

Hier gibt es mehrere Überträge.

			3	0	5	4	5	8
−			2	5	5	5	7	7

		8	2	0	9	4	4
−			5	6	5	4	5

		5	4	4	9	6	3
−	4	5	4	1	5	1	

		7	6	6	1	3	9
−			4	1	9	5	5

		3	5	9	2	8	6
−			5	2	8	1	5

4

a) 920 217 − 29 560
566 137 − 543 268
756 204 − 112 543
952 895 − 214 239

b) 558 528 − 326 490
733 054 − 525 468
588 319 − 198 682
775 293 − 695 143

c) 976 278 − 672 627 − 10 526
957 587 − 628 488 − 22 978
757 391 − 474 539 − 166 879
646 342 − 279 293 − 304 119

5

Meine Aufgaben mit Ziffernkarten.

a) 3 Aufgaben ohne Übertrag.
b) 3 Aufgaben mit Übertrag.
c) 2 Aufgaben mit Übertrag.
Die Differenz ist jeweils
über 200 000.
d) 2 Aufgaben mit Übertrag.
Die Differenz ist jeweils zwischen
170 000 und 180 000.

| 0 | 1 | 2 | 3 | 4 | 5 | 6 | 7 | 8 | 9 |

Ich lege zuerst meine Aufgabe.

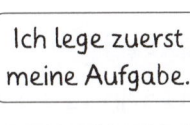

6	2	4	5
−	3	6	7	4

6

✔ oder ✘ ? Welcher Fehler wurde gemacht?

a)

		4	⑩	
	8	2	5̶	2
−	2	1	4	5
	5	1	0	7

b)

	5	9	6	4	4	7
−	3	2	5	2	3	6
	2	7	1	2	1	1

c)

					⑩
	6	8	6	3	0
−	4	4	1	6	9
	2	4	5	6	1

d)

			5	⑩	
	2	8	7	6̶	7̶	1
−	1	5	3	2	8
	1	3	4	3	9	1

□   □   □   □

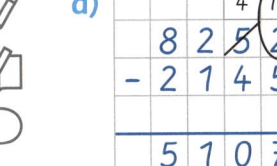

Übertrag vergessen

nicht stellengerecht geschrieben

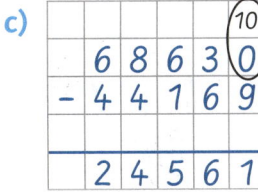

falsch gerechnet

1 Welche Aufgaben löst du im Kopf? X

a) 682 537 − 300 000 = ☐

834 623 − 74 629 = ☐

684 945 − 69 999 = ☐

205 000 − 5 000 = ☐

b) 672 000 − 451 621 = ☐

731 456 − 520 000 = ☐

839 216 − 638 291 = ☐

195 004 − 9 = ☐

c) 450 000 − 20 000 = ☐

69 345 − 4 900 = ☐

467 345 − 28 000 = ☐

733 504 − 675 842 = ☐

d) 50 000 − 25 000 = ☐

56 823 − 7 673 = ☐

5 555 − 3 333 = ☐

769 133 − 457 908 = ☐

e) 35 000 − 30 000 = ☐

638 925 − 527 814 = ☐

24 578 − 6 = ☐

45 788 − 4 900 = ☐

Manche Rechenwege helfen mir, die Aufgaben im Kopf zu lösen.

f) 674 893 − 245 867 = ☐

540 000 − 180 000 = ☐

943 782 − 4 529 = ☐

58 120 − 28 120 = ☐

g) 825 967 − 245 663 = ☐

855 633 − 39 000 = ☐

346 563 − 3 442 = ☐

936 457 − 323 881 = ☐

2 Löse die restlichen Aufgaben im Heft. Erkläre deinen Rechenweg.

Welchen Rechenweg hast du genutzt?

Ich habe …

3 Bilde Subtraktionsaufgaben, die du im Kopf rechnen kannst.

20 000	73 714	820 000		21 313	41 000	200 000
300 000	98 421	89 999	–	40 892	152 931	670 000
673 944	70 000	32 734		5 023	850	45 900

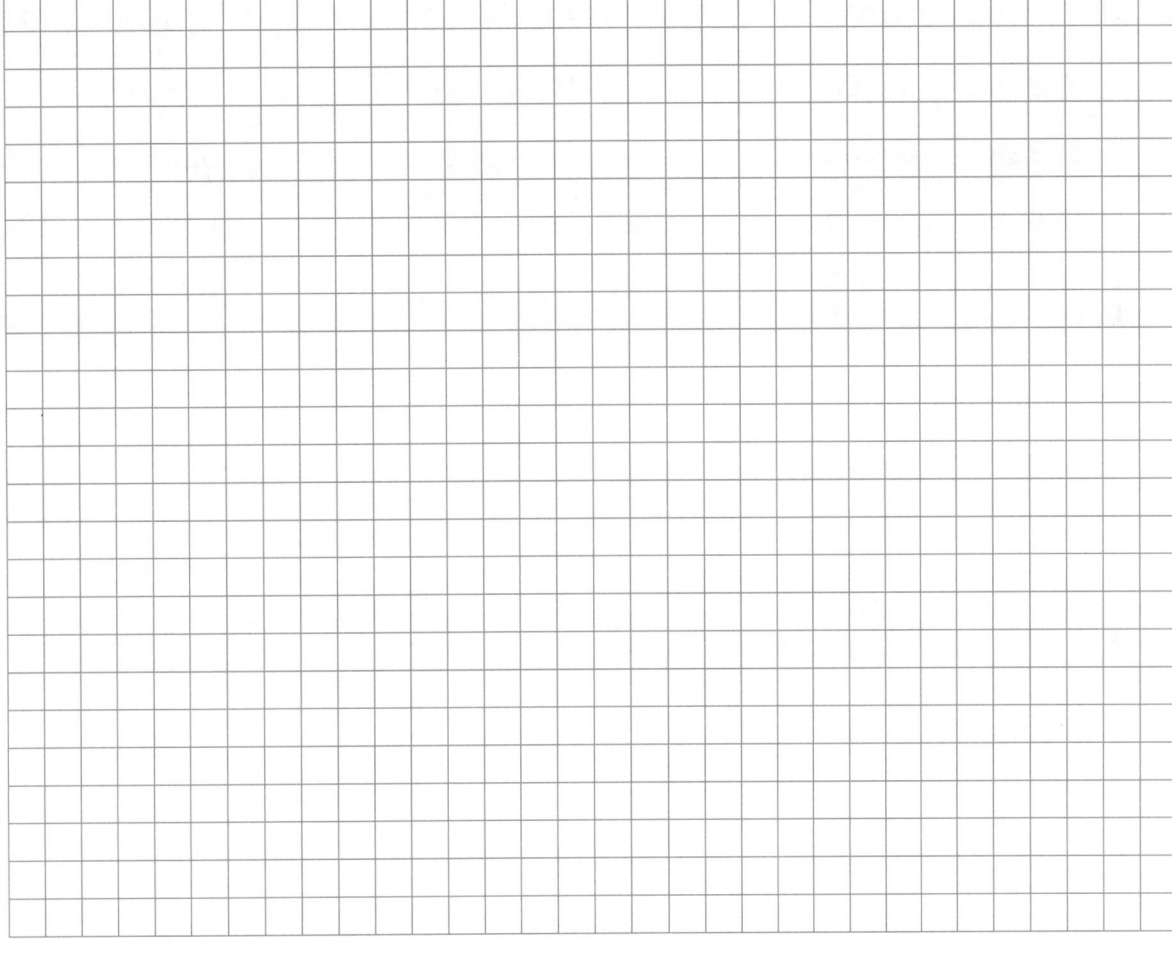

4 Wie können Samu, Ella und Noa rechnen?

 48 500 – 4 200
Das rechne ich schnell und einfach im Kopf.

 697 562 – 538 921
Das rechne ich lieber schriftlich.

54 432 – 42 999
Das rechne ich im Kopf.

5 Wann rechnest du schriftlich, wann im Kopf?

Zeig, was du kannst!

1

46 − 4 = ☐   97 − 1 = ☐   187 − 2 = ☐

955 − 3 = ☐   286 − 2 = ☐   11 237 − 6 = ☐

12 686 − 2 = ☐   125 388 − 6 = ☐   855 267 − 3 = ☐

2 Welche Stelle ändert sich?

a) 456 193 − 300 000   b) 95 730 − 80 000   c) 15 600 − 2 000

728 196 − 200 000   66 155 − 30 000   88 613 − 1 000

563 987 − 400 000   452 698 − 50 000   526 333 − 3 000

885 966 − 500 000   890 699 − 70 000   808 156 − 8 000

HT ☐ ZT ☐ T ☐   HT ☐ ZT ☐ T ☐   HT ☐ ZT ☐ T ☐

3 Zum Vorgänger.

8 850 − ☐ = 8 000   888 813 − = 880 000

68 730 − ☐ = 68 000   681 722 − ☐ = 680 000

16 270 − ☐ = 16 000   461 256 − ☐ = 460 000

4 Vom Vorgänger weiter zurück.

2 000 − 70 = ☐   200 000 − 450 = ☐

50 000 − 50 = ☐   400 000 − 700 = ☐

80 000 − 250 = ☐   500 000 − 750 = ☐

50 000 − 999 = ☐   300 000 − 890 = ☐

5   3 005 − 7 = ☐   16 003 − 8 = ☐

 3 005 − ☐ − ☐ = ☐   16 003 − ☐ − ☐ = ☐

8 004 − 6 = ☐   56 007 − 8 = ☐

8 004 − ☐ − ☐ = ☐   56 007 − ☐ − ☐ = ☐

APP

6

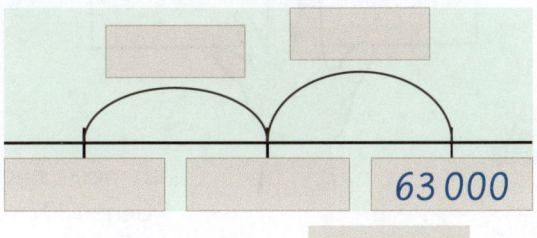

63 000 – 8 000 =

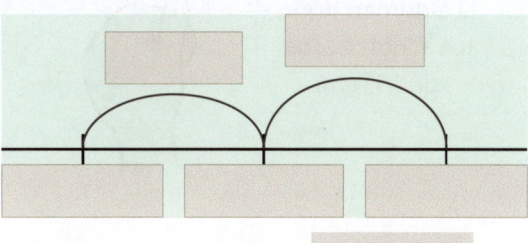

245 000 – 7 000 =

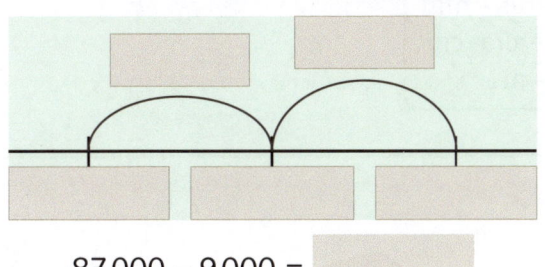

87 000 – 9 000 =

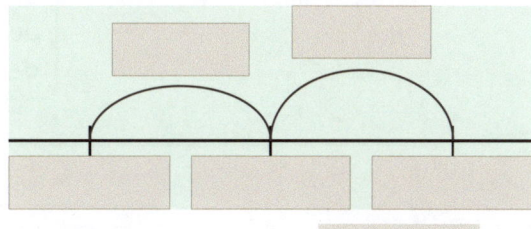

366 000 – 9 000 =

7

448 683 –   39 000 =

___ – ___ =

___ + ___ =

68 123 – 48 000 =

___ – ___ =

___ + ___ =

944 256 – 699 000 =

___ – ___ =

___ + ___ =

86 111 –   9 000 =

___ – ___ =

___ + ___ =

8

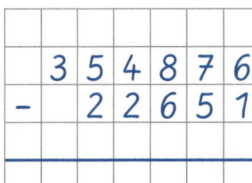

	3	5	4	8	7	6
–		2	2	6	5	1

	5	7	9	3	5	5
–	1	1	3	1	2	6

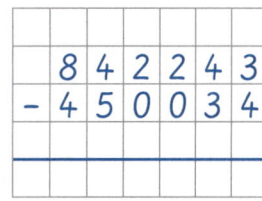

	8	4	2	2	4	3
–	4	5	0	0	3	4

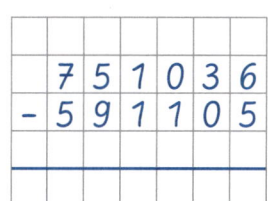

	7	5	1	0	3	6
–	5	9	1	1	0	5

9  oder  oder 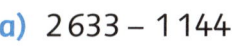.

a) 2 633 – 1 144
4 860 – 1 672
6 963 – 2 356

b) 6 763 – 2 396
4 503 – 2 577
5 006 – 2 893

c) 11 724 – 10 167
66 100 – 11 460
52 751 – 14 794

d) 777 967 – 671 205
615 728 – 221 450
953 121 – 701 759

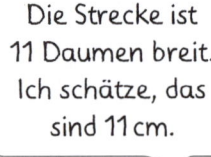

Die Strecke ist 11 Daumen breit. Ich schätze, das sind 11 cm.

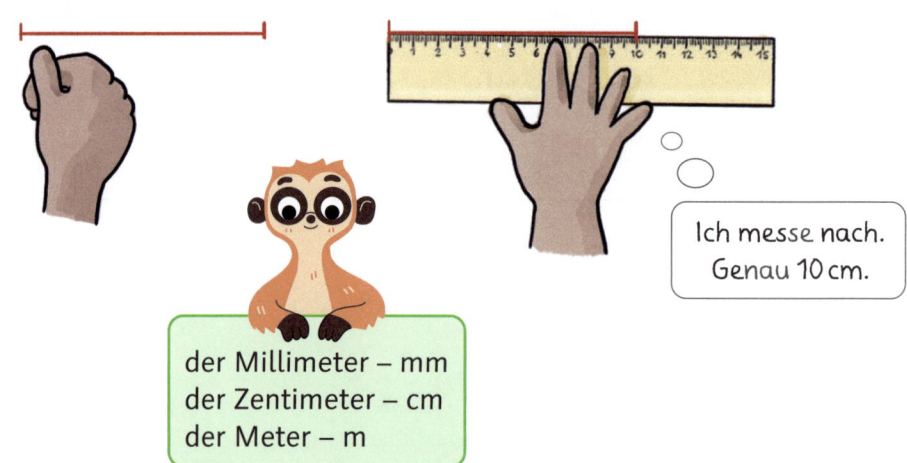

Ich messe nach. Genau 10 cm.

der Millimeter – mm
der Zentimeter – cm
der Meter – m

1

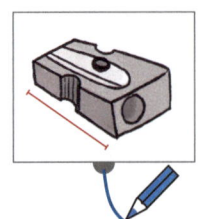
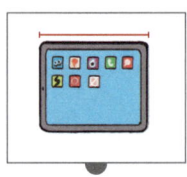

 mm
 cm

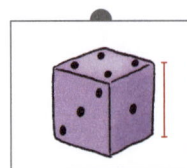

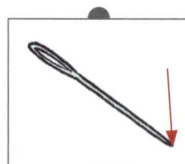
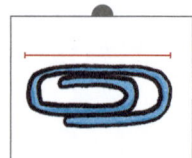

2

Ich schätze:
Ich messe:

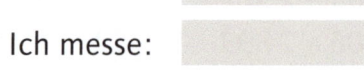

Ich schätze:
Ich messe:

Ich schätze:
Ich messe:

Ich schätze:
Ich messe:

Ich schätze:
Ich messe:

Ich schätze:
Ich messe:

APP

3

2 cm 6 mm

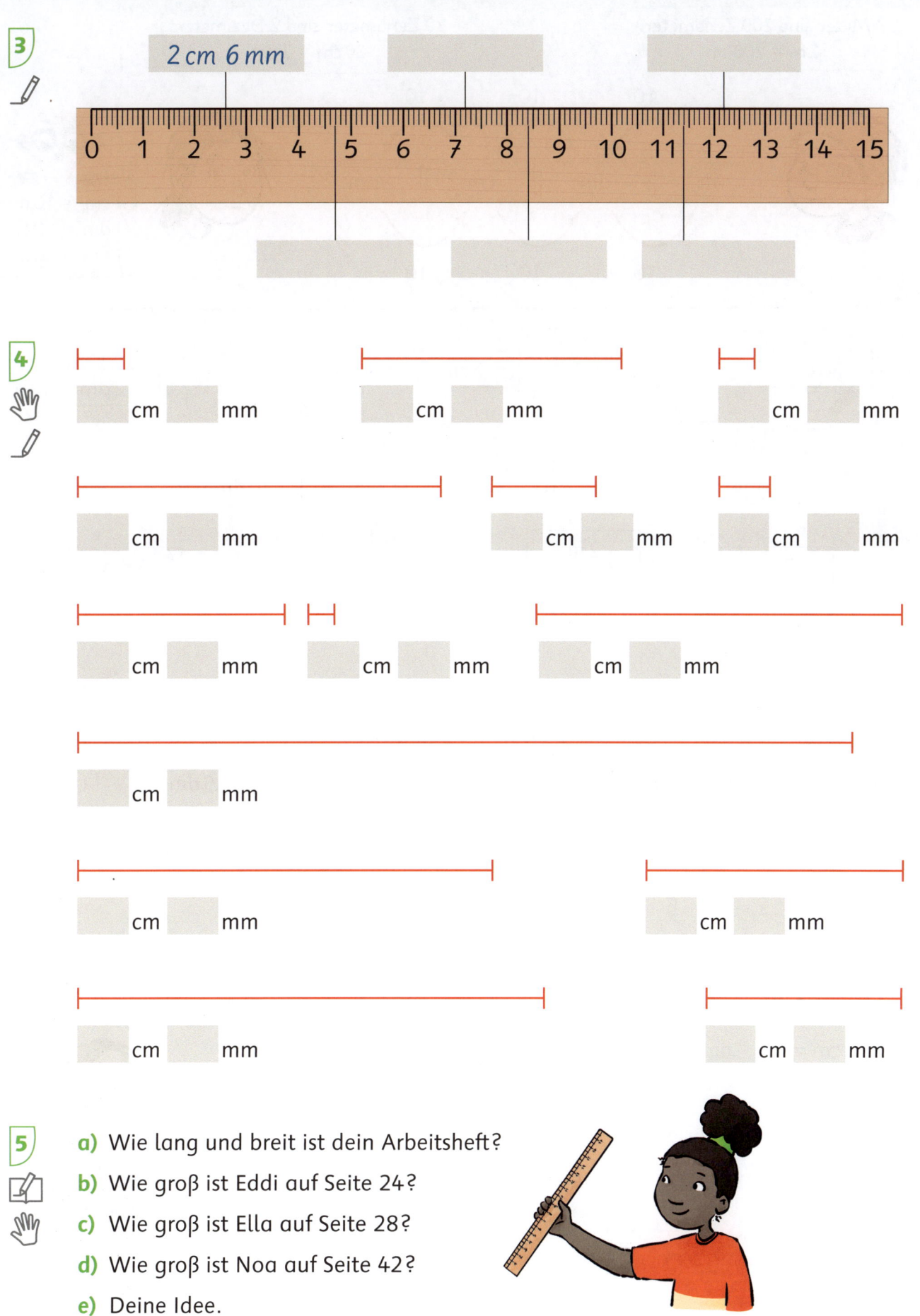

0 1 2 3 4 5 6 7 8 9 10 11 12 13 14 15

4

[ ] cm [ ] mm   [ ] cm [ ] mm   [ ] cm [ ] mm

[ ] cm [ ] mm   [ ] cm [ ] mm   [ ] cm [ ] mm

[ ] cm [ ] mm   [ ] cm [ ] mm   [ ] cm [ ] mm

[ ] cm [ ] mm

[ ] cm [ ] mm   [ ] cm [ ] mm

[ ] cm [ ] mm   [ ] cm [ ] mm

5
a) Wie lang und breit ist dein Arbeitsheft?
b) Wie groß ist Eddi auf Seite 24?
c) Wie groß ist Ella auf Seite 28?
d) Wie groß ist Noa auf Seite 42?
e) Deine Idee.

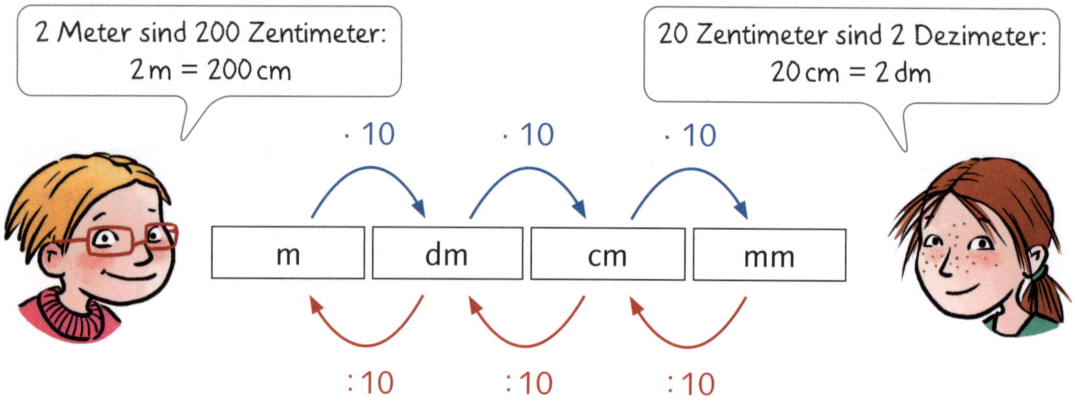

Längen – m, dm, cm, mm

> 2 Meter sind 200 Zentimeter:
> 2 m = 200 cm

> 20 Zentimeter sind 2 Dezimeter:
> 20 cm = 2 dm

· 10   · 10   · 10

| m | dm | cm | mm |

: 10   : 10   : 10

> 1 cm = 10 mm
> 1 dm = 10 cm
> 1 m = 10 dm

1

| 70 cm |

| 7 cm |

| 20 cm |

| 2 cm |

| 2 dm |

| 70 mm |

| 20 mm |

| 20 dm |

| 70 dm |

| 7 m |

| 2 m |

| 7 dm |

2

4 m = ___ dm	7 dm = ___ cm	6 cm = ___ mm	1 m = ___ dm
8 m = ___ dm	9 dm = ___ cm	1 dm = ___ mm	9 cm = ___ mm
3 m = ___ dm	2 dm = ___ cm	7 dm = ___ mm	5 dm = ___ cm

3

25 cm = 2 dm 5 cm	82 mm = ___ cm ___ mm
77 cm = ___ dm ___ cm	61 mm = ___ cm ___ mm
91 cm = ___ dm ___ cm	47 mm = ___ cm ___ mm
86 cm = ___ dm ___ cm	190 mm = ___ cm ___ mm

> Ich achte auf die Einheit.

534 dm = 53 m 4 dm	133 dm = ___ m ___ dm
986 dm = ___ m ___ dm	248 cm = ___ dm ___ cm
605 dm = ___ m ___ dm	616 mm = ___ cm ___ mm
408 dm = ___ m ___ dm	501 cm = ___ dm ___ cm

APP

Das Maßband ist 19 dm lang.

19 dm sind umgerechnet 1,9 m.

Ich spreche: Eins Komma neun Meter.

 4

	100 m	10 m	1 m	1 dm	1 cm	Länge (m)
7 m 3 dm			7	3		7,
680 cm						
1 250 dm						
5 dm						
450 cm						

Das Komma trennt m von dm und cm.

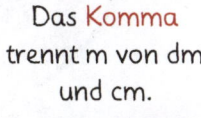

 5 <, > oder =?

5,2 m ◯ 400 cm	123 cm ◯ 1,22 m	2 dm ◯ 30 cm	3,0 dm ◯ 30 cm
73 mm ◯ 7 cm	1,11 m ◯ 10 dm	10 mm ◯ 1 cm	44 mm ◯ 4,4 cm
99 cm ◯ 0,99 m	3,8 cm ◯ 45 mm	6 cm ◯ 8 mm	1,6 cm ◯ 160 mm

 6

20 dm 3 cm	203 cm	2,03 m
5 m 1 dm		5,10 m
13 m 4 dm		
	836 mm	
		2,77 m
	245 mm	
80 dm 8 cm		
	790 dm	

1 1 km und 200 m | 1 km und 600 m | 4 km | 3 km und 200 m | 2 km und 400 m

1600 m | 3200 m | 1200 m | 2400 m | 4000 m

6 Runden | 8 Runden | 4 Runden | 3 Runden | 10 Runden

2

7000 m = ____ km   9 km = ____ m   8 km = ____ m

4000 m = ____ km   17 km = ____ m   6000 m = ____ km

50000 m = ____ km   3 km = ____ m   14 km = ____ m

3

3250 m = ____ km ____ m   2 km 500 m = ____ m

7280 m = ____ km ____ m   8 km 250 m = ____ m

910 m = ____ km ____ m   3 km 150 m = ____ m

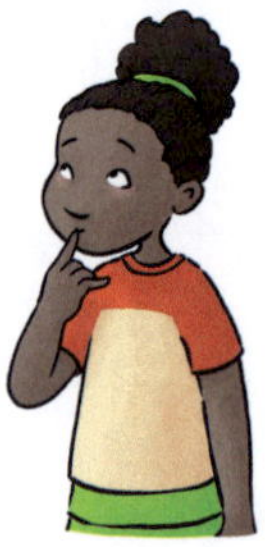

APP

1200 m sind umgerechnet 1,200 km.

1200 m

Ich schreibe 1,2 km für 1,200 km.

Ich spreche: Eins Komma zwei Kilometer.

4

	1 km	100 m	10 m	1 m	Länge (km)
3 970 m	3	9	7		3,
680 m					
1 250 m					
5 km 3 m					
0 km 12 m					

Das Komma trennt km und m.

5 <, > oder =?

0,999 km ⬤ 9 899 m 0,126 km ⬤ 1 126 m 0,004 km ⬤ 40 m

0,780 km ⬤ 880 m 1,537 km ⬤ 536 m 1,003 km ⬤ 300 m

0,101 km ⬤ 101 m 0,927 km ⬤ 729 m 0,492 km ⬤ 500 m

2,035 km ⬤ 2 025 m 0,874 km ⬤ 874 m 4,448 km ⬤ 3 999 m

6

5 km 683 m	5 683 m	5,
		7,453 km
8 km 450 m		
	3 091 m	
		2,808 km
6 km 530 m		

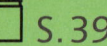

Wie lang ist der Weg insgesamt?

| 36,567 km |
| 25 m |
| 110 dm |

Zuerst rechne ich alle Längenangaben in eine Einheit um. Dann addiere ich die Summanden.

```
    3 6 , 5 6 7  k m
+    0 , 0 2 5  k m
+    0 , 0 1 1  k m
            1 1
    3 6 , 6 0 3  k m
```

1

```
    8 6 , 8 5 6  m
+ 1 9 9 , 0 0 7  m
_____
                 m
```

```
    5 1 9 , 2 5  d m
+    1 8 , 8 0  d m
_____
```

Vergiss das Komma nicht!

```
  1 2 5 , 5 5 6  m
+ 1 0 5 , 1 8 9  m
+   9 0 , 0 0 8  m
_____
```

```
  1 2 5 , 5 5  d m
+ 4 6 9 , 0 5  d m
+     5 , 0 0  d m
_____
```

```
    9 6 , 5 6 1  k m
+ 2 5 5 , 0 5 0  k m
+     0 , 8 8 0  k m
_____
```

2 Schreibe das Ergebnis in m und km.

a)
| 2 km |
| 850 m |
| + 55,5 km |

b)
| 7 km |
| 0,9 m |
| + 560 m |

c)
| 44 m |
| 111,005 km |
| + 110 dm |

d)
| 6,2 km |
| 437 m |
| + 11,6 km |

e)
| 505,05 km |
| 122 m |
| − 958,5 m |

f)
| 109,66 km |
| 10,7 m |
| − 104 m |

g)
| 9,8 km |
| 1050 m |
| − 850 dm |

h)
| 77,89 km |
| 160 dm |
| − 1,55 km |

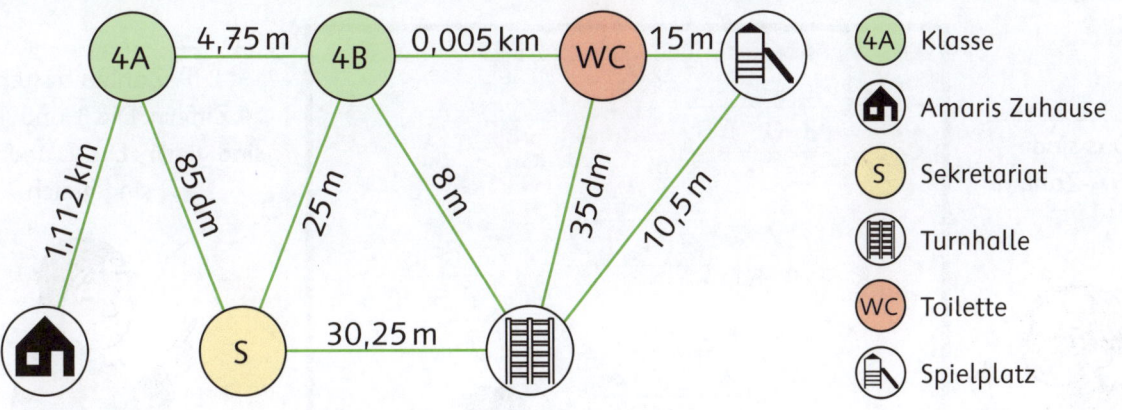

		Legend
4A	Klasse	
	Amaris Zuhause	
S	Sekretariat	
	Turnhalle	
WC	Toilette	
	Spielplatz	

3 Wie lang ist der Weg insgesamt?

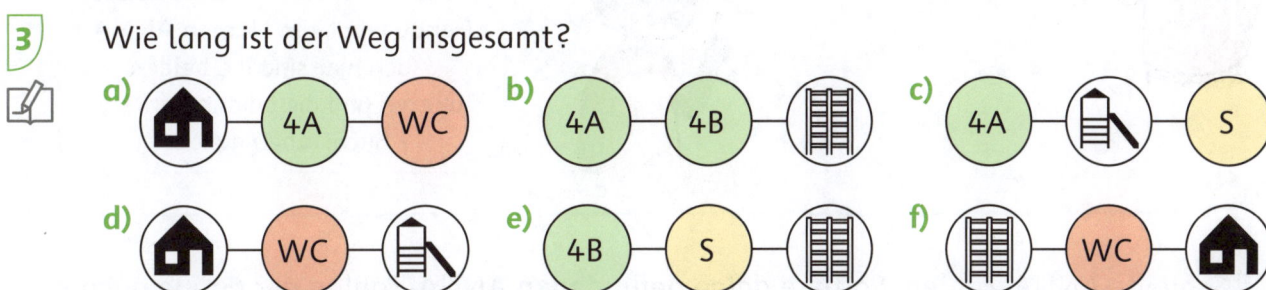

a) [Haus] — 4A — WC
b) 4A — 4B — [Turnhalle]
c) 4A — [Spielplatz] — S
d) [Haus] — WC — [Spielplatz]
e) 4B — S — [Turnhalle]
f) [Turnhalle] — WC — [Haus]

4 Welche Stationen können es sein?

a) Der Weg ist 60 m lang.

b) Der Weg ist 42,25 m lang.

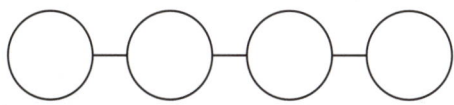

c) Der Weg ist 0,028 km lang.

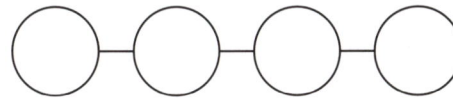

d) Der Weg ist 1145,5 m lang.

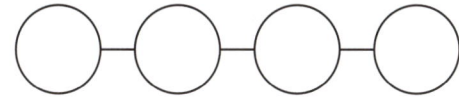

5

Wir wandern 4 gleich lange Etappen an einem Tag. Jede Etappe ist 1,2 km lang. Wie lang ist der Weg insgesamt?

Der Weg von mir zur Schule ist 1,5 km lang und dauert 15 min zu Fuß. Der Weg von mir zu meiner Oma ist 3-mal so lang. Der Weg von meiner Oma zur Schule dauert 30 min. Wie lang sind die Wege?

Ich möchte einen 20 km langen Weg in 6 Etappen laufen. Nur 2 Etappen sind gleich lang. Wie lang ist jede Etappe?

ANNA-Zahlen

S. 40–42

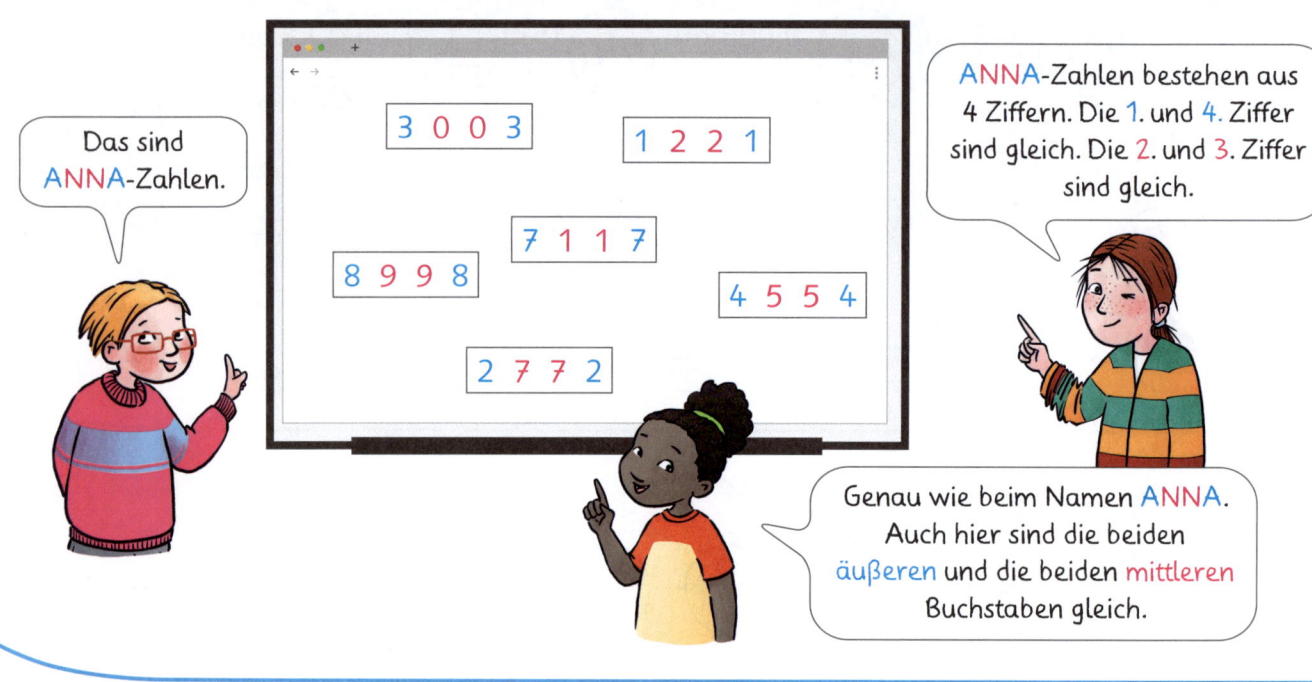

Das sind ANNA-Zahlen.

3 0 0 3   1 2 2 1   7 1 1 7   8 9 9 8   4 5 5 4   2 7 7 2

ANNA-Zahlen bestehen aus 4 Ziffern. Die 1. und 4. Ziffer sind gleich. Die 2. und 3. Ziffer sind gleich.

Genau wie beim Namen ANNA. Auch hier sind die beiden äußeren und die beiden mittleren Buchstaben gleich.

---

1 Schreibe ANNA-Zahlen. Sortiere deine gefundenen ANNA-Zahlen der Größe nach.

7887

2 Finde möglichst alle ANNA-Zahlen mit 1 2 3 4 .

3 Wie gehst du vor, um möglichst alle ANNA-Zahlen zu finden?

Ich beginne mit den beiden kleinsten Ziffern.

1221, 2112, ...

4 Rechne ANNA-Aufgaben.

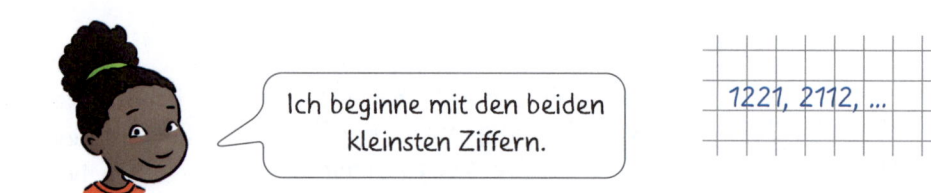

$$4334 - 3443$$

$$3113 - 1331$$

$$6556 - 5665$$

$$9669 - 6996$$

$$8778 - 7887$$

Illu: Bildungsregel für ANNA-Zahlen besprechen.
2. ↑ SuS finden alle ANNA-Zahlen.

APP

5 Was fällt dir auf?

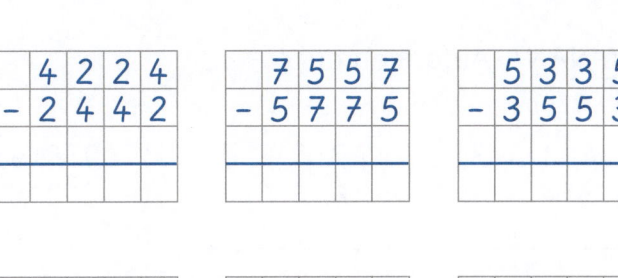

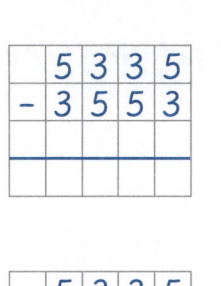

Wenn die Differenz zwischen den Ziffern des Minuenden und Subtrahenden ...

	5	4	4	5
−	4	5	5	4

	8	7	7	8
−	7	8	8	7

	7	6	6	7
−	6	7	7	6

	4	3	3	4
−	3	4	4	3

	8	6	6	8
−	6	8	8	6

	4	2	2	4
−	2	4	4	2

	7	5	5	7
−	5	7	7	5

	5	3	3	5
−	3	5	5	3

	4	1	1	4
−	1	4	4	1

	7	4	4	7
−	4	7	7	4

	6	3	3	6
−	3	6	6	3

	5	2	2	5
−	2	5	5	2

6 Finde zu jeder Ergebniszahl aus 6 eine weitere ANNA-Aufgabe.

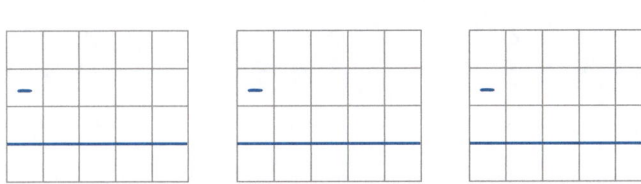

7 Finde ANNA-Aufgaben zu weiteren Ergebniszahlen.

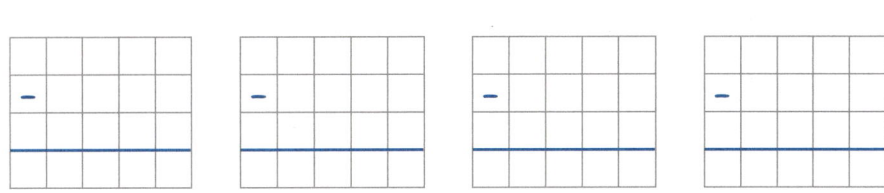

8 ✔ oder ✘ ?

☐ Das kleinste Ergebnis bei ANNA-Aufgaben ist 891.

☐ Zu jedem Ergebnis gibt es mehrere ANNA-Aufgaben.

☐ Die Ergebnisse der ANNA-Aufgaben sind immer ANNA-Zahlen.

☐ Die Ergebnisse der ANNA-Aufgaben sind immer Vielfache von 891.

☐ Es gibt 20 verschiedene Ergebnisse.

☐ Wenn die Differenz zwischen den Ziffern der ANNA-Zahlen von Minuend und Subtrahend 2 beträgt, dann ist das Ergebnis immer 1782.

NANA-Zahlen

1 Schreibe NANA-Zahlen. Sortiere deine gefundenen NANA-Zahlen der Größe nach.

7878

2 Was fällt dir bei den NANA-Aufgaben auf?

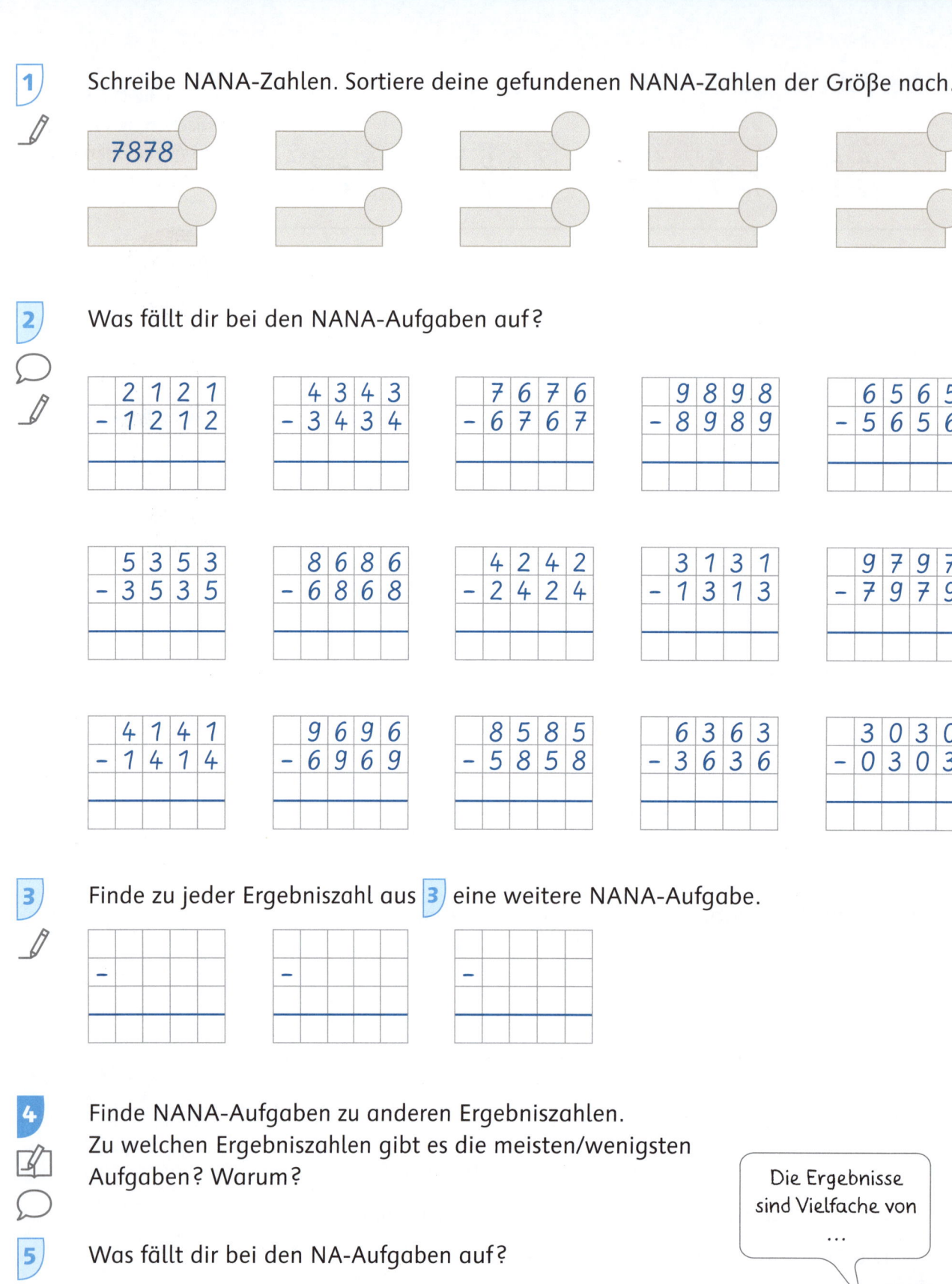

```
  2 1 2 1        4 3 4 3        7 6 7 6        9 8 9 8        6 5 6 5
- 1 2 1 2      - 3 4 3 4      - 6 7 6 7      - 8 9 8 9      - 5 6 5 6
```

```
  5 3 5 3        8 6 8 6        4 2 4 2        3 1 3 1        9 7 9 7
- 3 5 3 5      - 6 8 6 8      - 2 4 2 4      - 1 3 1 3      - 7 9 7 9
```

```
  4 1 4 1        9 6 9 6        8 5 8 5        6 3 6 3        3 0 3 0
- 1 4 1 4      - 6 9 6 9      - 5 8 5 8      - 3 6 3 6      - 0 3 0 3
```

3 Finde zu jeder Ergebniszahl aus **3** eine weitere NANA-Aufgabe.

```
  -              -              -
```

4 Finde NANA-Aufgaben zu anderen Ergebniszahlen.
Zu welchen Ergebniszahlen gibt es die meisten/wenigsten
Aufgaben? Warum?

Die Ergebnisse
sind Vielfache von
...

5 Was fällt dir bei den NA-Aufgaben auf?

```
  2 1      4 2      9 6      8 4      6 1      9 3
- 1 2    - 2 4    - 6 9    - 4 8    - 1 6    - 3 9
```

BLABLA-Zahlen

1 Finde das Muster. Ergänze die fehlenden BLABLA-Aufgaben.

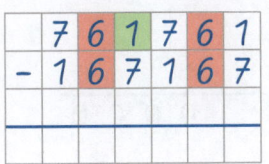   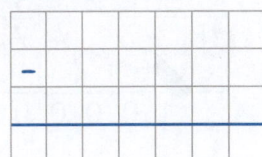

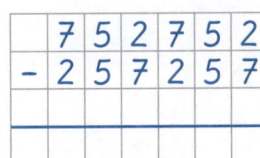  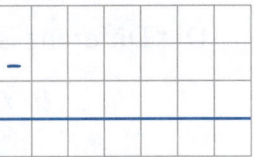

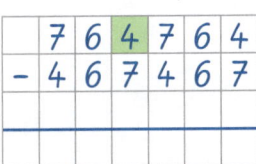 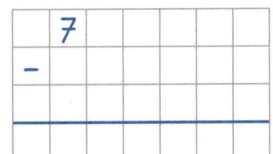

Immer eine Aufgabe weniger.

```
  7 6 5 7 6 5
- 5 6 7 5 6 7
```

2 Addiere die BLABLA-Ergebnisse. Was fällt dir auf?

```
  1 9 8 1 9 8        1 9 8 1 9 8        1 9 8 1 9 8        1 9 8 1 9 8
+ 1 9 8 1 9 8      + 2 9 7 2 9 7      + 3 9 6 3 9 6      + 4 9 5 4 9 5
```

3 Subtrahiere die BLABLA-Ergebnisse. Was fällt dir auf?

```
  2 9 7 2 9 7        3 9 6 3 9 6        4 9 5 4 9 5        5 9 4 5 9 4
- 1 9 8 1 9 8      - 2 9 7 2 9 7      - 3 9 6 3 9 6      - 4 9 5 4 9 5
```

1. ↑ SuS rechnen weitere BLABLA-Aufgaben. Sie starten mit der Zahl 981 981.

Knobelaufgaben

1 Die Summe ist immer 10 000.

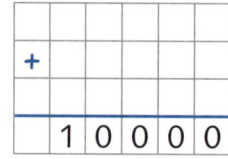

		1	2	5	3
+				4	7
	1	0	0	0	0

+					
	1	0	0	0	0

+					
	1	0	0	0	0

+					
	1	0	0	0	0

2 Die Differenz ist immer 999.

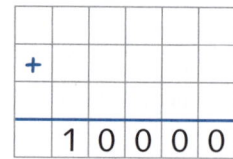 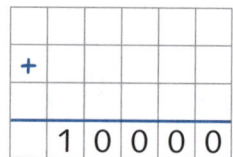

	1	2	6	7
−				8
		9	9	9

	9	4	5	0
−				
		9	9	9

−				
		9	9	9

−				
		9	9	9

3
a) Bilde 4 Additionsaufgaben. Die Summe ist immer zwischen 90 000 und 100 000.
b) Bilde 4 Subtraktionsaufgaben. Die Differenz ist immer zwischen 15 000 und 20 000.

4

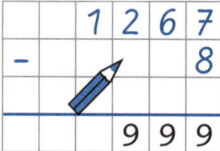

	6	4		1	8	7
+	2			0		8
					1	
	8	5	4		2	5

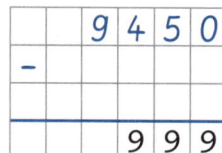

		2			7	1
+	1			9		0
	2	0	5	2	3	1

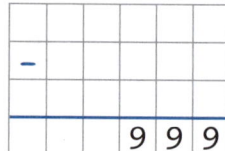

	8		4			7
+			7		4	2
	9	0	1	9	2	9

			2	3		5	6
+	1		8	2		6	
	4	2		6	9		

5 Welcher Buchstabe steht für welche Ziffer?

```
    A B C D
  + A B C E
  ─────────
    B C F D
```

```
    B F G
  + H F A
      1 1
  ─────────
    I J E
```

```
      C A
  +   D F
  + I F A
      1 1
  ─────────
    J F E
```

A = ☐   F = ☐

B = ☐   G = ☐

C = ☐   H = ☐

D = ☐   I = ☐

E = ☐   J = ☐

6 Erkläre die Zahlenfolge. Wie geht es weiter? Setze fort.

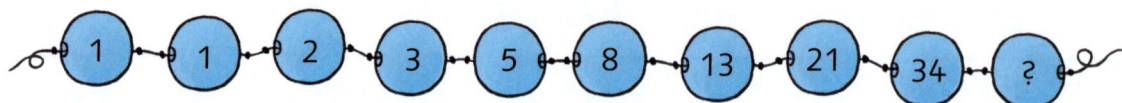

1 – 1 – 2 – 3 – 5 – 8 – 13 – 21 – 34 – ?

1. Die Ziffern dürfen mehrfach genutzt werden, z.B. 5 555 + 4 445. **4.** ↑ Eigene Tintenklecksaufgaben mit Füller und Tintenlöscher erstellen. Partnerkind löst sie.

APP

7 Die Zahlenfolge aus  ist nach
Fibonacci benannt. Wer war Fibonacci?
Warum ist die Fibonacci-Zahlenfolge
weltweit so bekannt?

8 Zahlenrätsel.

 Wenn ich zu meiner
Zahl das Doppelte von
123 452 addiere,
erhalte ich 782 073.

 Wenn ich von meiner
Zahl die Hälfte von
370 128 subtrahiere,
erhalte ich 582 461.

 Wenn ich die Differenz
von 145 724 und 37 222
zu meiner Zahl addiere,
erhalte ich 428 160.

9 Ist der Vorschlag des Kindes klug, das Schachbrett gegen Reiskörner zu tauschen?

Kind, was möchtest du für dieses
wunderschöne Schachbrett haben?

Liebe Königin, bitte fülle das Schachbrett mit
Reiskörnern. Auf das erste Feld soll ein Reiskorn
gelegt werden, auf das zweite zwei und auf
jedes weitere Feld immer doppelt soviele wie
auf dem Feld davor. Dann kannst du, verehrte
Königin, das Schachbrett haben.

---

8. ↑ SuS schreiben eigene Zahlenrätsel.

Map of a town with grid coordinates A–F (columns) and 1–6 (rows).

Streets and labels on the map: Baustraße, Lange Str., Nordstraße, Am Tierpark, Neuer See, Rondell, Zirkelweg, Eck-weg, Tierparksee, Hauptstraße, Malweg, Dreieckstraße, Mathestraße, Quaderstraße, Rathauspromenade, Aktivmeile, Rathausplatz, Plus...straße, Amtsstraße, Poststraße, Parkstraße, Großmarkt, Schulstraße, Gerade Str., A-Weg, Z-Weg, Baustraße, Verbindungs...straße, Am Klinikum, Industriestraße, Bahnhofstraße, Bahnhofsplatz, Südstraße, WC

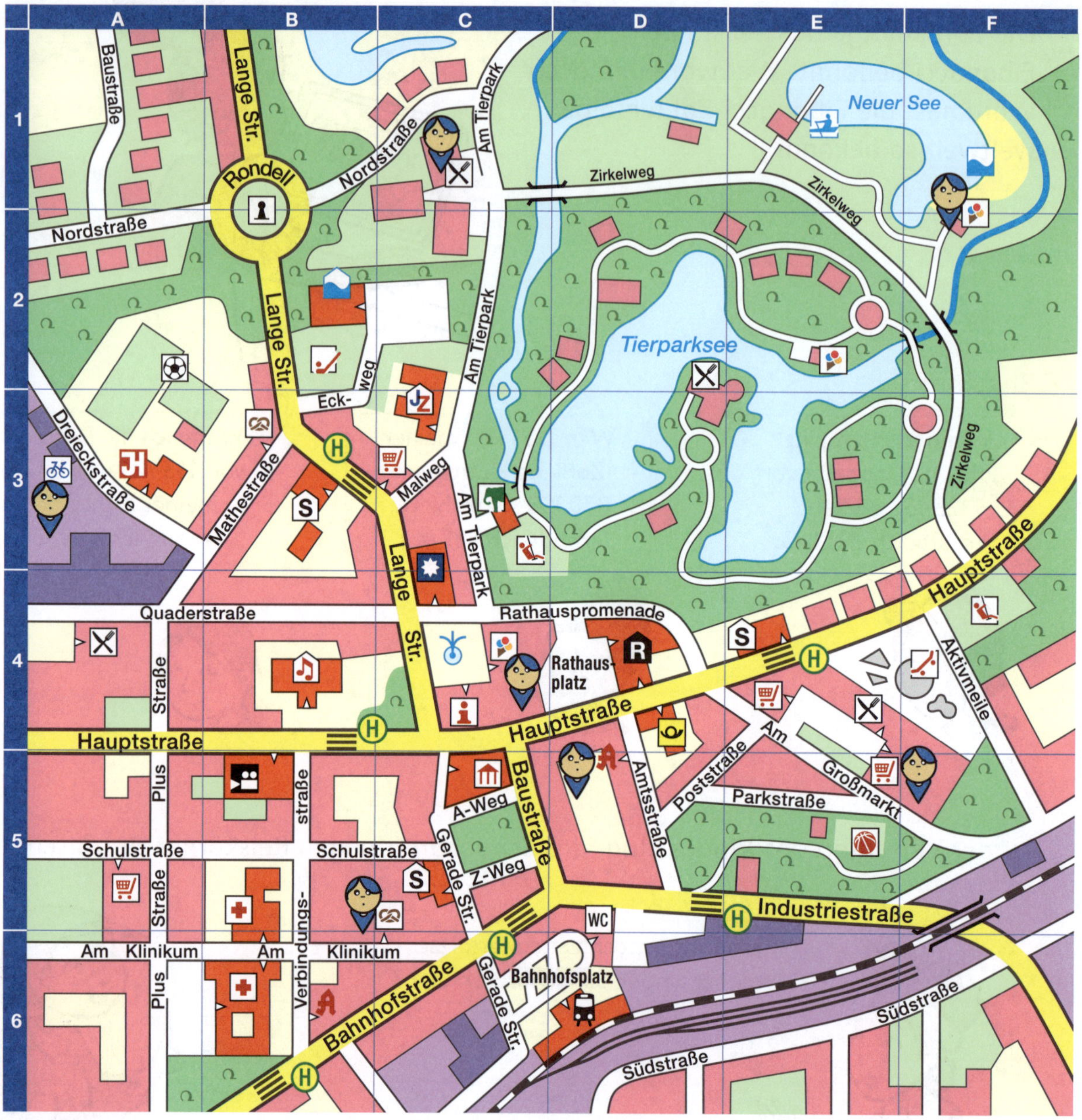

Legende:

 Schule

 Rathaus

 Stadtinformation

 Klinik

Polizei

 Post

 Denkmal

 Apotheke

 Supermarkt

 Bäcker

 Eisdiele

 Gaststätte

Kino

 Jugendzentrum

 Museum

 Konzerthalle

 Skatepark

 Spielplatz

Minigolf

 Fußballplatz

 Basketballplatz

 Jugendherberge

 Tierpark

 Fahrradverleih

 Bootsverleih

Schwimmhalle

 Freibad

 Notinsel: Dort, wo dieses Zeichen ist, findest du Hilfe, falls du in Gefahr bist oder Angst hast. Das ist ein sicherer Ort für Kinder.

 APP

1 In welchen Planquadraten findest du …?

Bushaltestellen	Gewässer	Supermärkte	sportliche Aktivitäten

A1 ist ein <u>Planquadrat.</u>

2 Welche Orte findest du in diesen Planquadraten?

C4

B2

C3

E4

3 Welcher Ort ist gemeint?

Der gesuchte Ort befindet sich in der Aktivmeile gegenüber vom Skatepark.

Der gesuchte Ort befindet sich in der Dreiecksstraße gegenüber vom Fahrradverleih.

Der gesuchte Ort befindet sich in der Mitte des Rondells.

Der gesuchte Ort befindet sich am Strand des Neuen Sees.

Der gesuchte Ort befindet sich in der Hauptstraße schräg gegenüber von der Konzerthalle.

Der gesuchte Ort befindet sich im Eckweg neben der Minigolfanlage.

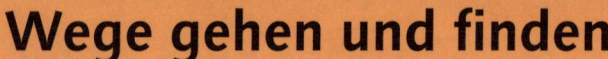

Überquere die Hauptstraße und …

Laufe bis zur zweiten Kreuzung …

Gegenüber vom Krankenhaus befindet sich …

Biege links in die Rathauspromenade …

Steige in den Bus und fahre bis …

1

Laufe die Schulstraße entlang. Biege an der zweiten Kreuzung nach rechts. Folge der Verbindungsstraße bis zur ersten Kreuzung. Biege dann nach links. Laufe bis zur Bäckerei.

Steige am Bahnhofsplatz aus, laufe die Gerade Straße hoch und biege an der Kreuzung nach links in die Straße Am Klinikum. Folge der Straße bis zur Bäckerei auf der rechten Seite.

Gehe die Hauptstraße entlang. Biege links in die Lange Straße. Biege die nächste Möglichkeit nach rechts. Dann bist du an der Polizeistation.

Überquere die Hauptstraße und biege in die Rathauspromenade ein. Folge ihr bis zur Polizeistation.

2 Gehe den Weg auf dem Stadtplan auf Seite 88. Wo kommst du an?

Du startest am Rondell und läufst die Nordstraße bis zum Ende hoch. Dann biegst du nach rechts und die nächste Möglichkeit gleich nach links ein. Du überquerst eine Brücke und folgst dem Weg. Kurz vor der zweiten Brücke biegst du links in den Weg ein und läufst geradeaus weiter.

Ziel:

In der Bahnhofsstraße steigst du in den Bus und fährst bis zur Haltestelle in der Langen Straße. Du steigst aus und läufst in Fahrtrichtung. Die nächste Möglichkeit biegst du links und dann wieder rechts ein. Du betrittst das erste Gebäude auf der rechten Seite.

Ziel:

Du läufst am Skatepark vorbei und biegst Am Großmarkt ein. Dann folgst du dem Weg durch den Park, überquerst am Zebrastreifen die Straße und folgst ihr, bis du links in die nächste Straße einbiegen kannst.

Ziel:

Du steigst in der Nähe der Klinik in den Bus und fährst zwei Stationen. Dort steigst du aus, überquerst am Zebrastreifen die Hauptstraße und läufst in das Gebäude. Vom Fenster aus kannst du den Tierpark sehen.

Ziel:

3 Beschreibe den Weg.

Start: Start: Start:

Ziel: Ziel: Ziel:

4 Finde verschiedene Wege.

Start: Start: Start:

Ziel: Ziel: Ziel:

5

Mein Schulweg startet … Dann biege ich nach links …

Ich zeichne Amaris Route ein.

3.–4. ↑ SuS finden den kürzesten Weg zum Ziel. 5. Ein Kind diktiert einen Weg, z. B. den eigenen Schulweg und das Partnerkind zeichnet den Weg auf dem Screenshot der Karte ein.

S. 45

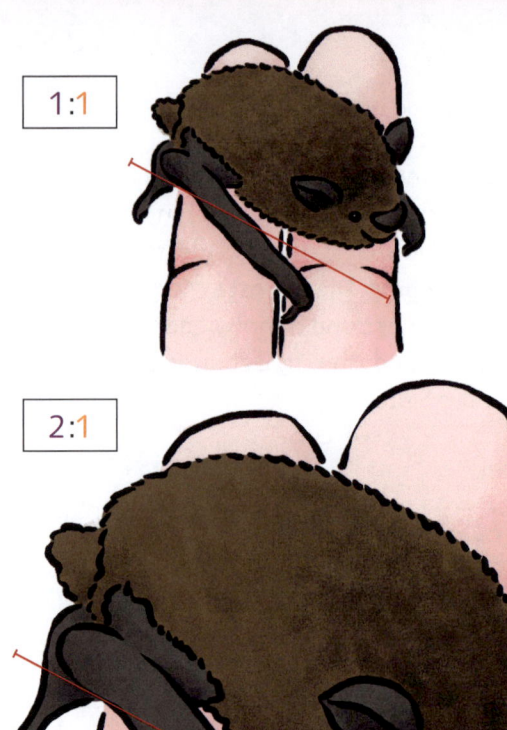

1:1

2:1

Das ist eine Mückenfledermaus in ihrer wirklichen Größe. Sie ist eins zu eins abgebildet. Das bedeutet, dass 1 cm auf dem Bild auch in der Wirklichkeit 1 cm entsprechen.

Hier ist die Mückenfledermaus vergrößert dargestellt. Sie ist in dem Maßstab zwei zu eins abgebildet. Das bedeutet, dass 2 cm auf dem Bild in der Wirklichkeit 1 cm entsprechen.
2 cm : 2 = 1 cm

Der Maßstab gibt an, wie ein Gegenstand im Verhältnis zu seiner wirklichen Größe vergrößert oder verkleinert dargestellt ist.

1 Wie groß sind die vergrößerten Tiere in Wirklichkeit?

a) der Silberfisch

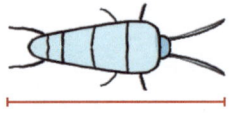

3:1

a) Größe im Bild: 3 cm

Größe in Wirklichkeit: 3 cm : 3 = 1 cm

b) die Zecke

2:1

c) die Nacktschnecke

2:1

d) die Dänische Eintagsfliege

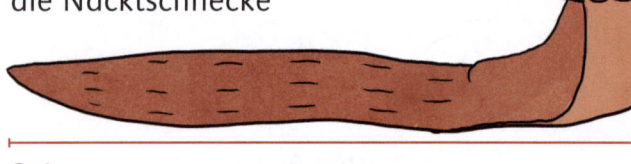

6:1

e) die Motte

4:1

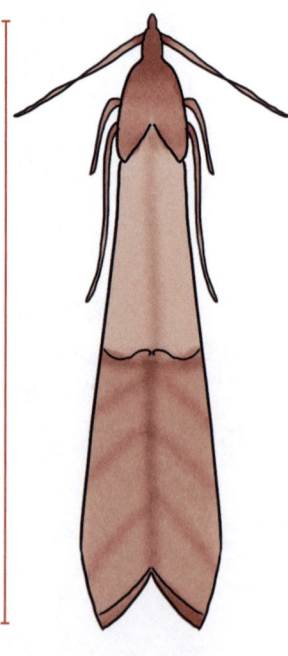

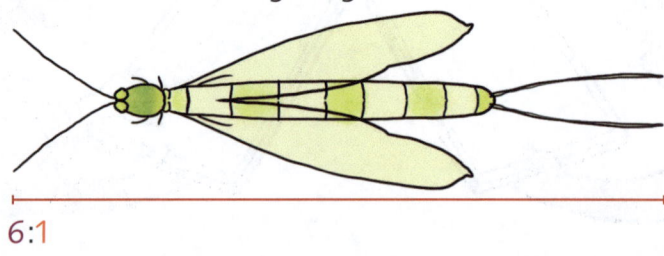

1. ↑ SuS zeichnen die Insekten in ihrer wirklichen Größe ins Heft.

APP

4 cm in der Vergrößerung entsprechen 2 cm im Original.

Ich vergrößere im Maßstab zwei zu eins. Ich multipliziere alle Seitenlängen mit 2.

Maßstab: 2:1

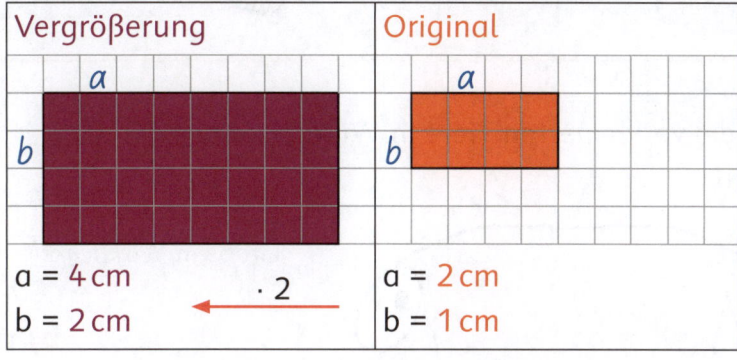

Vergrößerung	Original
a = 4 cm b = 2 cm	a = 2 cm b = 1 cm

· 2

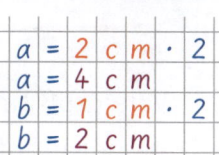

$a = 2\,cm \cdot 2$
$a = 4\,cm$
$b = 1\,cm \cdot 2$
$b = 2\,cm$

---

2 Maßstab 3:1   Maßstab 2:1

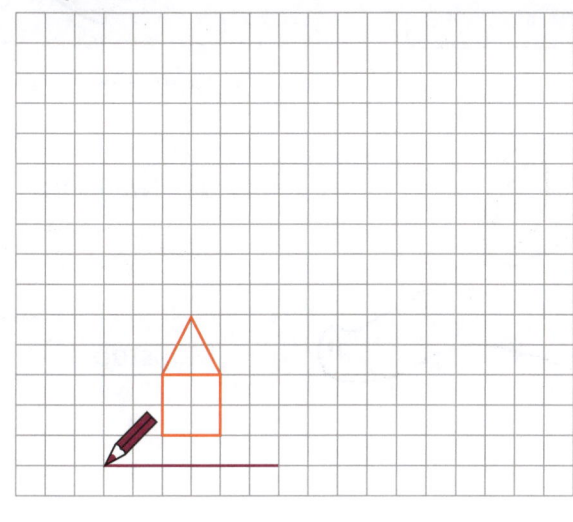   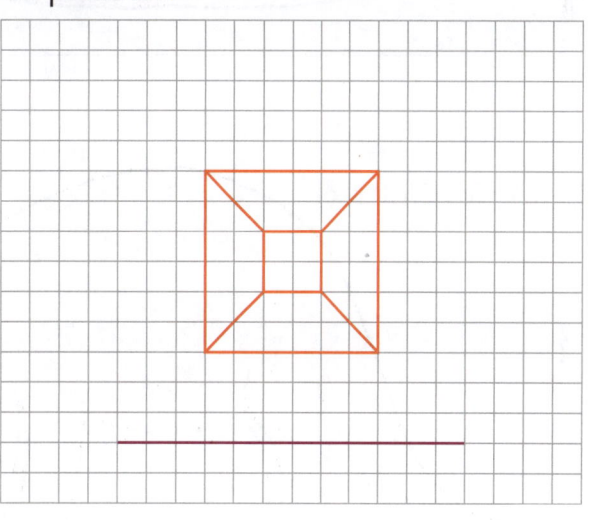

3 Vergrößere im angegebenen Maßstab.

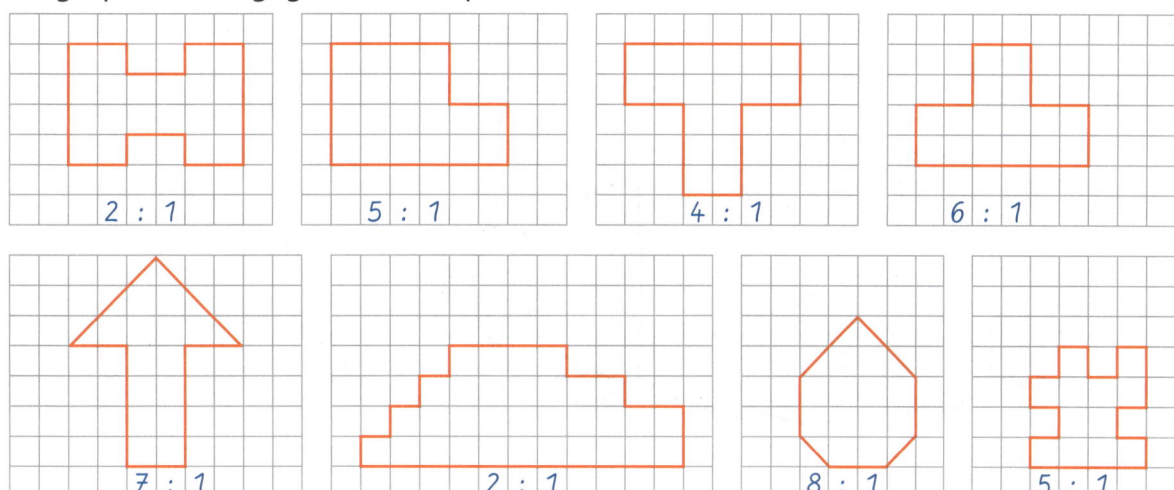

2 : 1   5 : 1   4 : 1   6 : 1

7 : 1   2 : 1   8 : 1   5 : 1

---

2. Hinweis: SuS zeichnen die vergrößerte Figur um das Original herum. 3. ↑ SuS zeichnen eigene Figuren und das Partnerkind vergrößert im vorgegebenen Maßstab.

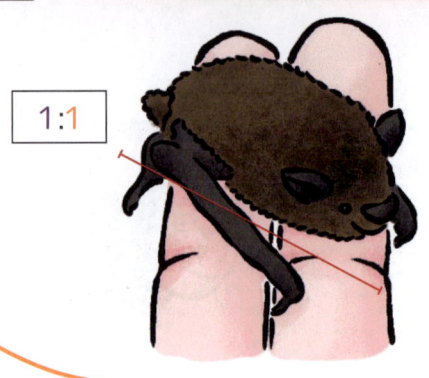

1:1

1:2

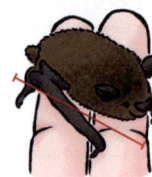

> Hier ist die Mückenfledermaus verkleinert dargestellt. Sie ist im Maßstab eins zu zwei abgebildet. Das bedeutet, dass 2 cm in der Wirklichkeit 1 cm auf dem Bild entsprechen.

1 Wie groß sind die verkleinerten Tiere in Wirklichkeit?

a) der Blobfisch

a) Größe im Bild: 10 cm

Größe in Wirklichkeit: 10 cm · 3 = 30 cm

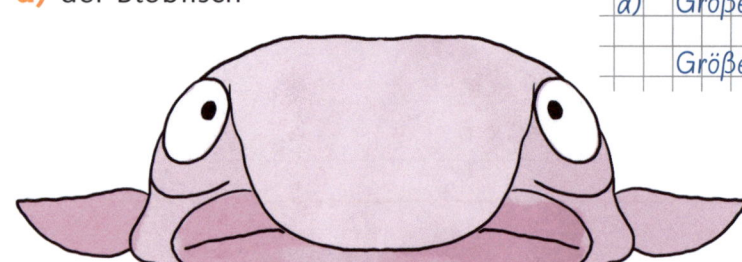

Maßstab 1:3

b) der Dugong

Maßstab 1:50

c) das Erdferkel

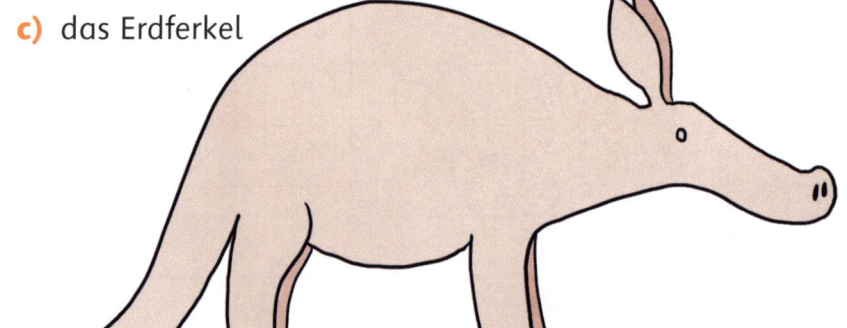

Maßstab 1:10

d) der Nacktmull

Maßstab 1:4

e) die Riesenassel

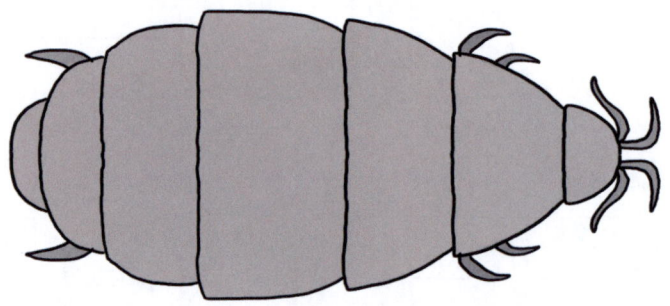

Maßstab 1:5

f) die Seefledermaus

Maßstab 1:5

1. ↑ SuS zeichnen die Tiere in ihrer wirklichen Größe mit Kreide auf den Boden im Schulhof.

 APP

4 cm im Original entsprechen 2 cm in der Verkleinerung.

Ich verkleinere im Maßstab eins zu zwei. Ich dividiere alle Seitenlängen durch 2.

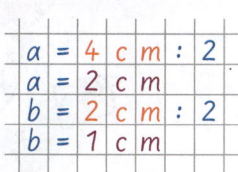

Maßstab: 1:2

Verkleinerung	Original
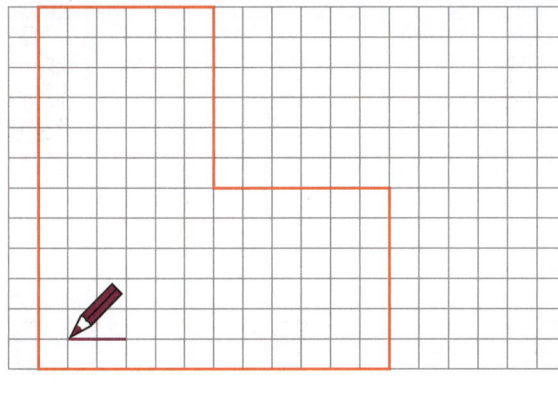	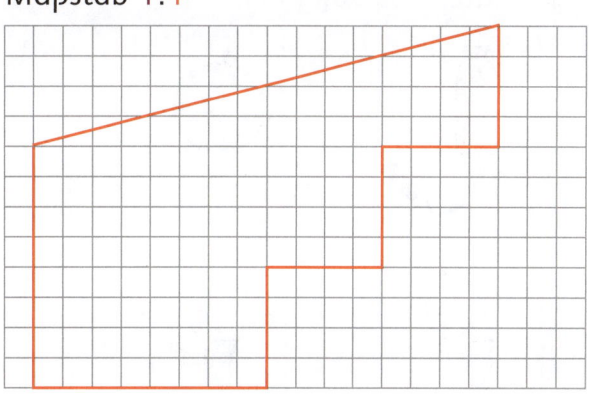
a = 2 cm	a = 4 cm
b = 1 cm	b = 2 cm

: 2

a = 4 c m : 2
a = 2 c m
b = 2 c m : 2
b = 1 c m

2

Maßstab 1:3   Maßstab 1:4

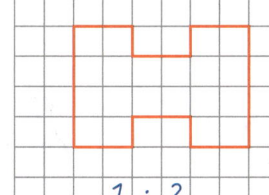

3

1 : 2   1 : 2   1 : 3   1 : 3

4

Die Karte ist eine Verkleinerung. Miss die Wege in der Karte. Berechne die Weglängen in der Wirklichkeit.

1 cm auf der Karte entspricht 10 000 cm in Wirklichkeit. Das sind umgerechnet 100 m.

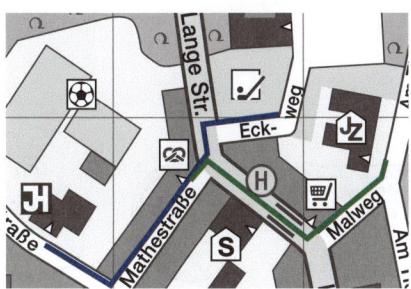

Maßstab 1:10 000

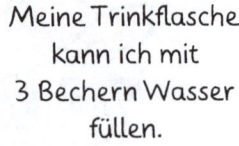
Meine Trinkflasche kann ich mit 3 Bechern Wasser füllen.

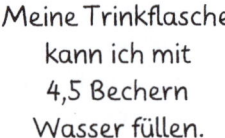
Meine Trinkflasche kann ich mit 4,5 Bechern Wasser füllen.

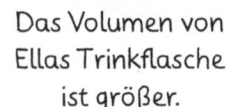
Das Volumen von Ellas Trinkflasche ist größer.

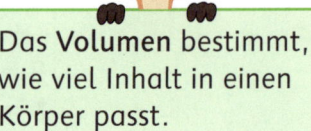
Das **Volumen** bestimmt, wie viel Inhalt in einen Körper passt.

1 Schätze das Volumen.

 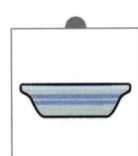   

2 Welches Volumen hat deine Trinkflasche?

In meine Trinkflasche passen ____ Becher.

3 Welcher Gegenstand hat das größte Volumen? Wie kannst du das prüfen, ohne einen zusätzlichen Gegenstand zu nutzen?

1. Hinweis: Ein Becher hat ein Volumen von 200 ml.

4 In welchen Gegenstand passen mindestens 10 Eierbecher Wasser? ✔ oder ✗ ?

geschätzt: ☐   geschätzt: ☐   geschätzt: ☐   geschätzt: ☐   geschätzt: ☐
geprüft: ☐   geprüft: ☐   geprüft: ☐   geprüft: ☐   geprüft: ☐

5 In welchen Gegenstand passen mindestens 10 Esslöffel Wasser? ✔ oder ✗ ?

geschätzt: ☐   geschätzt: ☐   geschätzt: ☐   geschätzt: ☐   geschätzt: ☐
geprüft: ☐   geprüft: ☐   geprüft: ☐   geprüft: ☐   geprüft: ☐

6 In welchen Gegenstand passen mindestens 10 Tropfen Wasser? ✔ oder ✗ ?

geschätzt: ☐   geschätzt: ☐   geschätzt: ☐   geschätzt: ☐   geschätzt: ☐
geprüft: ☐   geprüft: ☐   geprüft: ☐   geprüft: ☐   geprüft: ☐

7 Der tropfende Wasserhahn füllt in der Stunde 1,5 Eierbecher. Wie lange dauert es, bis du aus den Wassertropfen eine Badewanne füllen kannst?

8 Wie können Amari und Noa prüfen, welche Trinkflasche das größere Volumen hat?

In meine Trinkflasche passen 2 Becher.

In meine Trinkflasche passen 4 Becher.

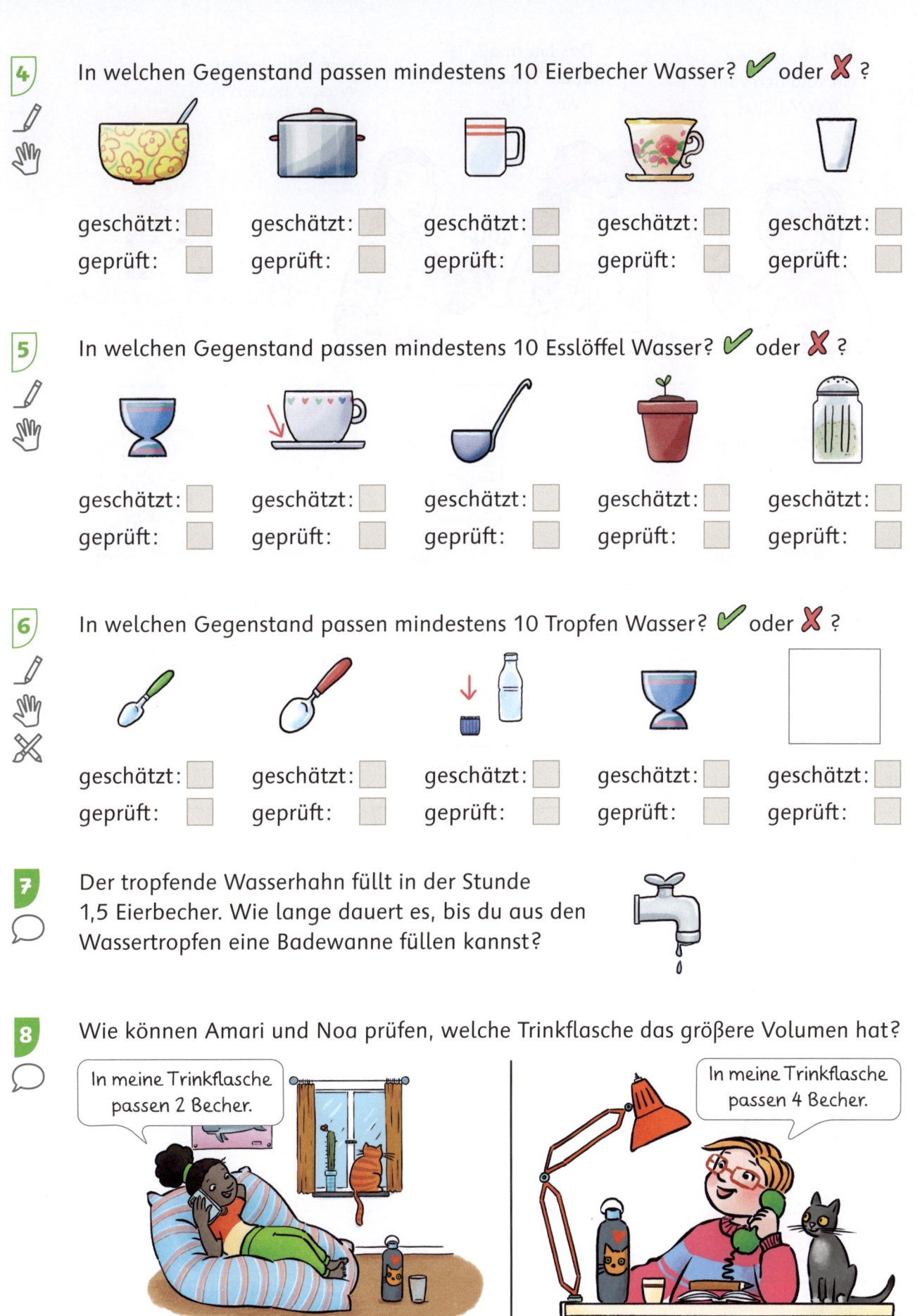

1 Liter = 1000 Milliliter
1 l = 1000 ml

1

_____ ml

_____ ml

_____ ml

_____ ml

_____ ml

_____ ml

2

_____ ml

_____ ml

_____ ml

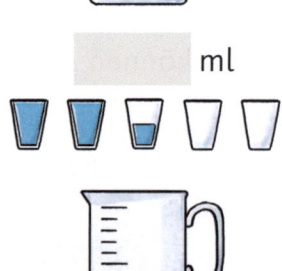

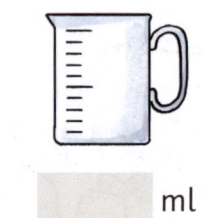

_____ ml

_____ ml

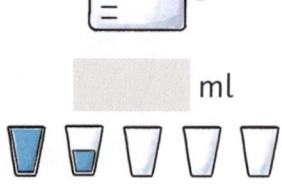

_____ ml

APP

3 Wie viele Becher bis 1000 ml?

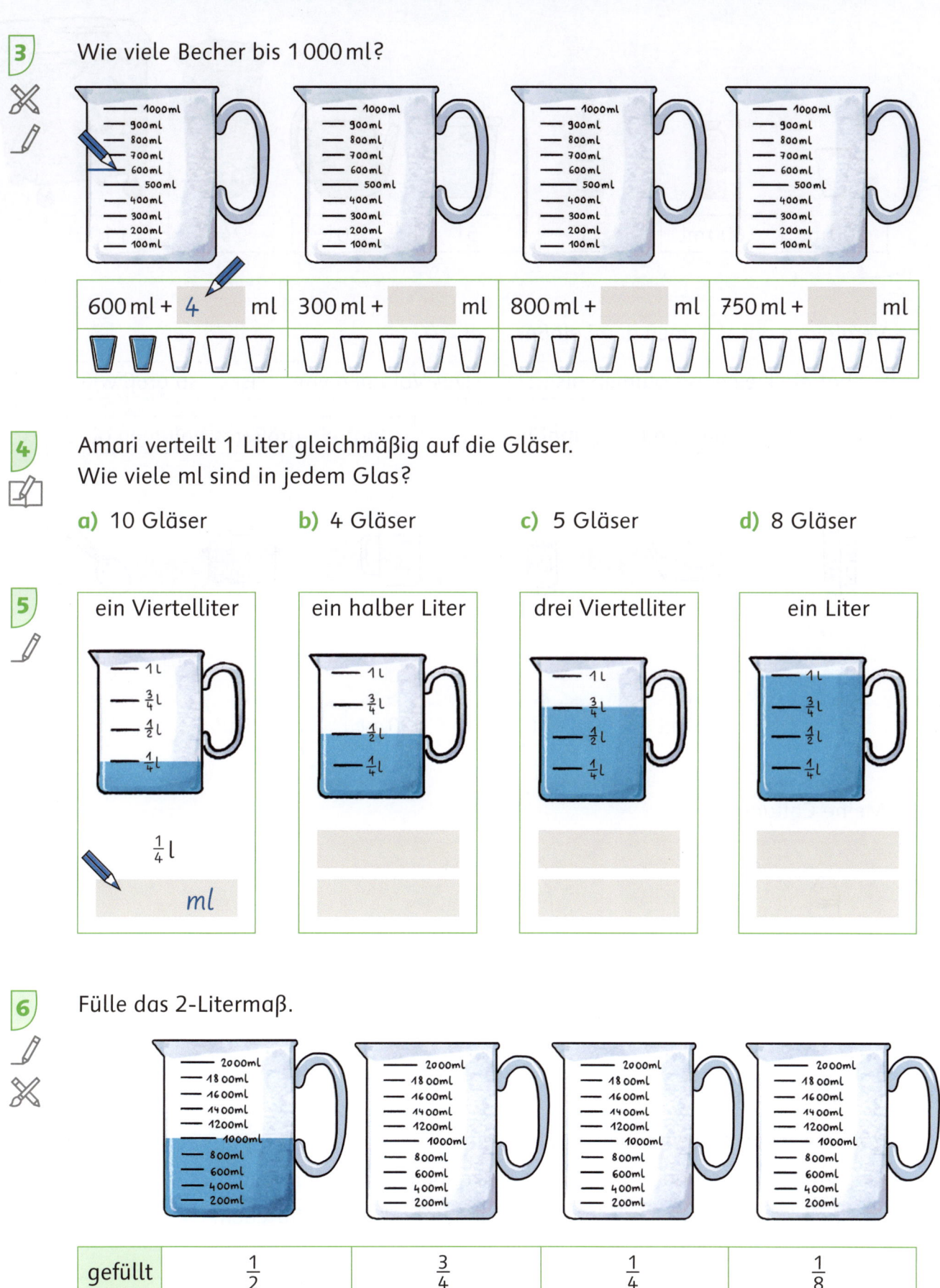

| 600 ml + 4 ml | 300 ml + ml | 800 ml + ml | 750 ml + ml |

4 Amari verteilt 1 Liter gleichmäßig auf die Gläser.
Wie viele ml sind in jedem Glas?

a) 10 Gläser   **b)** 4 Gläser   **c)** 5 Gläser   **d)** 8 Gläser

5

| ein Viertelliter | ein halber Liter | drei Viertelliter | ein Liter |

$\frac{1}{4}$ l

ml

6 Fülle das 2-Litermaß.

gefüllt	$\frac{1}{2}$	$\frac{3}{4}$	$\frac{1}{4}$	$\frac{1}{8}$
ml	ml			

Vergleichsgrößen

| 200 ml | 600 ml | 1 l | 5 l | 10 l | 240 l | 1 100 l |

1 Vergleiche das Volumen der Gefäße.

… hat ein kleineres Volumen als … Das Volumen von … ist … so groß wie …

Das Volumen von … passt … mal in … … hat ein größeres Volumen als …

2

| 1 l | 200 ml | 2 l | 500 ml | 15 ml | 180 l |

3 Meine Collage.

 300 ml

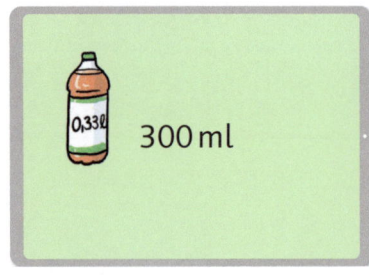 500 ml

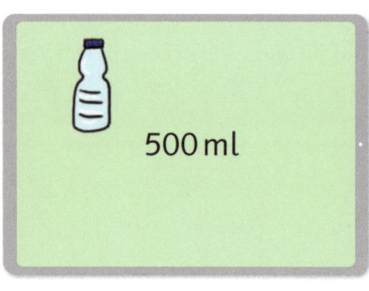 1 l

4 Kann das stimmen? ✔ oder ✘ ?

250 ml Wasser passen auf einen Esslöffel.

Das Volumen von Badewanne und Gießkanne ist ungefähr gleich.

In einen Kochtopf passt der Inhalt von ungefähr 2 Wasserflaschen.

In eine gewöhnliche Tasse passt $\frac{1}{2}$ l.

Auf einen Esslöffel passt 3-mal so viel Wasser wie auf einen Teelöffel.

Der Inhalt eines 10-Liter-Eimers passt 24-mal in die Bio-Tonne.

SuS suchen weitere Vergleichsgrößen im Internet, in Zeitungen, im Alltag, …

APP

1 Liter sind 1000 Milliliter.

1 Liter = 1000 Milliliter
1 l = 1000 ml

1

5 000 ml	50 000 ml	505 000 ml	550 000 ml
50 l	550 l	5 l	505 l

2

2 l = ml	7 l 200 ml = ml	
5 l = ml	3 l 900 ml = ml	
4 l = ml	0 l 850 ml = ml	
10 l = ml	4 l 225 ml = ml	
1 l 150 ml = ml	$2\frac{1}{2}$ l = ml	
2 l 500 ml = ml	$6\frac{1}{4}$ l = ml	
6 l 5 ml = ml	$1\frac{3}{4}$ l = ml	
10 l 30 ml = ml	$4\frac{1}{2}$ l = ml	

Wenn ich von l in ml umwandle, wird die Zahl größer. Wenn ich von ml in l umwandle, wird die Zahl kleiner.

3

3 000 ml = l ml	1 500 ml = l ml
6 500 ml = l ml	3 075 ml = l ml
7 250 ml = l ml	6 250 ml = l ml
14 050 ml = l ml	10 500 ml = l ml
920 ml = l ml	$7\frac{1}{4}$ l = l ml
1 008 ml = l ml	4 080 ml = l ml
8 902 ml = l ml	$3\frac{1}{2}$ l = l ml
75 ml = l ml	$5\frac{3}{4}$ l = l ml

Getränke werden auf der Verpackung in Liter angegeben.

Das sind 330 ml. Umgerechnet sind das 0,330 l.

Ich schreibe 0,33 l für 0,330 l.

Ich spreche: Null Komma drei drei Liter.

 **1**

	1 l	100 ml	10 ml	1 ml	Volumen (in l)
1 250 ml	1	2	5	0	1,25 l
2 080 ml					
5 130 ml					
4 705 ml					
9 005 ml					
408 ml					

Das Komma trennt Liter und Milliliter.

2 Suche nach Volumenangaben auf Gefäßen aus deinem Alltag.

	10 l	1 l	100 ml	10 ml	1 ml	
O-Saft		1	5			1,5 l

3

4 l 190 ml		4,19 l
	7 358 ml	
		2,31 l
	12 370 ml	
8 l 80 ml		
		9,05 l

 APP

1 Wie viele Liter sind es insgesamt?

a)

b)

c)

d)

e)

f)

2

```
      2 4 , 0 0 0  l
 +    □ □ □ , □ □ □  l
 +    □ □ □ , □ □ □  l
 _____
      □ □ □ , □ □ □  l
```

| 24 l |
| 803 l |
| 0,1 l |

```
      □ □ □ , □ □ □  l
 +    □ □ □ , □ □ □  l
 +    □ □ □ , □ □ □  l
 _____
      □ □ □ , □ □ □  l
```

| 250 ml |
| 4 060 ml |
| 44 l |

```
      □ □ □ , □ □ □  l
 +    □ □ □ , □ □ □  l
 +    □ □ □ , □ □ □  l
 _____
      □ □ □ , □ □ □  l
```

| 1 050 ml |
| 2 ml |
| 800 l |

3

| 600 l + 250 ml | ___ l + ___ l = ___ l |
| | ___ ml + ___ ml = ___ ml |

| 81 l + 33 ml | ___ l + ___ l = ___ l |
| | ___ ml + ___ ml = ___ ml |

| 450 l + 3 300 ml | ___ l + ___ l = ___ l |
| | ___ ml + ___ ml = ___ ml |

| 9 l + 40 012 ml | ___ l + ___ l = ___ l |
| | ___ ml + ___ ml = ___ ml |

Direkter und indirekter Wasserverbrauch

Ich liebe Erdbeeren. Damit die Erdbeerpflanze wachsen kann, benötigt sie Wasser.

Für den Transport der Erdbeeren zum Supermarkt wird Wasser benötigt.

Bevor ich die Erdbeeren esse, muss ich sie waschen.

Für die Herstellung der Verpackung wird Wasser benötigt.

Auch für die Herstellung deines T-Shirts wird Wasser benötigt.

1 Für was hast du heute Wasser verbraucht?

indirekter Wasserverbrauch
Wasser, das bei Herstellung und Transport von Produkten benötigt wird.

direkter Wasserverbrauch
Duschen, Zähneputzen, Kochen, Toilettenspülung, Putzen ...

Für das T-Shirt, das ich heute angezogen habe ...

Heute morgen im Bad ...

Das Papier für mein Schulbuch ...

2 Rechne den indirekten Wasserverbrauch in die Vergleichsgrößen um.

 = 0,5 l

= 9 l

 = 120 l

70 l	135 l	180 l	200 l

3 Berechne den indirekten Wasserverbrauch.

 = 1 l 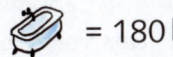 = 180 l 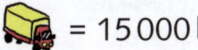 = 15 000 l

a)  7 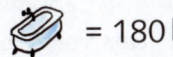 + 20

c)  1 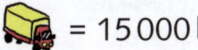 + 27 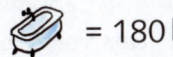 + 140

b)  61 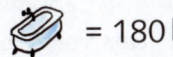 + 20

d)  26 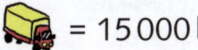 + 55 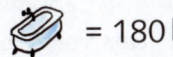 + 100

4 Für die Produktion von einer 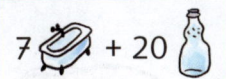 werden in Deutschland 160,5 l Wasser verbraucht. Samu isst im Jahr 8 .

a) Wie hoch ist der Wasserverbrauch für Samus Konsum nach 1/5/10 Jahren?

b) Wann kann Samu mit seinem indirekten Wasserverbrauch für Erdbeeren ein Schwimmbecken mit 60 000 l füllen?

c) In Spanien werden für die Produktion von einer  nur 104,5 l Wasser verbraucht. Wie hoch ist der Wasserverbrauch nach 1/5/10 Jahren?

d) Für die Erdbeerproduktion in Deutschland wird fast nur grünes Wasser verwendet. In Spanien muss viel blaues Wasser hinzugefügt werden. Würdest du Erdbeeren aus Spanien oder aus Deutschland kaufen?

Regenwasser wird von den Pflanzen aus dem Boden aufgenommen.

Für die künstliche Bewässerung wird Wasser aus dem Grundwasser, aus Seen und Flüssen entnommen.

5  Für den Schlafanzug werden 2 000 l Wasser verbraucht.

a) Wie hoch ist der indirekte Wasserverbrauch in deiner Klasse, wenn jedes Kind 4 Schlafanzüge hat?

b) Der Laden Lama Pyjama verkauft jeden Tag 6 Schlafanzüge. Nach wie vielen Tagen ist der indirekter Wasserverbrauch von 192 000 l erreicht?

c) Wie viele Schlafanzüge hast du? Wie viele Schlafanzüge benötigst du?

d) Was kannst du tun, um deinen Wasserverbrauch zu verringern?

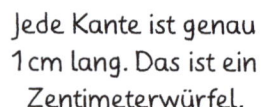

Jede Kante ist genau 1 cm lang. Das ist ein Zentimeterwürfel.

Das Volumen des Zentimeterwürfels beträgt 1 ml.

Mein Quader besteht aus 8 Zentimeterwürfeln. Das Volumen beträgt 8 ml.

1 cm

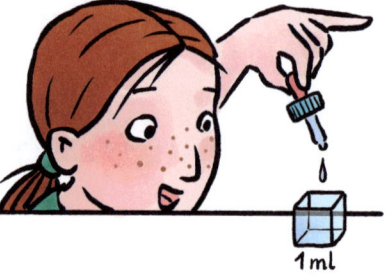

1 ml

Höhe

Tiefe

Breite

1

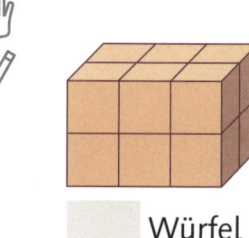

_____ Würfel

_____ ml

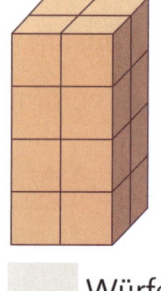

_____ Würfel

_____ ml

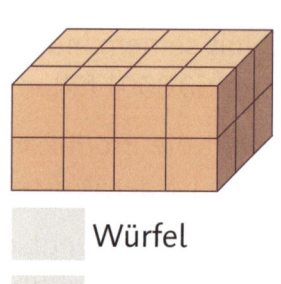

_____ Würfel

_____ ml

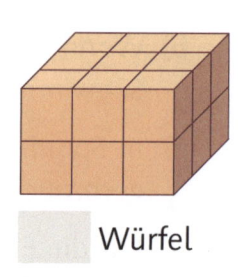

_____ Würfel

_____ ml

2 Wie groß ist das Volumen der Quader?

a) B: 2 Würfel
T: 3 Würfel
H: 3 Würfel

b) B: 3 Würfel
T: 2 Würfel
H: 4 Würfel

c) B: 1 Würfel
T: 5 Würfel
H: 2 Würfel

d) B: 5 Würfel
T: 3 Würfel
H: 2 Würfel

3 Baue eigene Quader mit Würfeln. Finde verschiedene Möglichkeiten.

a) Volumen = 12 ml

b) Volumen = 18 ml

c) Volumen = 36 ml

4 Welcher Quader hat das größte Volumen? Schätze zuerst. Überprüfe.

a)

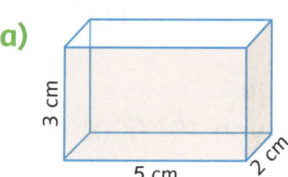

3 cm
5 cm
2 cm

b)

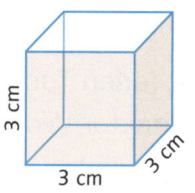

3 cm
3 cm
3 cm

c)

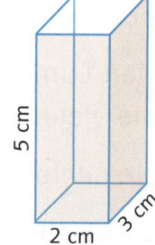

5 cm
2 cm
3 cm

3. ↑ SuS erklären, bei welchem Volumen sie die meisten/wenigsten Möglichkeiten finden.

5

a) Wie groß ist das Volumen des Dezimeterwürfels?
Schätze zuerst und rechne dann.

b) Wie groß ist das Volumen des Meterwürfels?
Schätze zuerst und rechne dann.

1 dm   1 m

6 Wie groß ist das Volumen?

8 Würfel   5 Würfel   4 Würfel
8 Würfel   5 Würfel   4 Würfel

a) B: 10 cm
T: 8 cm
H: 5 cm

b) B: 8 cm
T: 5 cm
H: 6 cm

c) B: 7 cm
T: 3 cm
H: 10 cm

d) B: 15 cm
T: 8 cm
H: 5 cm

e) B: 20 cm
T: 10 cm
H: 5 cm

f) B: 50 cm
T: 10 cm
H: 2 cm

7 Wie verändert sich das Volumen des Quaders?

Verdreifache ...

a) ... eine Kante.

b) ... zwei Kanten.

c) ... alle drei Kanten.

Breite	5 c m	1 5 c m
Tiefe	2 c m	
Höhe	3 c m	
Volumen	3 0 m l	

Potenzieren

□ S. 52

Potenzieren bedeutet, dass eine Zahl mehrfach mit sich selbst multipliziert wird.

Potenzieren ist die verkürzte Schreibweise der Multiplikation mit gleichem Faktor.

1	$1 \cdot 2 = 2$	$2 \cdot 2 = 4$	$2 \cdot 2 \cdot 2 = 8$	$2 \cdot 2 \cdot 2 \cdot 2 = 16$
$2^0 = 1$	$2^1 = 2$	$2^2 = 4$	$2^3 = 8$	$2^4 = 16$

Eine Zahl mit der Hochzahl 0 ist immer 1.

Statt $2 \cdot 2 \cdot 2$ kann ich die Aufgabe auch als Potenz 2^3 schreiben.

1 Potenziere die Zahl 2.

$2 \cdot 2 =$ 4

$2 \cdot 2 \cdot 2 =$

$2 \cdot 2 \cdot 2 \cdot 2 =$

$2 \cdot 2 \cdot 2 \cdot 2 \cdot 2 =$

$2 \cdot 2 \cdot 2 \cdot 2 \cdot 2 \cdot 2 =$

$2 \cdot 2 \cdot 2 \cdot 2 \cdot 2 \cdot 2 \cdot 2 =$

$2 \cdot 2 \cdot 2 \cdot 2 \cdot 2 \cdot 2 \cdot 2 \cdot 2 =$

Immer das vorherige Ergebnis mal 2.

2 Potenziere die Zahl 10.

$10 \cdot 10 =$

$10 \cdot 10 \cdot 10 =$

$10 \cdot 10 \cdot 10 \cdot 10 =$

$10 \cdot 10 \cdot 10 \cdot 10 \cdot 10 =$

$10 \cdot 10 \cdot 10 \cdot 10 \cdot 10 \cdot 10 =$

Immer das vorherige Ergebnis mal …

3

$3 \cdot 3$	$3 \cdot 3 \cdot 3 \cdot 3$	$3 \cdot 3 \cdot 3$	1

3^4	3^2	3^1	3^0	3^5	3^3

$2 \cdot 2 \cdot 2 \cdot 2 = 2^4$ ← potenzieren

2^4
← die Hochzahl
← die Potenz
← die Grundzahl

4 Immer 3.

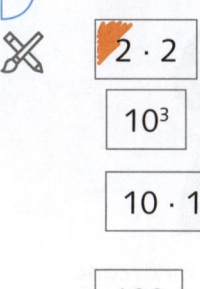

2 · 2	10 · 10 · 10 · 10	10^1	2 · 2 · 2	32
10^3 10^4	10 · 10	10 000	1 000	2
10 · 10 · 10 · 10 · 10 2^2 2^1	10 · 10 · 10	2 · 2 · 2 · 2 · 2		10^2
100 10^6 8	10 · 10 · 10 · 10 · 10 · 10	64	1 · 2 2^6	
10 2^3 1 000 000 100 000		2^7	10^5 128	
2 · 2 · 2 · 2 · 2 · 2	2^5 1 · 10 4		2 · 2 · 2 · 2 · 2 · 2 · 2	

 5

$4 \cdot 4 = 4^2 = $ $\qquad$ $10 \cdot 10 \cdot 10 = = $

$5 \cdot 5 = = $ $\qquad$ $4 \cdot 4 \cdot 4 \cdot 4 = = $

$3 \cdot 3 \cdot 3 \cdot 3 = = $ $\qquad$ $5 \cdot 5 \cdot 5 = = $

$7 \cdot 7 \cdot 7 = = $ $\qquad$ $6 \cdot 6 \cdot 6 \cdot 6 \cdot 6 = = $

 6

Multiplikation	Potenz	Ergebnis
2 · 2 · 2 · 2 · 2		32
	6^3	
8 · 8 · 8		
3 · 3		
		125

 7

 Mein Ergebnis berechne ich aus der Potenz mit der Grundzahl 10 und der Hochzahl 4.

Mein Ergebnis berechne ich aus der Potenz mit der Grundzahl 5 und der Hochzahl 3.

 Meine Potenz hat das Ergebnis 27. Die Grundzahl meiner Potenz ist 3.

Meine Potenz hat das Ergebnis 64. Die Grundzahl meiner Potenz ist 2.

5 = 101
Die Zahl 5 ist als Binärcode geschrieben.
Im Binärsystem gibt es nur zwei Ziffern: 0 und 1

Ich verteile 5 ●
in die passenden Spalten.

4 (2^2)	2 (2^1)	1 (2^0)
●●●●		●

In die Spalten mit ● trage
ich 1 ein, ohne ● trage ich
0 ein. Ich schreibe von
rechts nach links.

4 (2^2)	2 (2^1)	1 (2^0)
●●●●		●
1	0	1

Ich zerlege den Binärcode
in eine Aufgabe.

4 (2^2)	2 (2^1)	1 (2^0)
●●●●		●
1	0	1

$1 \cdot 4 + 0 \cdot 2 + 1 \cdot 1 = 5$
$4 + 1 = 5$

1

19	32	16	8	4	2	1
		●●●●●●			●●	●
	1	0	0	1	1
$1 \cdot 16 +$					

25	32	16	8	4	2	1

42	32	16	8	4	2	1

58	32	16	8	4	2	1

1. SuS können auch den verkürzten Rechenweg (4+1) statt $(1 \cdot 4 + 0 \cdot 2 + 1 \cdot 1)$ nutzen.

APP

2

16	8	4	2	1
1	0	0	1	0

→ $1 \cdot 16 + 0 \cdot 8 + 1 \cdot 4 + 1 \cdot 2 + 0 \cdot 1$ — 22

16	8	4	2	1
		1	0	1

$1 \cdot 4 + 0 \cdot 2 + 1 \cdot 1$ — 3

16	8	4	2	1
			1	1

$1 \cdot 2 + 1 \cdot 1$ — 5

16	8	4	2	1
1	0	1	1	0

$1 \cdot 16 + 0 \cdot 8 + 0 \cdot 4 + 1 \cdot 2 + 0 \cdot 1$ — 18

3

59

64	32	16	8	4	2	1
	1					

62

64	32	16	8	4	2	1

64	32	16	8	4	2	1

$1 \cdot 64 + 0 \cdot 32 + 1 \cdot 16 + 0 \cdot 8 + 0 \cdot 4 + 1 \cdot 2 + 0 \cdot 1$

64	32	16	8	4	2	1

$1 \cdot 64 + 1 \cdot 32 + 1 \cdot 16 + 0 \cdot 8 + 0 \cdot 4 + 0 \cdot 2 + 0 \cdot 1$

4 Erstelle den Binärcode.

a) 64 **b)** 99 **c)** 111 **d)** 144 **e)** Meine Zahl.

110 = ?

Ich schreibe zuerst den Binärcode in die Tabelle und lege Material in die Spalten mit 1.

Ich rechne alle ● zusammen. Es sind 6.

Ich zerlege den Binärcode in eine Aufgabe.

4 (2^2)	2 (2^1)	1 (2^0)
●●●●	●●	
1	1	0

4 (2^2)	2 (2^1)	1 (2^0)
●●●●	●●	
1	1	0

4 (2^2)	2 (2^1)	1 (2^0)
●●●●	●●	
1	1	0

$1 \cdot 4 + 1 \cdot 2 + 0 \cdot 1 = 6$

$4 + 2 = 6$

1

9

8	4	2	1
1	1	0	0

$1 \cdot 8 + 0 \cdot 4 + 0 \cdot 2 + 1 \cdot 1$

7

8	4	2	1
1	0	0	1

$1 \cdot 4 + 1 \cdot 2 + 1 \cdot 1$

12

8	4	2	1
1	1	1	1

$1 \cdot 8 + 1 \cdot 4 + 0 \cdot 2 + 0 \cdot 1$

15

8	4	2	1
	1	1	1

$1 \cdot 8 + 1 \cdot 4 + 1 \cdot 2 + 1 \cdot 1$

2

a) 11010   **b)** 100100   **c)** 1111   **d)** 1011   **e)** 110011   **f)** 1000111

	64	32	16	8	4	2	1	Zerlegung	
a)							1	0	

APP

A	65	01000001	H	72	01001000	O	79	01001111	V	86	01010110
B	66	01000010	I	73	01001001	P	80		W	87	
C	67	01000011	J	74		Q	81	01010001	X	88	01011000
D	68	01000100	K	75	01001011	R	82	01010010	Y	89	
E	69	01000101	L	76	01001100	S	83	01010011	Z	90	01011010
F	70		M	77		T	84	01010100			
G	71	01000111	N	78	01001110	U	85				

3 Entschlüssele die Nachricht.

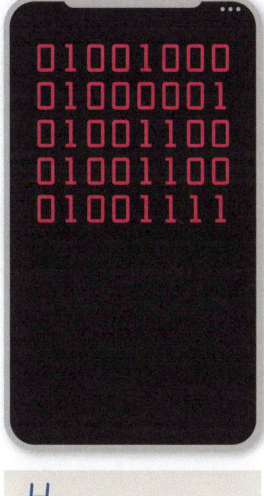 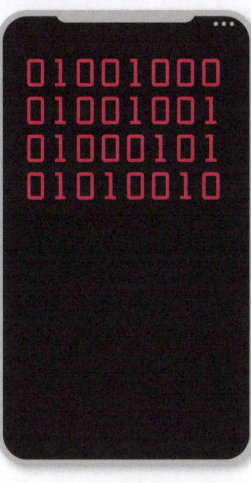 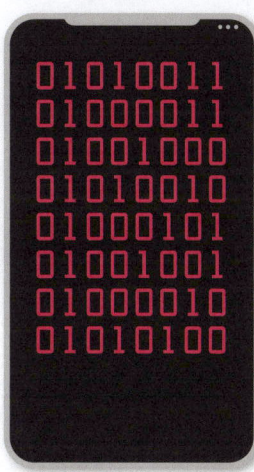 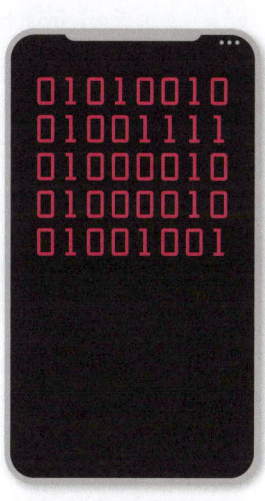

H

4 Ergänze die fehlenden Binärcodes zum Alphabet und entschlüssele die Nachricht.

 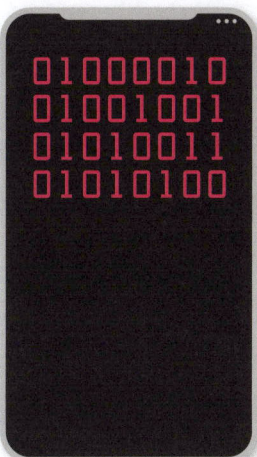 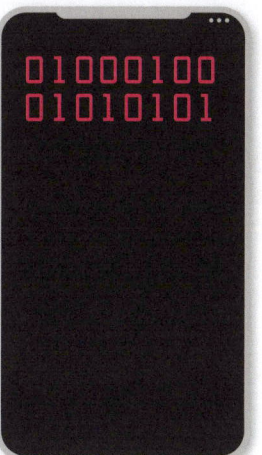

> Binärcodes können für Zahlen und Buchstaben stehen.

5 Schreibe eine Antwort auf die Nachricht im Binärsystem.

4. Hinweis: Die Zahlen neben den Buchstaben aus der Entschlüsselungstabelle oben in den Code übersetzen. Die erste Zahl im Code ist immer eine 0.

Merkwissen

Zahldarstellungen S. 26

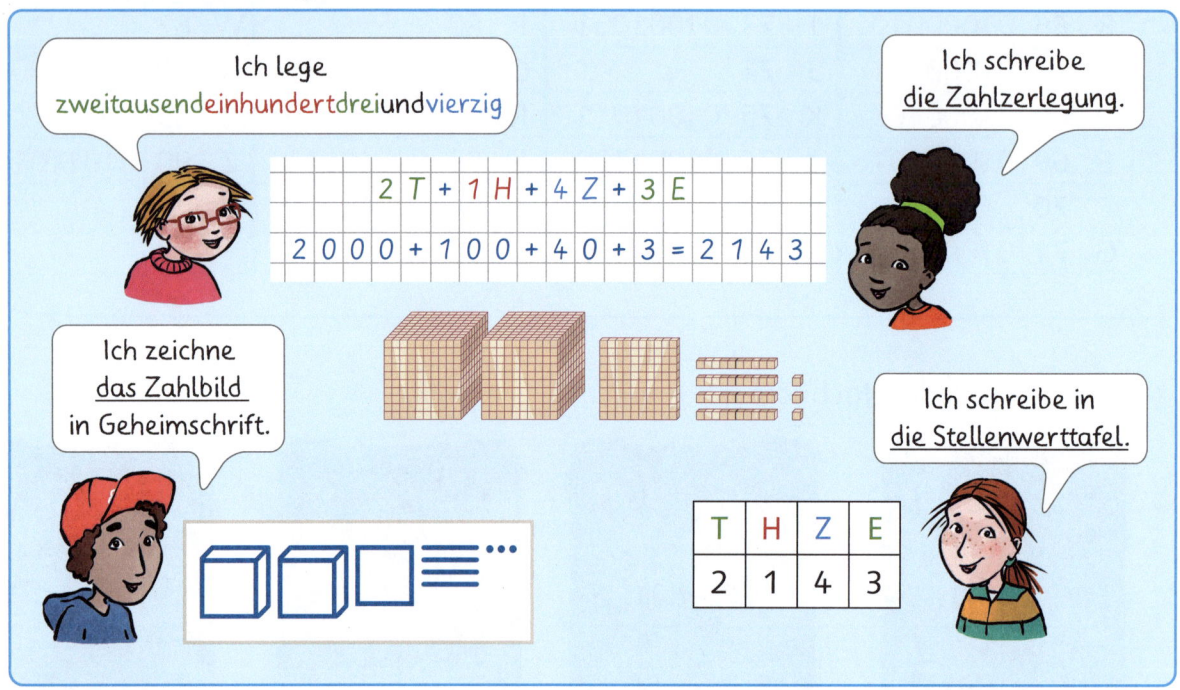

Der Zahlenstrahl S. 36

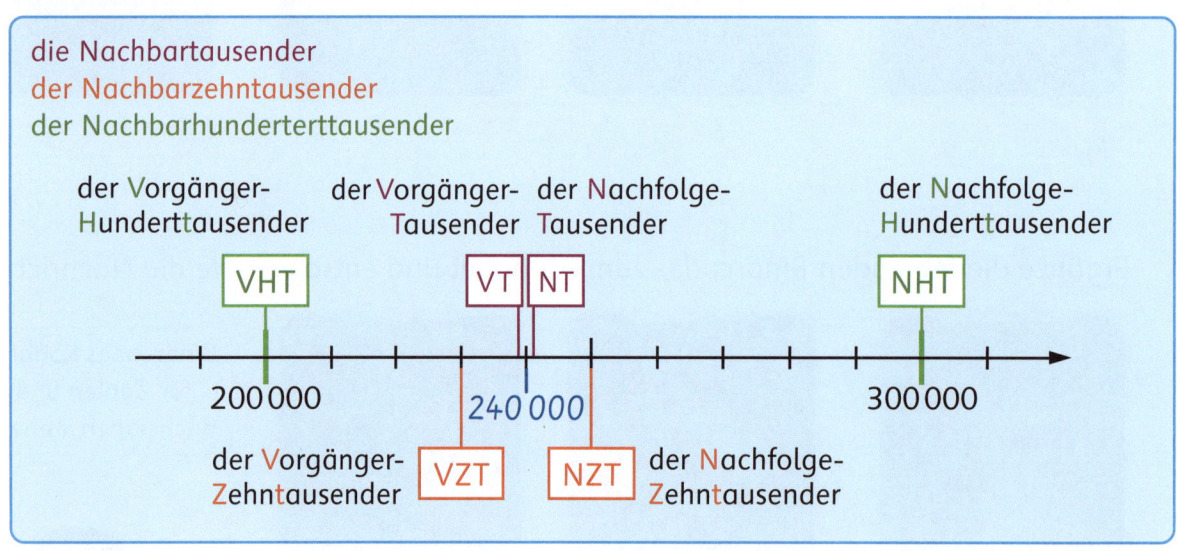

Längen S. 76, 78

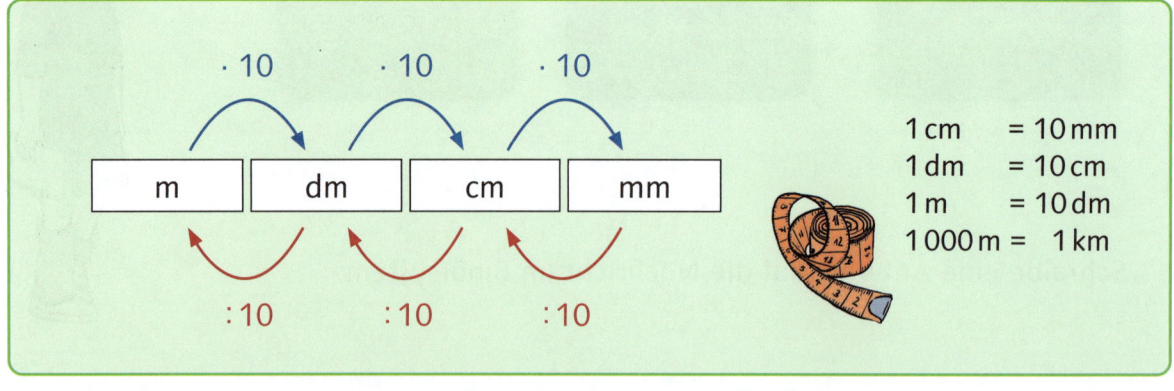

Der Maßstab

S. 92–95

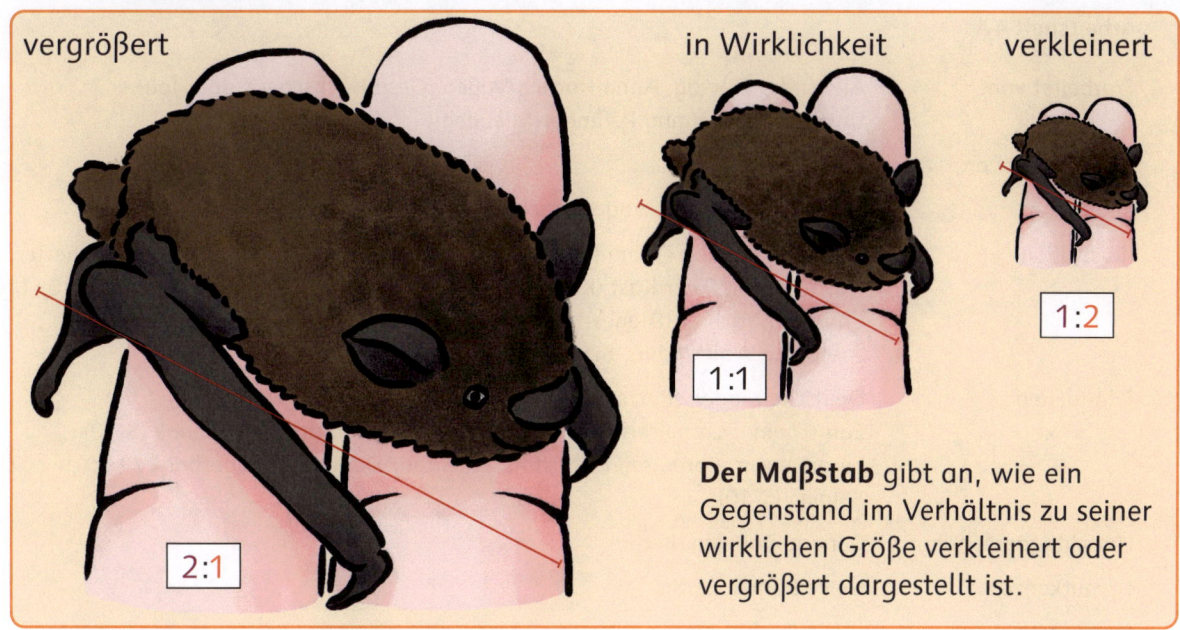

vergrößert   in Wirklichkeit   verkleinert

1:2

1:1

2:1

Der Maßstab gibt an, wie ein Gegenstand im Verhältnis zu seiner wirklichen Größe verkleinert oder vergrößert dargestellt ist.

Vergleichsgrößen, Umrechnen

S. 96–101

| 200 ml | 600 ml | 1 l | 5 l | 10 l | 240 l | 1 100 l |

1 Liter sind 1000 Milliliter.

1 Liter = 1000 Milliliter
1 l = 1000 ml

Das **Volumen** bestimmt, wie viel Inhalt in einen Körper passt.

Potenzieren und Binärcodes

S. 108–111

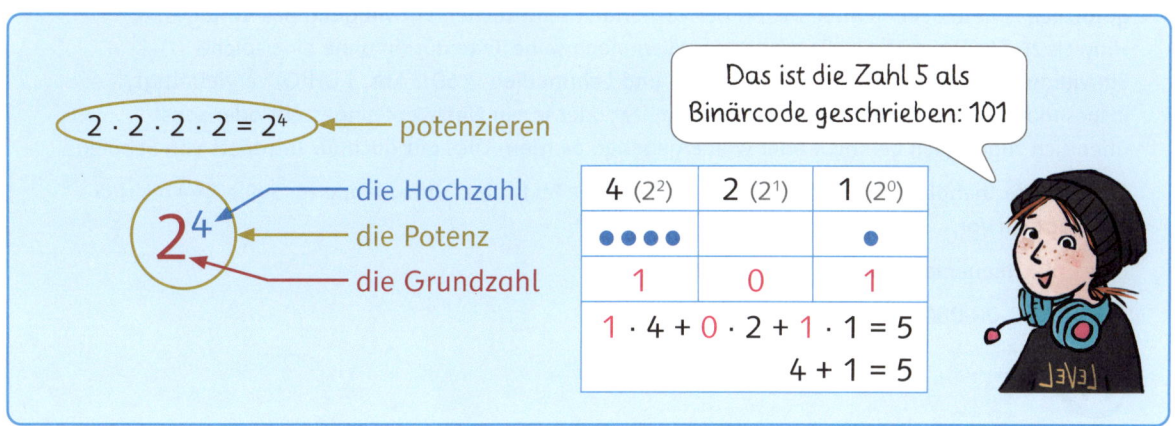

$2 \cdot 2 \cdot 2 \cdot 2 = 2^4$ potenzieren

die Hochzahl

2^4 die Potenz

die Grundzahl

Das ist die Zahl 5 als Binärcode geschrieben: 101

4 (2^2)	2 (2^1)	1 (2^0)
••••		•
1	0	1
$1 \cdot 4 + 0 \cdot 2 + 1 \cdot 1 = 5$		
$4 + 1 = 5$		

Mathematik

Arbeitsheft 4A

Erarbeitet von:	Alexandra Freytag, Anna Harrich-Voßen, Gesa Hochscherff, Jule Johnen, Uwe Nienhaus, Anna Pöllinger-Miebach
Begutachtet von:	Christian Grulich
Redaktion:	Juliane Hasselbrink, Angela Lucke, Simone Micek
Illustration:	Friederike Ablang (Team Nase), Berlin, Antje Hagemann (Illustrationen ohne Team Nase), Berlin, Peter Kast (Karte S. 88, 90, 95), Doris Umschaden (Robbi S. 110, 112), Christine Wächter (Dienes-Material S. 4, 24–26, 38; Körper S. 18), Berlin, Josephine Wolff (Eddi), Berlin
Bildquellen:	Deutsche Kinderschutzstiftung Hänsel + Gretel (Notinsel S. 88, 90) Euroscheine: Cornelsen / Christine Wächter / Deutsche Bundesbank (S. 10) Euromünzen: Cornelsen / Christine Wächter / Deutsche Bundesbank / Luc Luycx aus Belgien (S. 10)
Umschlaggestaltung:	Corinna Babylon, Berlin
Layoutkonzept:	Heike Börner, Berlin
Layout und technische Umsetzung:	Corngreen GmbH, Leipzig

Begleitmaterial für die Lernenden

Einstiegsbuch	978-3-06-084955-0
Zahlen bis zur Million. Kopfrechnen	978-3-06-084123-3
Halbschriftlich/Schriftlich rechnen mal und geteilt	978-3-06-084124-0
Sicher in die 5. Klasse	978-3-06-084125-7
Sachrechnen	978-3-06-084187-5
Größen	978-3-06-084266-7
Geometrie	978-3-06-084472-2

www.cornelsen.de

1. Auflage, 1. Druck 2025

Alle Drucke dieser Auflage sind inhaltlich unverändert und können im Unterricht nebeneinander verwendet werden.

© 2025 Cornelsen Verlag GmbH, Mecklenburgische Straße 53, 14197 Berlin, E-Mail: service@cornelsen.de

Druck: H. Heenemann, Berlin

ISBN 978-3-06-084952-9

PEFC-zertifiziert
Dieses Produkt stammt aus nachhaltig bewirtschafteten Wäldern
PEFC
PEFC/04-31-1156   www.pefc.de

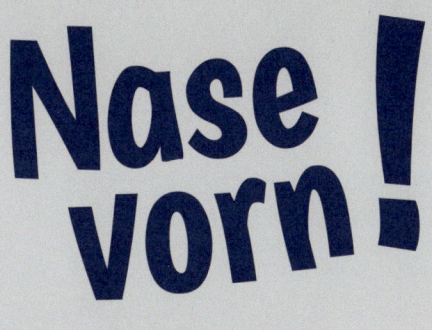

Nase vorn!

Mathematik

4 B

Arbeitsheft

Erarbeitet von

Alexandra Freytag
Anna Harrich-Voßen
Gesa Hochscherff
Jule Johnen
Uwe Nienhaus
Anna Pöllinger-Miebach

Illustriert von

Friederike Ablang
Antje Hagemann
Josephine Wolff

Deine digitalen Inhalte findest du in der Cornelsen Lernen App

Cornelsen Lernen App

Cornelsen

Inhalt

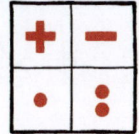

Ich rechne wie mit Einern.

$5 \cdot 2000$ 🤔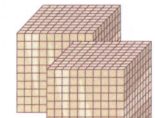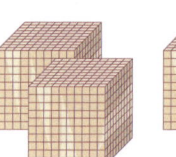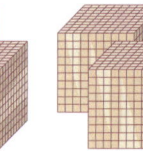

$5 \cdot 2000 = 10\,000$

$5 \cdot 200 = 1000$

$5 \cdot 20 = 100$

$5 \cdot 2 = 10$

1

$5 \cdot 3000 =$	$4 \cdot 6000 =$	$8 \cdot 4000 =$
$5 \cdot 300 =$	$4 \cdot 600 =$	$8 \cdot 400 =$
$5 \cdot 30 =$	$4 \cdot 60 =$	$8 \cdot 40 =$
$5 \cdot 3 =$	$4 \cdot 6 =$	$8 \cdot 4 =$
$7 \cdot 8000 =$	$6 \cdot 7000 =$	$10 \cdot 5000 =$
$7 \cdot 800 =$	$6 \cdot 700 =$	$10 \cdot 500 =$
$7 \cdot 80 =$	$6 \cdot 70 =$	$10 \cdot 50 =$
$7 \cdot 8 =$	$6 \cdot 7 =$	$10 \cdot 5 =$

2 Rechne eigene Päckchen mit den Zahlenkarten.

4	5
8	

• | 5000 | 2000 |
| 7000 |

| 4 · 5 0 0 0 = |
| 4 · 5 0 0 = |

$5 \cdot 2000 = 10\,000$
1. Faktor   2. Faktor   Produkt

3 Immer 4 Aufgaben passen zusammen.

$3 \cdot 5000$	$8 \cdot 2$	$5 \cdot 3$
$3 \cdot 7000$	$7 \cdot 3$	$3 \cdot 5$
$8 \cdot 2000$	$3 \cdot 7$	$2 \cdot 8$
$5 \cdot 3000$	$7 \cdot 3000$	$2 \cdot 8000$

| 3 · 5 0 0 0 = 1 5 0 0 0 |
| 3 · 5 = 1 5 |
| 5 · 3 0 0 0 = |
| 5 · 3 = |

4

2. Verschiedene Aufgaben möglich.

APP

4 Vergleiche die Aufgaben. Was fällt dir auf?

a) 2 · 3 000
2 · 6 000

b) 9 · 3 000
9 · 6 000

c) 4 · 2 000
4 · 4 000

d) 7 · 40 000
7 · 80 000

e) 3 · 50 000
3 · 100 000

f) Meine Paare.

5 Vergleiche die Aufgaben. Was fällt dir auf?

a) 1 · 2 000
2 · 2 000

b) 3 · 9 000
6 · 9 000

c) 2 · 5 000
4 · 5 000

d) 4 · 70 000
8 · 70 000

e) 5 · 30 000
10 · 30 000

f) Meine Paare.

6

60 ·   4 =
60 · 40 =
60 · 400 =

7 · 500 =
70 · 500 =
700 · 500 =

30 ·   8 =
30 · 80 =
30 · 800 =

9 · 900 =
90 · 900 =
900 · 900 =

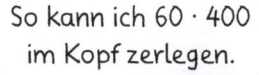

So kann ich 60 · 400 im Kopf zerlegen.

| 6 | 0 | · | 4 | 0 | 0 | = |
| 6 | 0 | · | 4 | · | 1 | 0 | 0 | = |

7

a)
7 · 3 000
70 ·   30
7 000 ·   30
70 · 300

b)
80 ·   40
8 · 4 000
800 · 400
8 ·   4

c)
5 ·   60
500 ·   60
50 · 600
50 · 6 000

d) 90 000 ·   4
900 · 400
9 000 ·   40
9 · 4 000

Warum muss ich bei c) besonders auf die Nullen aufpassen?

8

40 ·   =   160
4 ·   = 1 600
40 ·   = 16 000

7 ·   =   56
70 ·   =   560
7 ·   = 5 600

90 ·   =   630
9 ·   = 63 000
900 ·   = 630 000

9 Finde Multiplikationsaufgaben.

a) Das Produkt ist größer als 20 000.

b) Das Produkt ist kleiner als 20 000.

c) Das Produkt liegt zwischen 250 000 und 750 000.

d) Das Produkt ist genau 1 000 000.

9. Verschieden Lösungen möglich.

5

Halbschriftliche Multiplikation

5 · 2516

Ich multipliziere zuerst den Zehner und dann den Einer des 1. Faktors mit den T, H, Z und E des 2. Faktors.

15 · 216

Ich multipliziere den 1. Faktor mit den T, H, Z und E des 2. Faktors. Dann addiere ich alle Teilergebnisse.

5 ·	2 5 1 6	=	1 2 5 8 0
5 ·	2 0 0 0	=	1 0 0 0 0
5 ·	5 0 0	=	2 5 0 0
5 ·	1 0	=	5 0
5 ·	6	=	3 0

1 5 ·	2 1 6	=	3 2 4 0
1 0 ·	2 0 0	=	2 0 0 0
1 0 ·	1 0	=	1 0 0
1 0 ·	6	=	6 0
5 ·	2 0 0	=	1 0 0 0
5 ·	1 0	=	5 0
5 ·	6	=	3 0

1

6 · 2450 =

6 · 4623 =

6 · 2049 =

6 ·	2 0 0 0	=	1 2 0 0 0
6 ·	4 0	=	2 4 0
6 ·	9	=	5 4

6 ·	4 0 0 0	=	2 4 0 0 0
6 ·	6 0 0	=	3 6 0 0
6 ·	2 0	=	1 2 0
6 ·	3	=	1 8

6 ·	2 0 0 0	=	1 2 0 0 0
6 ·	4 0 0	=	2 4 0 0
6 ·	5 0	=	3 0 0

Ich addiere die Teilergebnisse im Kopf.

2

3 ·	1 4 8 9	=	
3 ·	1 0 0 0	=	3 0 0 0
3 ·	4 0 0	=	
3 ·	8 0	=	
3 ·	9	=	

5 ·	3 5 7 2	=	
5 ·	3 0 0 0	=	
5 ·	5 0 0	=	
5 ·	7 0	=	
5 ·	2	=	

1 7 ·	9 4 5	=	
1 0 ·	9 0 0	=	
1 0 ·	4 0	=	
1 0 ·	5	=	
7 ·	9 0 0	=	
7 ·	4 0	=	
7 ·	5	=	

2 2 ·	9 7 1	=	
2 0 ·	9 0 0	=	
2 0 ·	7 0	=	
2 0 ·	1	=	
2 ·	9 0 0	=	
2 ·	7 0	=	
2 ·	1	=	

3

	a)	b)	c)	d)	e)
	7 · 4077	9 · 9982	16 · 3468	29 · 3346	55 · 6402
	5 · 3468	3 · 4706	22 · 7231	32 · 7190	41 · 8314
	4 · 6582	7 · 6524	14 · 2379	46 · 5873	37 · 7405
	3 · 1997	6 · 3817	25 · 8122	28 · 2075	71 · 2397

APP

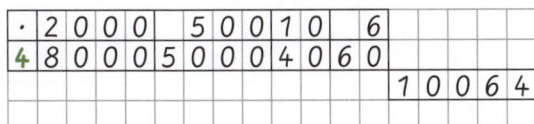

4 · 2516 🤔   14 · 2516 🤔

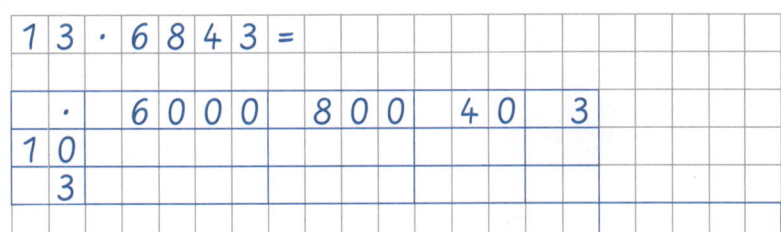

Ich zerlege die Aufgabe im Malkreuz. Die Stellenwerte schreibe ich getrennt.

Ich addiere die Teilergebnisse.

·	2000	500	10	6	
4	8000	2000	40	24	
					10064

·	2000	500	10	6	
10	20000	5000	100	60	25160
4	8000	2000	40	24	10064
					35224

4

6 · 3145 =

·	3000	100	40	5
6				

13 · 6843 =

·	6000	800	40	3
10				
3				

5

a)	b)	c)	d)	e)
2 · 6152	6 · 5983	18 · 4907	43 · 5505	22 · 4403
3 · 4901	7 · 2132	25 · 2954	37 · 7669	46 · 8210
3 · 7892	9 · 3890	33 · 6012	61 · 9290	57 · 5543

6 ✔ oder ✗ ?

21 · 152 =

·	100	50	2	
20	2000	1000	40	
1	100	500	2	
				3192

☐

43 · 3743 =

·	3000	700	40	3	
40	12000	280	16	12	
3	9000	210	12	9	
					10739

☐

24 · 243 =

·	200	40	3	
20	4000	800	60	
4	800	160	12	
				5832

☐

33 · 4413 =

·	4000	400	10	3	
30	12000	1200	30	9	
3	1200	120	30	9	
					14589

☐

3 · 2312

Bei der schriftlichen Multiplikation rechne ich von rechts nach links.

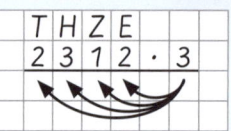

Ich multipliziere 3 mit E, Z, H, T. Ich beginne immer mit dem kleinsten Stellenwert.

3	·	2	3	1	2	=
3	·	2	0	0	0	= 6 0 0 0
3	·		3	0	0	= 9 0 0
3	·			1	0	= 3 0
3	·				2	= 6

T	H	Z	E	
2	3	1	2	· 3

3 · 2 E = 6 E
3 · 1 Z = 3 Z
3 · 3 H = 9 H
3 · 2 T = 6 T

T	H	Z	E	
2	3	1	2	· 3
	T	H	Z	E
	6	9	3	6

halbschriftliche Multiplikation **schriftliche Multiplikation**

---

1 Verbinde Rechenschritt und Beschreibung. Bringe in die richtige Reihenfolge.

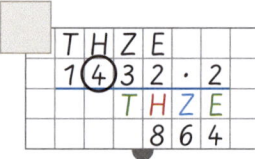

T	H	Z	E	
1	④	3 2	· 2
	T	H	Z	E
		8	6	4

T	H	Z	E	
1	4	③ 2	· 2
	T	H	Z	E
			6	4

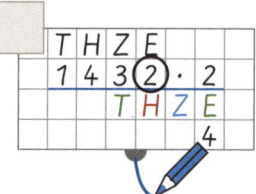

T	H	Z	E	
1	4	3 ②	· 2
	T	H	Z	E
				4

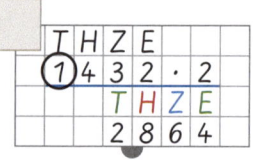

T	H	Z	E	
①	4	3 2	· 2
	T	H	Z	E
	2	8	6	4

2 · 4H = 8H
Ich schreibe 8.

2 · 3Z = 6Z
Ich schreibe 6.

2 · 1T = 2T
Ich schreibe 2.

2 · 2E = 4E
Ich schreibe 4.

2
a) 2 · 3421 b) 2 · 4213 c) 2 · 2132 d) 2 · 4232
   2 · 1243   3 · 3223   3 · 1233   2 · 4443

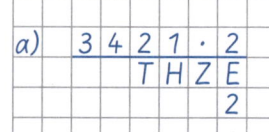

a)	3	4	2	1	· 2
		T	H	Z	E
					2

---

3 Multipliziere zuerst halbschriftlich, dann schriftlich.

a) 2 · 2432   c) 3 · 3123
b) 4 · 2122   d) 3 · 1432

a)	2 · 2 4 3 2 =		T	H	Z	E
	2 · 2 0 0 0 =		2	4	3	2 · 2
	2 · 4 0 0 =			T	H	Z	E
	2 · 3 0 =					4
	2 · 2 =					

---

4 Vergleiche die halbschriftliche mit der schriftlichen Multiplikation.

Bei der … Multiplikation …		Ich schreibe zuerst …		Ich rechne zuerst …

Die Leserichtung …		Der kleinste Stellenwert …		des … Faktors …

---

4. ↑ SuS notieren Multiplikationsaufgabe ohne Stellenwerttafel.

APP

①

T	H	Z	E		
2	7	3	(2)	·	2
	T	H	Z	E	
				4	

2 · 2E = 4E, schreibe 4.

T	H	Z	E
			••••

②

T	H	Z	E		
2	7	(3)	2	·	2
	T	H	Z	E	
			6	4	

2 · 3Z = 6Z, schreibe 6.

T	H	Z	E
		•••••	••••
		•	

③

T	H	Z	E		
2	(7)	3	2	·	2
	T	H	Z	E	
		4	6	4	

2 · 7H = 14H, schreibe 4, merke 1.

T	H	Z	E
	●●●●●	•••••	••••
	●●●●●	•	
	●●●●		

④

T	H	Z	E		
(2)	7	3	2	·	2
	T	H	Z	E	
	5	4	6	4	

2 · 2T = 4T
4T + 1T = 5T, schreibe 5.

T	H	Z	E
●●●●○	●●●●	•••••	••••
		•	

1

T	H	Z	E		
1	1	4	2	·	3
	T	H	Z	E	

T	H	Z	E		
3	2	3	6	·	2
	T	H	Z	E	

T	H	Z	E		
2	8	4	1	·	2
	T	H	Z	E	

T	H	Z	E		
3	6	2	1	·	2
	T	H	Z	E	

T	H	Z	E		
3	1	1	2	·	2
	T	H	Z	E	

T	H	Z	E		
1	2	3	1	·	4
	T	H	Z	E	

T	H	Z	E		
5	2	5	6	·	3
	T	H	Z	E	

T	H	Z	E		
2	3	5	1	·	4
	T	H	Z	E	

T	H	Z	E		
1	5	8	8	·	7
	T	H	Z	E	

2 Überlege zuerst: Wie viele Überträge hat die Aufgabe? ☒

☐ 1 ☐ 2 ☐ 3   ☐ 1 ☐ 2 ☐ 3   ☐ 1 ☐ 2 ☐ 3

T	H	Z	E		
4	6	3	6	·	2
	T	H	Z	E	

T	H	Z	E		
1	7	2	7	·	4
	T	H	Z	E	

T	H	Z	E		
1	5	3	3	·	6
	T	H	Z	E	

3

a) 5 · 1219	b) 3 · 4562	c) 3 · 2776	d) 4 · 2724	e) 5 · 3635
4 · 1323	4 · 3426	7 · 1366	8 · 1135	7 · 2246
2 · 2377	7 · 1182	6 · 1341	5 · 3781	6 · 4672

Hinweis: Überträge können notiert werden.

Mit mehrstelligem Faktor

S. 60

$1332 \cdot 234$

Ich multipliziere zuerst 2H mit den Stellenwerten des linken Faktors. Ich schreibe die Endnullen.

Dann multipliziere ich 3Z mit den Stellenwerten des linken Faktors.

Schließlich multipliziere ich 4E mit dem linken Faktor.

Zuletzt addiere ich die Teilergebnisse schriftlich. Achtung Übertrag!

1	3	3	2	·	2	3	4
			HT	ZT	T	H	Z	E
		2	6	6	4	0	0

1	3	3	2	·	2	3	4
			HT	ZT	T	H	Z	E
		2	6	6	4	0	0
			3	9	9	6	0

1	3	3	2	·	2	3	4
			HT	ZT	T	H	Z	E
		2	6	6	4	0	0
			3	9	9	6	0
				5	3	2	8

1	3	3	2	·	2	3	4
			HT	ZT	T	H	Z	E
		2	6	6	4	0	0
			3	9	9	6	0
				5	3	2	8
			1	2	1		
		3	1	1	6	8	8

1

$2122 \cdot 14$ (ZT T H Z E)

$1332 \cdot 23$ (ZT T H Z E)

$3422 \cdot 32$ (ZT T H Z E)

$21342 \cdot 17$ (HT ZT T H Z E)

$15213 \cdot 22$ (HT ZT T H Z E)

$36143 \cdot 32$ (HT ZT T H Z E)

2

$1362 \cdot 132$ (HT ZT T H Z E)

$2413 \cdot 221$ (HT ZT T H Z E)

$1245 \cdot 123$ (HT ZT T H Z E)

$6521 \cdot 243$ (HT ZT T H Z E)

$4283 \cdot 152$ (HT ZT T H Z E)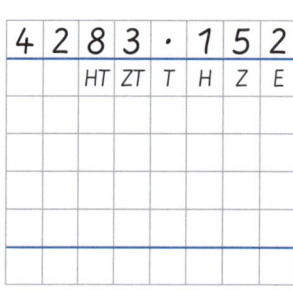

$2349 \cdot 374$ (HT ZT T H Z E)

Die Rechnung ist kürzer, wenn der Faktor mit weniger Stellenwerten rechts steht.

APP

3

a) 3537 · 51   b) 32528 · 17   c) 326 · 1271   d) 18 · 26651

   4171 · 25   15717 · 48   556 · 1683   131 · 4872

   3829 · 56   14612 · 51   416 · 2328   34 · 14726

   2288 · 84   24453 · 27   722 · 1265   125 · 5671

4

| 1 5 6 1 2 · 2 1 |
| 3 1 | 2 | 0 |
| 5 6 1 |
| 2 | 8 5 2 |

| 2 8 7 _ 4 · 2 |
| 5 7 | 8 8 |
| 2 2 9 9 5 2 |

| 8 1 2 5 · 1 7 |
| 3 8 | 0 |
| 2 6 6 8 7 5 |

| 1 6 2 1 · 5 _ |
| 8 1 0 5 0 |
| 4 8 6 3 |

| 2 _ 8 9 · 2 _ |
| 7 |
| 9 5 5 6 |
| 9 5 5 6 |

| 3 5 2 3 · _ 1 |
| 3 5 2 3 0 0 |
| 3 | 3 0 |
| 7 0 4 6 |

5 ✔ oder ✘ ?

| 3 7 9 1 · 4 6 |
| 1 5 1 6 4 0 |
| 2 2 7 4 5 |
| 1 7 4 3 8 5 |
☐

| 5 4 1 4 · 1 2 |
| 5 4 1 4 0 |
| 1 0 8 2 8 |
| 6 4 9 6 8 |
☐

| 1 4 7 5 9 · 2 7 |
| 2 9 5 1 8 |
| 1 0 3 3 1 3 |
| 1   1 |
| 1 3 2 8 3 1 |
☐

| 2 7 2 1 4 · 2 5 |
| 5 4 4 2 8 0 |
| 1 3 6 0 7 0 |
| 6 7 0 2 5 0 |
☐

| 3 4 8 4 · 1 1 4 |
| 3 4 8 4 0 0 |
| 3 4 8 4 0 |
| 1 3 9 3 6 |
| 1 2 |
| 3 9 7 1 7 6 |
☐

| 2 5 1 4 · 2 3 8 |
| 5 0 2 8 0 0 |
| 7 5 4 2 0 |
| 2 0 1 1 2 |
| 1 |
| 5 9 8 3 3 2 |
☐

| 6 5 6 5 · 1 1 7 |
| 6 5 6 5 0 0 |
| 6 5 6 5 0 |
| 4 5 9 5 5 |
| 1 1 2 1 |
| 7 6 8 1 0 5 |
☐

| 1 5 1 7 · 4 3 3 |
| 6 0 6 8 0 0 |
| 4 5 5 1 |
| 4 5 5 1 |
| 1 1 1 |
| 6 1 5 9 0 2 |
☐

6 Würfle 5-mal und entscheide, wo du die Zahlen einträgst. Rechne dann die Aufgabe. Das höchste Ergebnis gewinnt.

5. SuS korrigieren im Heft, wenn nötig. ↑ SuS erklären die Fehlerursache, z.B. falscher Übertrag, Rechenfehler, Stellenwerte verschoben …

11

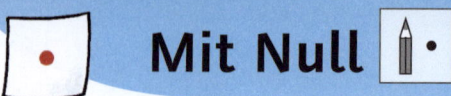

Die **Null** steht im linken Faktor. Ich muss den rechten Faktor mit **0** multiplizieren.

Die **Null** steht im rechten Faktor. Ich schreibe eine **Nullzeile**.

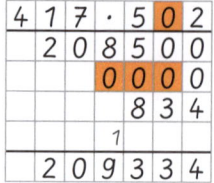

	4	0	7	·	5	6
		2	0	3	5	0
			2	4	4	2
		2	2	7	9	2

4	1	7	·	5	0	2
	2	0	8	5	0	0
		0	0	0	0	
			8	3	4	
		1				
2	0	9	3	3	4	

1   3 0 7 · 6 5   5 0 3 · 7 8   6 0 4 · 2 8   7 0 5 · 1 9

2
a) 207 · 58   b) 908 · 39   c) 808 · 72   d) 1082 · 73   e) 8057 · 36   f) 2008 · 72
   705 · 57   608 · 77   703 · 77   2806 · 82   4701 · 47   9007 · 67

3   3 7 1 · 6 0 5   7 1 4 · 6 0 8   9 2 5 · 3 0 9   2 4 4 · 7 0 3

4
a) 112 · 508   b) 198 · 309   c) 818 · 702   d) 282 · 103   e) 368 · 507
   175 · 507   168 · 707   273 · 707   128 · 806   417 · 407

5   ✔ oder ✘ ?

8	0	3	·	6	5
		4	9	8	0
			4	1	5
	1				
		5	3	9	5

3	6	·	7	0	4
2	5	2	0	0	
		1	4	4	0
2	6	6	4	0	

5	0	9	·	4	7
	2	0	3	6	0
		3	5	6	3
		1			
	2	3	9	2	3

8	3	·	9	0	4
7	4	7	0	0	
		0	0	0	
		3	2	2	
7	5	0	2	2	

☐   ☐   ☐   ☐

6 Sind die Aufgaben auch ohne Nullzeile lösbar? Wie sieht der Lösungsweg aus?

5. SuS korrigieren im Heft, wenn nötig.

APP

Üben

1 Nachbarzahlen multiplizieren.

| 10 · 11 | 20 · 21 | 30 · 31 | 40 · 41 |

10 und 11 sind Nachbarzahlen.

| 50 · 51 | 60 · 61 | 70 · 71 | 80 · 81 | 90 · 91 |

Die Ergebnisse bei **1** helfen dir, dich der richtigen Aufgabe anzunähern.

2 Immer zwei Nachbarzahlen werden multipliziert. Finde die Aufgabe zu den Produkten.

a) 342   **b)** 650   **c)** 1122   **d)** 600   **e)** 2070   **f)** 6162   **g)** 9702

3 Rechne mit Spiegelaufgaben. Was fällt dir auf?

| 12 · 42 | 12 · 63 | 34 · 86 | 23 · 64 | 24 · 84 |

| 21 · 24 | 21 · 36 | 43 · 68 | · | · |

4 Erkläre die Entdeckung. Ist das bei allen Aufgaben in **3** so? Finde weitere Spiegelaufgaben.

Einer mal Einer sind 4E.

12 · 42
Zehner mal Zehner
1Z · 4Z = 4Z und
Einer mal Einer
2E · 2E = 4E

Zehner mal Zehner sind 4Z.

In beiden Ergebnissen ist 4 …

Zeig, was du kannst!

50 · 5 =	60 · 8 =	70 · 8 =
50 · 50 =	60 · 80 =	70 · 80 =
50 · 500 =	60 · 800 =	7 · 800 =
40 · 7 =	30 · 40 =	9 · 80 =
40 · 70 =	300 · 40 =	90 · 800 =
40 · 700 =	3 · 4000 =	900 · 800 =

2

18 · 935 =
10 · 900 =

23 · 455 =

3

14 · 5834 =

·	5000	800	30	4
10				
4				

4

T H Z E		T H Z E		T H Z E
2 3 2 3 · 3		3 2 3 4 · 2		2 3 4 1 · 2
T H Z E		T H Z E		T H Z E

T H Z E		T H Z E		T H Z E
1 1 2 2 · 2		3 1 1 4 · 2		2 4 4 1 · 2
T H Z E		T H Z E		T H Z E

APP

5

T	H	Z	E		
1	1	4	2	·	4
	T	H	Z	E	

T	H	Z	E		
3	2	3	6	·	5
	T	H	Z	E	

T	H	Z	E		
2	8	4	1	·	6
	T	H	Z	E	

T	H	Z	E		
5	6	5	6	·	3
	T	H	Z	E	

T	H	Z	E		
7	8	9	1	·	9
	T	H	Z	E	

T	H	Z	E		
1	5	8	8	·	8
	T	H	Z	E	

6

3	2	2	4	3	·	1	6
		HT	ZT	T	H	Z	E

2	4	3	2	4	·	3	2
		HT	ZT	T	H	Z	E

4	5	2	4	4	·	2	3
		HT	ZT	T	H	Z	E

7

3	7	1	·	4	0	3

6	7	1	·	7	0	9

5	0	1	·	6	6	5

8 ✔ oder ✘ ?

3	4	8	4	·	2	2	4
		6	9	6	8	0	0
			6	9	6	8	0
			1	3	9	3	6
		1	2	2	1		
		7	8	0	4	1	6

2	5	2	4	·	3	3	8
		7	5	7	2	0	0
			7	5	7	2	0
			2	0	8	9	2
		1	2	1			
		1	7	2	3	3	2

6	5	6	5	·	2	2	4
		1	3	1	3	0	0
			1	3	1	3	0
			2	6	2	6	0
		1	5	8	8	7	3

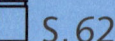
28000 : 4 🤔

	T	H	Z	E
28000 : 4 =	7	0	0	0

	T	H	Z	E
28 : 4 =				7

Ich rechne zuerst die Zwergenaufgabe.

28000 : 4 = 7000
Dividend Divisor Quotient

1

35000 : 5 = 　　　　56000 : 7 = 　　　　54000 : 9 =

35 : 5 = 　　　　56 : 7 = 　　　　54 : 9 =

4200 : 6 = 　　　　6400 : 8 = 　　　　1200 : 3 =

42 : 6 = 　　　　64 : 8 = 　　　　12 : 3 =

40000 : 4 = 　　　　63000 : 9 = 　　　　72000 : 8 =

40 : 4 = 　　　　63 : 9 = 　　　　72 : 8 =

2

36000 : 6 = 　　　　270000 : 3 =

　　　: 　　 = 　　　　　　　: 　　 =

42000 : 7 = 　　　　240000 : 3 =

　　　: 　　 = 　　　　　　　: 　　 =

3600 : 9 = 　　　　250000 : 5 =

　　　: 　　 = 　　　　　　　: 　　 =

Die Zwergenaufgabe ist einfacher.

3 Nutze .

a) 18000 : 9
   28000 : 7
   36000 : 4
   45000 : 5

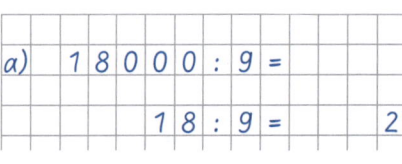
a) 18000 : 9 =
         18 : 9 =   2

b) 42000 : 6
   48000 : 8
   54000 : 6
   40000 : 5

c) 810000 : 9
   630000 : 7
   350000 : 7
   640000 : 8

APP

Ich teile Dividend und Divisor durch 10. Dann rechne ich die einfachere Aufgabe.

Hier teile ich durch 100.

Hier kann ich durch 1000 teilen.

:10 $\Big($ 18 000 : 30 $\Big)$:10   :100 $\Big($ 36 000 : 600 $\Big)$:100   :1000 $\Big($ 420 000 : 6 000 $\Big)$:1000

1 800 : 3   360 : 6   420 : 6

4

27 000 : 300 = ⬚   56 000 : 700 = ⬚   4 900 : 700 = ⬚

54 000 : 9 000 = ⬚   28 000 : 4 000 = ⬚   360 : 40 = ⬚

6 300 : 900 = ⬚   90 000 : 900 = ⬚   1 800 : 30 = ⬚

H	Z	E
9	0̸	0̸

:

H	Z	E
3	0̸	0̸

= 3

T	H	Z	E
9	0	0̸	0̸

:

H	Z	E
3	0̸	0̸

= 30

Ich streiche auf beiden Seiten gleich viele Nullen.

5 Nutze .

a)   2 800 : 40 | a) | | 2 | 8 | 0̸ | 0̸ | : | 4 | 0̸ | = | |
     320 000 : 400
      56 000 : 800

b)   810 : 90
   720 000 : 9 000
    60 000 : 600

c)   14 000 : 70
   160 000 : 800
    18 000 : 900

6 ✔ oder ✘?

a)   15 000 : 500 = 30 ⬚   b) 48 000 : 80 = 600 ⬚   c) 540 : 90 = 60 ⬚

    270 000 : 3 000 = 3 ⬚   4 200 : 600 = 70 ⬚   630 : 9 = 70 ⬚

7 Vergleiche die Ergebnisse. Was fällt dir auf?

40 000 : 8 000 = ⬚   28 : 2 = ⬚

400 000 : 8 000 = ⬚   280 : 2 = ⬚

4 000 : 8 = ⬚   2 800 : 2 = ⬚

400 000 : 80 = ⬚   28 000 : 2 = ⬚

12698 : 7 🤔

7000 ist ein Vielfaches von 7.

Ich zerlege den Dividenden in Vielfache von 7.

Mein Tipp: Zerlege den Dividenden in so wenig Teilmengen wie möglich.

1 2 6 9 8	: 7 =	1 8 1 4
7 0 0 0	: 7 =	1 0 0 0
5 6 0 0	: 7 =	8 0 0
7 0	: 7 =	1 0
2 8	: 7 =	4

1000 + 800 + 10 + 4 = 1814

1

5704 : 8 =

5208 : 8 =

6032 : 8 =

4 8 0 0	: 8 =	6 0 0
4 0 0	: 8 =	5 0
8	: 8 =	1

600 + 50 + 1 =

5 6 0 0	: 8 =	7 0 0
4 0 0	: 8 =	5 0
3 2	: 8 =	4

700 + 50 + 4 =

5 6 0 0	: 8 =	7 0 0
8 0	: 8 =	1 0
2 4	: 8 =	3

700 + 10 + 3 =

2

1188 : 6 =

600 : 6 =

In der Einmaleinsreihe suche ich nach dem größtmöglichen Vielfachen.

5598 : 9 =

5400 : 9 =

3704 : 8 =

3200 : 8 =

3765 : 5 =

3500 : 5 =

3

a) 6832 : 8   b) 2950 : 5   c) 14166 : 9   d) 940138 : 2

7287 : 7   4716 : 9   68445 : 9   564543 : 3

4 Wie heißt der Divisor?

a) 4536 : _ = 504   b) 3038 : _ = 434   c) 9360 : _ = 1560

APP

 28418 : 4 😕

Die ersten beiden Zahlen des Dividenden sind ein Vielfaches von 4.

Hier bleibt ein Rest.

2 8 4 1 8	: 4	=	7 1 0 4	R 2
2 8 0 0 0	: 4	=	7 0 0 0	
4 0 0	: 4	=	1 0 0	
1 8	: 4	=	4	R 2

7 0 0 0 + 1 0 0 + 4 = 7 1 0 4

5

32449 : 8 = ☐   32869 : 8 = ☐   32655 : 8 = ☐

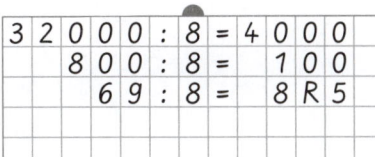

3 2 0 0 0	: 8	= 4 0 0 0
8 0 0	: 8	= 1 0 0
6 9	: 8	= 8 R 5

3 2 0 0 0	: 8	= 4 0 0 0
4 0 0	: 8	= 5 0
4 9	: 8	= 6 R 1

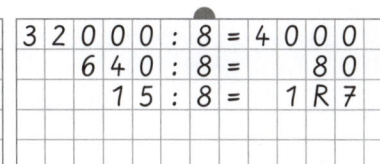

3 2 0 0 0	: 8	= 4 0 0 0
6 4 0	: 8	= 8 0
1 5	: 8	= 1 R 7

6

2473 : 8 = ☐   3734 : 4 = ☐

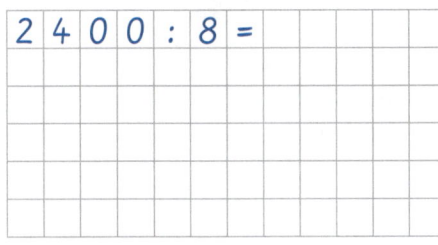
2 4 0 0 : 8 =

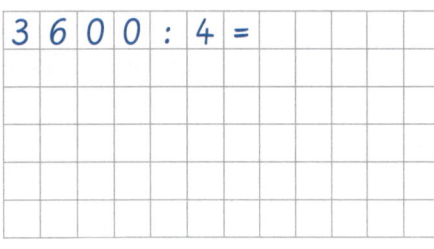
3 6 0 0 : 4 =

7
a) 9213 : 7   b) 8074 : 6   c) 27813 : 6   d) 172717 : 4
   4634 : 5   7238 : 4   16936 : 7   848523 : 8

8 Welcher Rest bleibt übrig?

6459 : 8 =   55108 : 5 =   63108 : 7 =

R3 ☐   R6 ☐   R3 ☐   R2 ☐   R3 ☐   R6 ☐

4869 : 6 =   81124 : 9 =   72155 : 8 =

R4 ☐   R3 ☐   R5 ☐   R7 ☐   R3 ☐   R9 ☐

Schriftliche Division ohne Rest

S. 64

1. : **2.** · **3.** − **4.** ↓

H	Z	E			
3	7	2	: 3 =		

Beim schriftlichen Dividieren teile ich die Stellenwerte H, Z, E durch den Divisor.

H	Z	E

:

3	7	2	: 3 =	1	

Ich beginne mit dem größten Stellenwert 3H.
Zuerst rechne ich 3 : 3 = 1.
Ich schreibe 1 als Ergebnis.

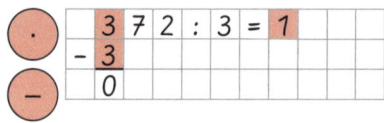

·
−

	3	7	2	: 3 =	1	
−	3					
	0					

Ich rechne die Umkehraufgabe 1 · 3 = 3 und schreibe das Ergebnis unter 3.
Jetzt subtrahiere ich: 3 − 3 = 0
Ich schreibe 0.

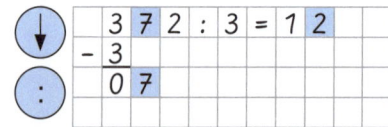

↓
:

	3	7	2	: 3 =	1	2
−	3					
	0	7				

Ich ziehe 7Z runter und rechne 7 : 3 = 2 R 1.
Ich schreibe 2 als Ergebnis.

Rest ●

·
−

	3	7	2	: 3 =	1	2
−	3					
	0	7				
		− 6				
		1				

Ich rechne die Umkehraufgabe 2 · 3 = 6 und schreibe das Ergebnis unter 7.
Jetzt subtrahiere ich: 7 − 6 = 1.
Ich schreibe 1.

Ich entbündele 1Z in 10E.

Rest ● = 10 ●

↓
:

	3	7	2	: 3 =	1	2	4
−	3						
	0	7					
		− 6					
		1	2				

Ich ziehe 2E runter und rechne 12 : 3 = 4.
Ich schreibe 4 als Ergebnis.

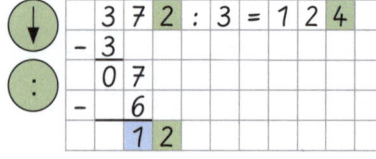

·
−

	3	7	2	: 3 =	1	2	4
−	3						
	0	7					
		− 6					
		1	2				
		− 1	2				
			0				

Ich rechne die Umkehraufgabe 4 · 3 = 12 und schreibe das Ergebnis unter 12. Jetzt subtrahiere ich:
12 − 12 = 0.
Ich schreibe 0.

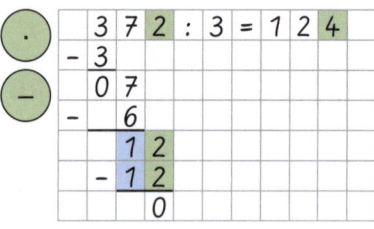

APP

1

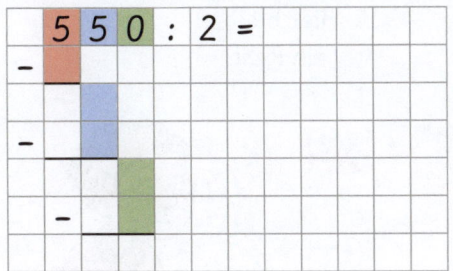

550 : 2 =

815 : 5 =

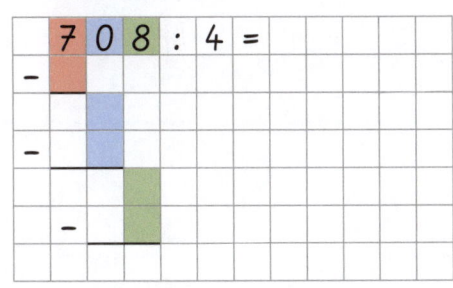

708 : 4 =

792 : 6 =

2

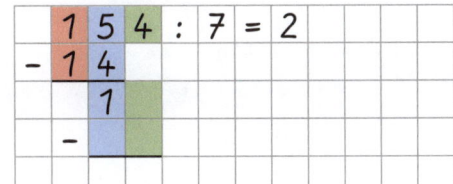

154 : 7 = 2
− 1 4
   1
−

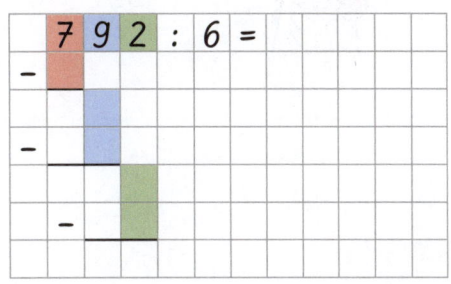

423 : 9 =

1 : 7 geht nicht.
Ich nehme den
nächsten
Stellenwert und
rechne 15 : 7.

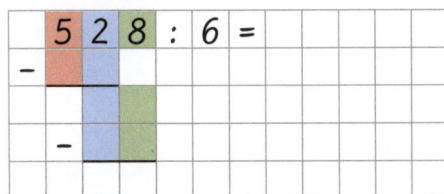

528 : 6 =

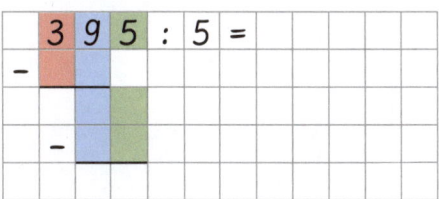

395 : 5 =

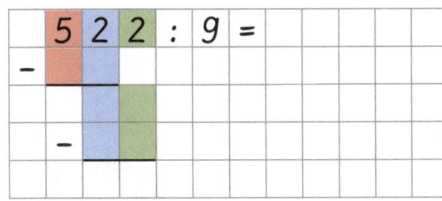

522 : 9 =

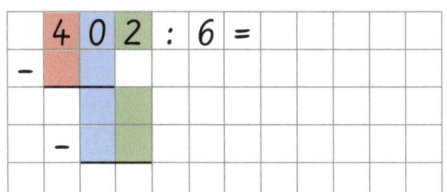

402 : 6 =

3 Dividiere schriftlich. Prüfe mit der Probe.

a) 116 : 4
668 : 4
258 : 6
704 : 4
1712 : 8

b) 3392 : 8
2575 : 5
2637 : 3
6664 : 7
4132 : 4

c) 1696 : 4
4128 : 8
7911 : 3
2128 : 8
7929 : 9

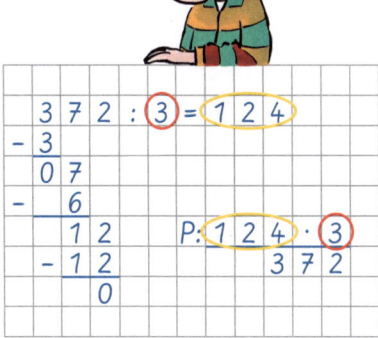

372 : 3 = 124
− 3
  0 7
−   6
    1 2   P: 124 · 3
  − 1 2   3 7 2
      0

Ich kann keine Zahl mehr runterziehen.

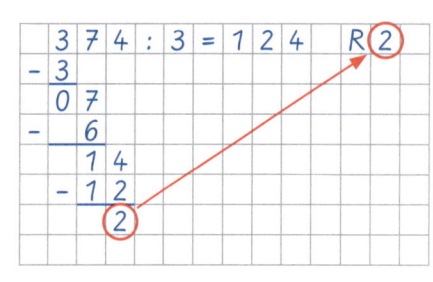

Hier bleibt ein Rest.

```
374 : 3 = 124  R 2
-3
 07
- 6
  14
- 12
   2
```

1

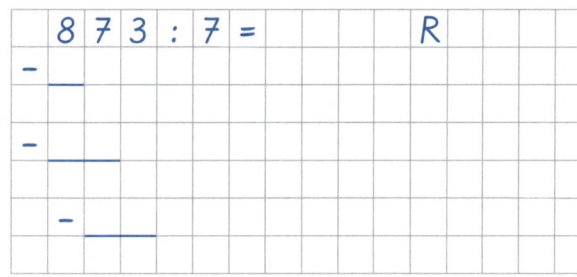

873 : 7 =   R

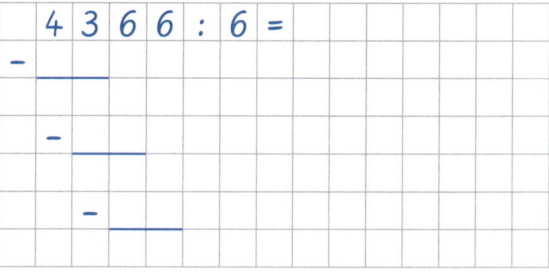

4366 : 6 =

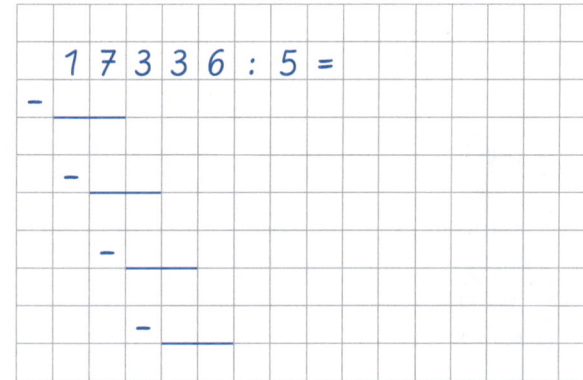

17336 : 5 =

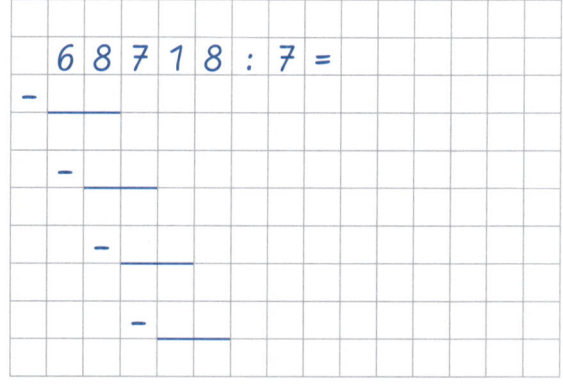

68718 : 7 =

2 Dividiere schriftlich. Prüfe mit der Probe.

a) 715 : 2
    387 : 5
    371 : 4
    749 : 4

b) 4301 : 3
    5067 : 8
    8864 : 7
    2831 : 3

c) 62744 : 7
    46384 : 8
    51741 : 6
    14683 : 5

d) 435663 : 7
    437377 : 5
     67389 : 9
    444879 : 7

Ich addiere zum Ergebnis der Probe den Rest.

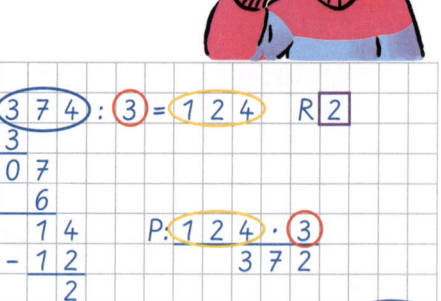

```
374 : 3 = 124    R 2
-3
 07
- 6
  14        P: 124 · 3
- 12            372
   2
            372 + 2 = 374
```

APP

1

0 in **Dividend** und **Quotient**

$$5\,0\,8\,5 : 5 = 1\,0\,1\,7$$

```
- 5
  0 0
  - 0
    0 8
  -   5
      3 5
    - 3 5
        0
```

Wenn der Dividend oder ein Produkt 0 sind, dann ist das Ergebnis auch immer 0.

a) 8808 : 8

b) 8036 : 4

c) 4052 : 4

d) 6033 : 3

2

0 als letzte Ziffer in **Dividend** und **Quotient**

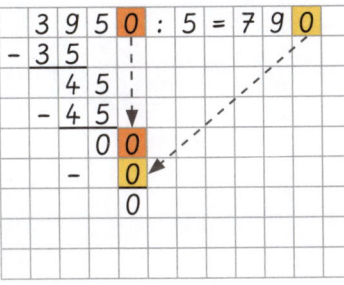

$$3\,9\,5\,0 : 5 = 7\,9\,0$$

```
- 3 5
    4 5
  - 4 5
      0 0
    -   0
        0
```

0 : 5 gleich 0.
0 mal 5 gleich 0.
Ich darf 0 am Ende nicht vergessen.

a)   1100 : 2

b)   6750 : 9

c)   1650 : 3

d) 31290 : 7

3

0 als Ergebnis bei zu kleinem **Dividenden**

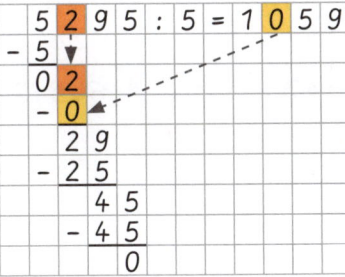

$$5\,2\,9\,5 : 5 = 1\,0\,5\,9$$

```
- 5
  0 2
  - 0
    2 9
  - 2 5
      4 5
    - 4 5
        0
```

2 : 5 geht nicht.
Ich schreibe 0 als Ergebnis, denn 5 passt 0-mal in die 2.

a)   4328 : 4

b)   3627 : 9

c)   8184 : 8

d) 351415 : 5

4

✔ oder ✘ ?

Eine 0 als letzte Ziffer im Dividenden wird nicht beachtet. ☐

Wenn eine 0 im Dividenden ist, so ist auch eine 0 im Quotienten. ☐

Im Quotienten kann es niemals 2-mal eine 0 geben. ☐

Wenn eine Ziffer im Dividenden kleiner ist
als der Divisor, dann ist im Quotienten eine 0. ☐

Ich teile durch die ersten 2 Stellen des Dividenden. Ich rechne 38 : 15.

Sind die beiden ersten Stellen kleiner als der Divisor, wähle ich die ersten 3 Stellen. Ich rechne 219 : 61.

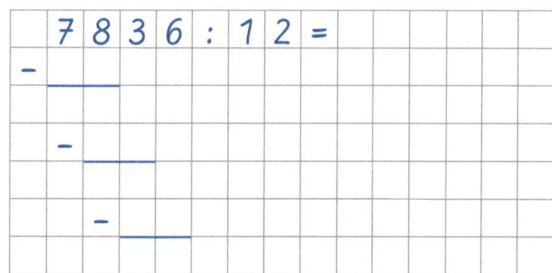

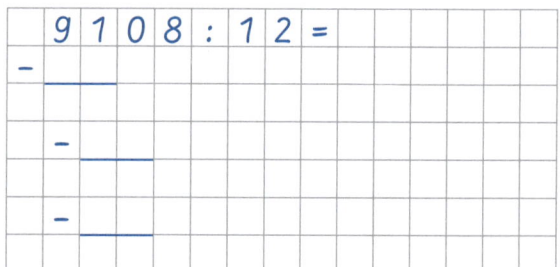

1

7	8	3	6	:	1	2	=			
−										

9	1	0	8	:	1	2	=			
−										

2   Dividiere schriftlich. Prüfe mit der Probe.

a)   663 : 17   b) 7 701 : 17   c) 11 484 : 18   d) 15 975 : 25

     954 : 18   8 064 : 16   21 960 : 61   19 404 : 33

   3 042 : 13   3 444 : 14   23 218 : 47   12 844 : 26

 10 584 : 18   8 204 : 14   25 242 : 42   64 512 : 64

3 Erkläre den Fehler.

```
 4 6 4 1 : 1 3 = 3 5 7 1
-3 9
   7 4              1 1 8 3 5 : 1 5 = 6 1 8 9
 -6 5          -    9 0
   9 1              2 8              6 6 0 6 6 : 6 6 = 1 1
 -7 8            -1 5            -  6 6
   1 3              1 3 3            0 6 6
 -1 3            -1 2 0          -   6 6
     0              1 3 5            0 0
                 -1 3 5          -   0 0
                     0              0
```

… nicht den höchsten Teildividenden gewählt

… Rechenfehler, weil …

… 0 im Quotienten nicht notiert.

4 Rechne Aufgaben mit und ohne Rest. Prüfe mit der Probe.

a)	**b)**	**c)**	**c)**
11664 : 18	3250 : 12	4980 : 13	21966 : 34
9344 : 17	14202 : 11	4260 : 15	23236 : 48
13091 : 14	9468 : 12	8480 : 16	25284 : 84
12105 : 15	14384 : 16	3848 : 15	11484 : 36

5 Dreht einen Erklärfilm zur schriftlichen Division.

1. Wählt ein Thema.

Schriftliche Division mit einstelligem Divisor ohne Rest

Schriftliche Division mit einstelligem Divisor mit Rest

Schriftliche Division mit einstelligem Divisor mit Null

Schriftliche Division mit zweistelligem Divisor ohne Rest

Schriftliche Division mit zweistelligem Divisor mit Rest

2. Nutzt in eurem Drehbuch die Satzbausteine.

Heute erkläre ich dir, wie du …   Ich ziehe … runter.

Beim schriftlichen Dividieren …   Ich schreibe das Ergebnis …

Ich rechne die Umkehraufgabe …   Jetzt subtrahiere ich …

Ich beginne mit dem größten Stellenwert …   Ich notiere …

3. Beachtet beim Filmdreh die Hinweise.

Ich verwende die Symbole beim Erklären.

Ich erkläre die Schritte auf Karopapier.

Ich suche einen ruhigen und hellen Ort.

Zeig, was du kannst!

1

| 36 000 : 6 = | | 72 000 : 9 = | | 42 000 : 6 = | |
| 36 : 6 = | | ___ : ___ = | | ___ : ___ = | |

56 000 : 8 =   49 000 : 7 =   54 000 : 9 =

___ : ___ =   ___ : ___ =   ___ : ___ =

😊 🤔

2

8 100 : 90 =	5 400 : 60 =	6 300 : 70 =
81 000 : 900 =	540 : 60 =	6 300 : 700 =
810 : 9 =	5 400 : 600 =	63 000 : 7 =
8 100 : 9 =	5 400 : 6 =	630 000 : 7 000 =

😊 🤔

3

3 775 : 5 =   3 416 : 4 =

3 5 0 0 : 5 =   3 2 0 0 : 4 =

😊 🤔

4

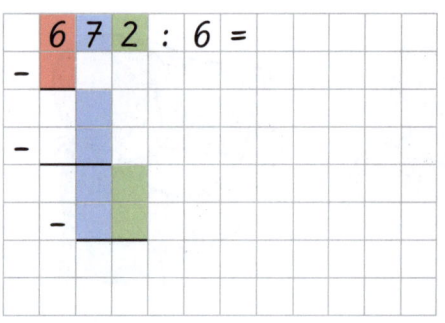

6 7 2 : 6 =

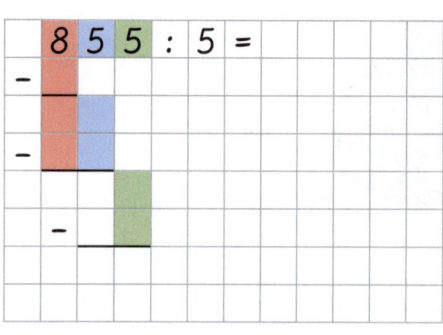

8 5 5 : 5 =

😊 🤔

APP

5 916 : 7 =   868 : 6 =

6 8398 : 13 =   7344 : 16 =

7   ✔ oder ✘ ? Mache die Probe.

a)
```
5634 : 14 = 4020
-56
  03
-  0
  34
- 28
   6
-  0
   0
```

b)
```
7707 : 17 = 453 R6
-68
  90
- 85
   57
 - 51
    6
```

c)
```
2735 : 15 = 1710 R35
-15
 123
-105
  185
- 150
   35
```

d)
```
8227 : 19 = 4300
-76
  62
- 57
   5
-  0
  07
-   0
```

1 Was ist schwerer? ☒

2 Sortiere von leicht zu schwer.

leicht

schwer

1./2. ↓ Bügelwaage zum Ausprobieren nutzen.

3 Welche Gegenstände können es sein?

schwerer als   schwerer als   schwerer als

leichter als   leichter als   leichter als

gleich schwer wie   gleich schwer wie   gleich schwer wie

4

Ist der größere Gegenstand immer der schwerere?

das Gewicht die Waage wiegen

5 Wie können Amari und Noa ohne direkten Vergleich prüfen, welches Haustier schwerer ist?

Meine Katze ist richtig dick. Ich wette, sie ist schwerer als dein Hund.

Haha! Schade, dass wir unsere Haustiere nicht mit in die Schule nehmen können, um das Gewicht zu vergleichen.

5. eine Vergleichsgröße nutzen: Die Katze ist so schwer wie alle 3 Bücher von "Nase vorn!" ...
Lösungshinweis: Das konkrete Gewicht mit einer Waage ermitteln und dann vergleichen.

Indirekter Vergleich mit Würfeln

Das Mathebuch ist so schwer wie 56 ▢.

1 Schätze. Wie viele ▢ wiegen die Gegenstände?

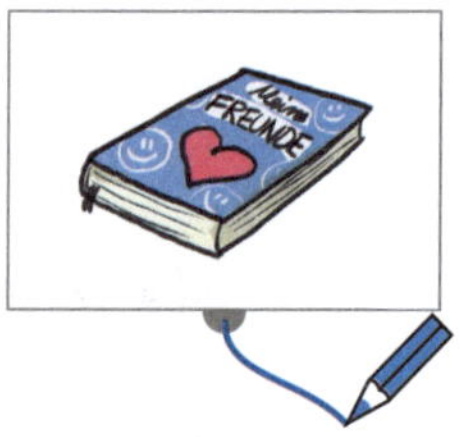

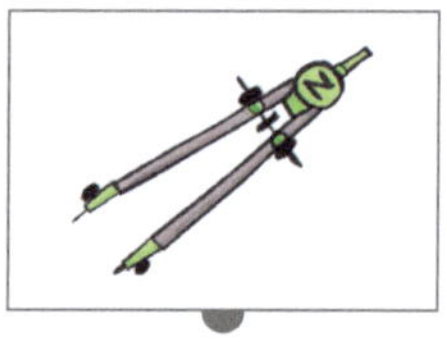

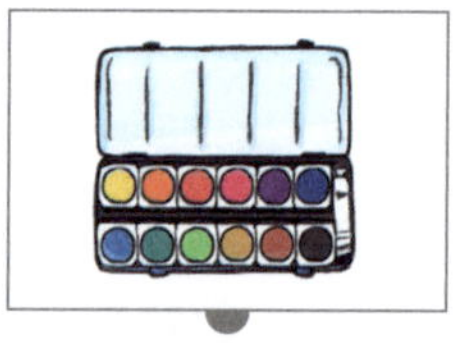

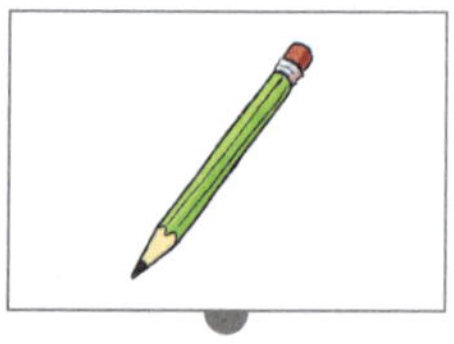

1 ▢	90 ▢	10 ▢	50 ▢

2 Wiege mit der Bügelwaage.

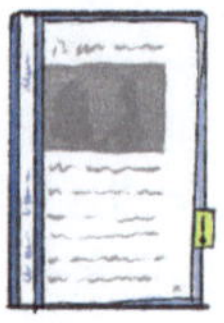

Mein Füller wiegt so viel wie 5 ▢.

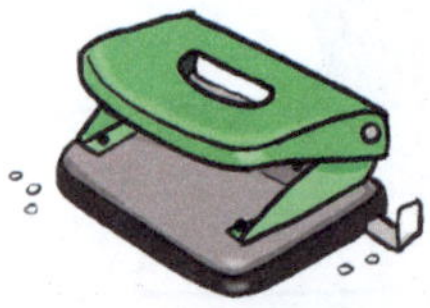

_____ Würfel _____ Würfel _____ Würfel

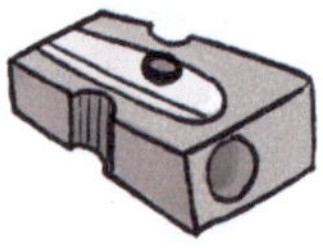

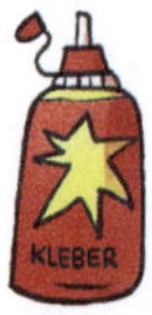

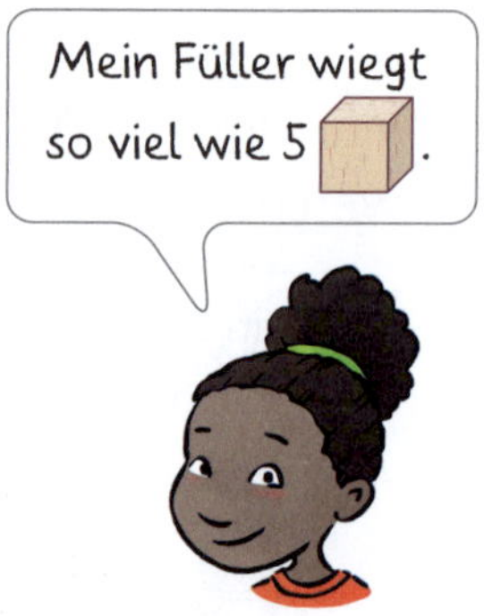

_____ Würfel 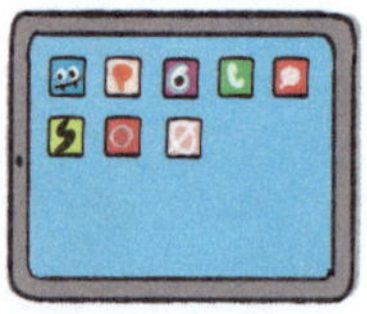 _____ Würfel 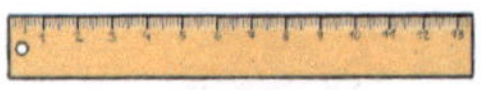 _____ Würfel 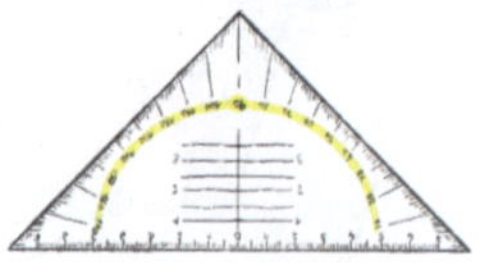 _____ Würfel

Hinweis: Als Vergleichsgröße kann anstelle des Holzwürfels (4 g/Würfel) auch ein anderer Gegenstand verwendet werden, der in vielfacher Anzahl zur Verfügung steht.

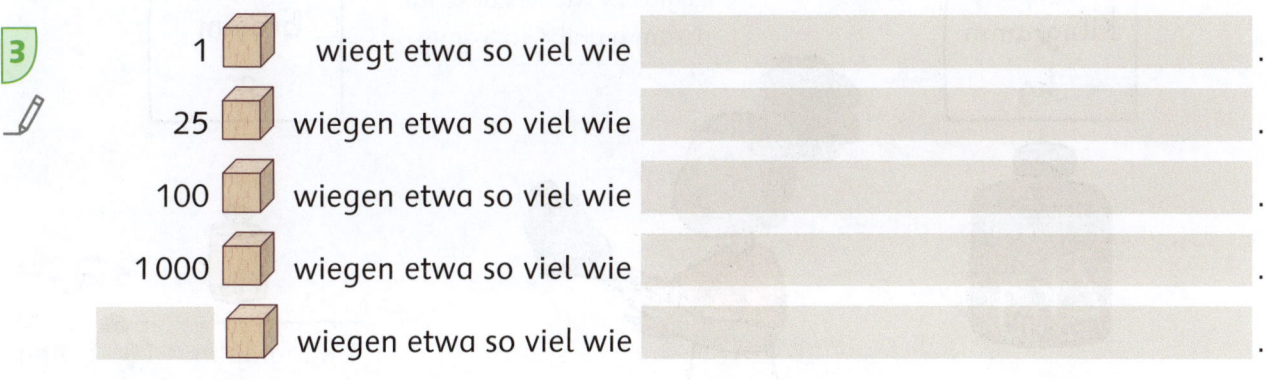

3 ✎

1 ▢ wiegt etwa so viel wie _____ .

25 ▢ wiegen etwa so viel wie _____ .

100 ▢ wiegen etwa so viel wie _____ .

1000 ▢ wiegen etwa so viel wie _____ .

_____ ▢ wiegen etwa so viel wie _____ .

4 ✎

1 ▢   125 ▢   73 ▢   20 ▢

Das Kartenspiel	ist 19 ▢ schwerer als	_____ .
_____	ist 124 ▢ schwerer als	_____ .
_____	ist 105 ▢ schwerer als	_____ .
_____	ist 52 ▢ schwerer als	_____ .
_____	ist 72 ▢ schwerer als	_____ .
_____	ist 53 ▢ schwerer als	_____ .

5 ✎

Wie schwer ist das grüne Buch?

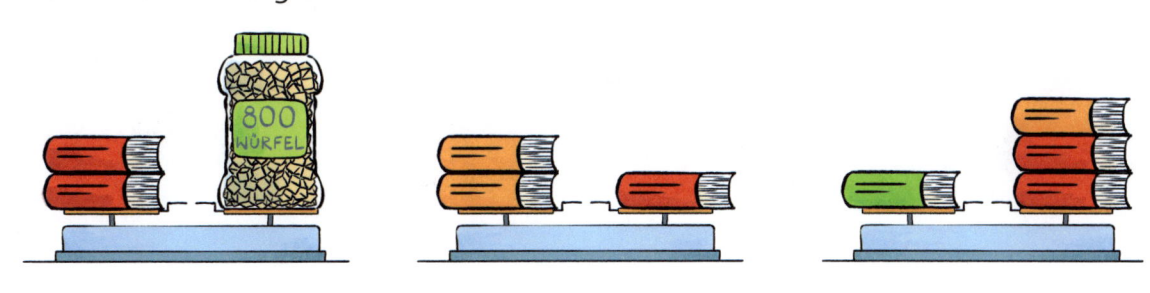

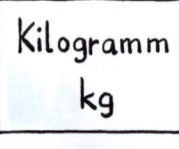

Es gibt Gewichtsstücke für Gramm und Kilogramm.

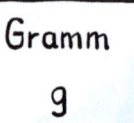

1 Kilogramm = 1000 Gramm
1 kg = 1000 g

---

1 Was ist schwerer? ☒

  □ □     □ □     □ □

  □ □     □ □     □ □

 □    □    □    □

---

2 Ordne von leicht bis schwer.

Gramm < Kilogramm!

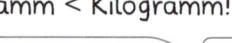

 **1.**

APP

3 Bestimme das Gewicht.

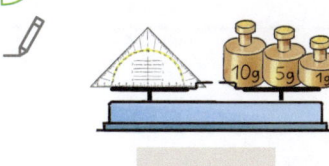 _____ g

 _____ g

 _____ g

 _____ kg _____ g

4

	2 kg	1 kg	500 g	200 g	100 g	50 g	20 g	10 g	5 g	2 g	1 g
🎒 2459 g	1	0	0								
🎒 3467 g											
🎒 1998 g											

5 Ergänze die passenden Gewichtsstücke.

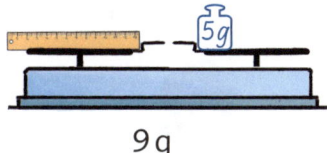
9 g

320 g

1 kg 411 g

6

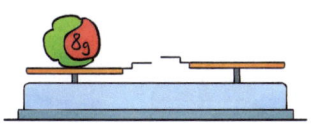

Wieso gibt es kein Gewichtsstück mit 8 g?

Ich wähle die richtige Waage für kg oder g.

Vor dem Wiegen muss die Waage auf 0 stehen.

Ich wiege nur das, was gewogen werden soll.

1

2

	geschätzt	gewogen
Brotbox		
Federtasche		
5 Buntstifte		
Füller		
alle meine Schulbücher		
Partnerkind		
Stuhl		

Der Stuhl passt nicht auf die Waage. Ich wiege mich mit dem Stuhl und subtrahiere mein Körpergewicht vom Gesamtergebnis.

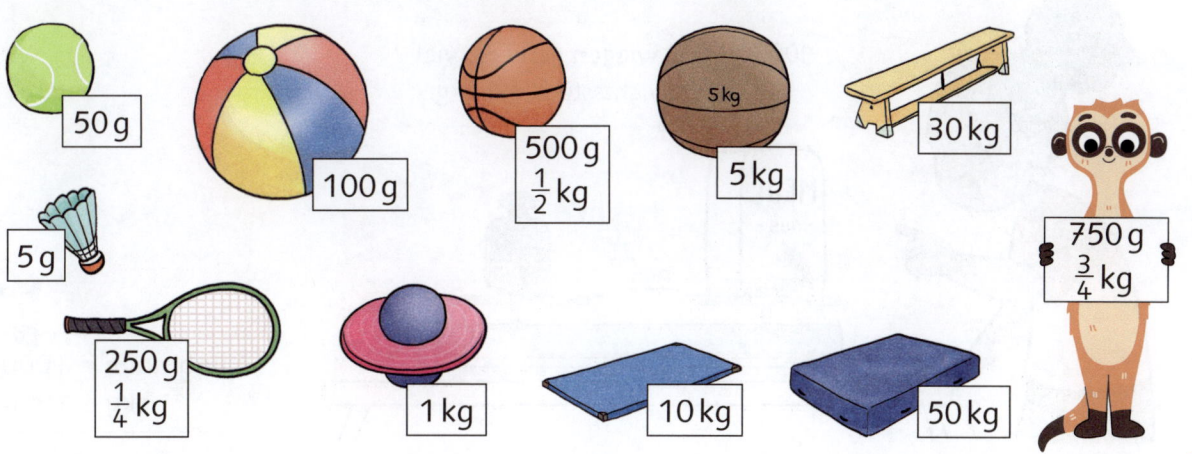

1

 100 g   1 kg   125 g $\frac{1}{4}$ kg   250 g   15 g $\frac{1}{2}$ kg

2 Meine Collage.

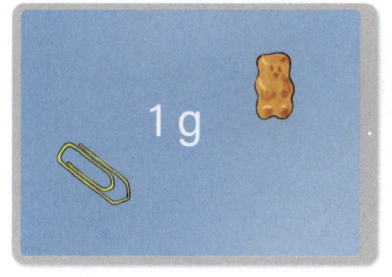 1 g

 500 g

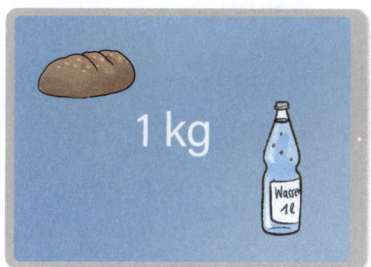 1 kg

3 Kann das stimmen? ✔ oder ✗?

5 Basketbälle wiegen etwa 5 000 g. ☐

Mein Partnerkind wiegt etwa 100 g. ☐

Ein Schultisch wiegt etwa $\frac{1}{2}$ kg. ☐

Ein Tischtennisschläger wiegt nicht mehr als $\frac{1}{4}$ kg. ☐

Ein Stuhl wiegt etwa 5 kg. ☐

Eine Schultafel wiegt etwa 50 kg. ☐

☐

Vergleichsgewichte: Federball, Tennisball, aufgeblasener Wasserball, Tennisschläger, Basketball, Moon-Hopper, Medizinball, Turnmatte, Turnbank, Weichbodenmatte, Erdmännchen

APP

1000 g Mehl wiegen genauso viel wie ein Gewichtsstück mit 1 kg.

MEHL · 405 · 1000 g

1 kg

1 Kilogramm = 1000 Gramm
1 kg = 1000 g

1

2000 g	8000 g	5000 g	9000 g	4000 g

8 kg	5 kg	2 kg	4 kg	9 kg

2

7000 g = ___ kg	1 kg = ___ g	5 kg = ___ g
4000 g = ___ kg	6 kg = ___ g	8000 g = ___ kg
1000 g = ___ kg	3 kg = ___ g	9000 g = ___ kg
10000 g = ___ kg	50 kg = ___ g	70 kg = ___ g

3

2500 g = ___ kg ___ g	4 kg 500 g = ___ g
5830 g = ___ kg ___ g	2 kg 250 g = ___ g
6708 g = ___ kg ___ g	2 kg 750 g = ___ g
3899 g = ___ kg ___ g	5 kg 50 g = ___ g
8500 g = ___ kg ___ g	7 kg 400 g = ___ g
4050 g = ___ kg ___ g	10 kg 50 g = ___ g
9002 g = ___ kg ___ g	12 kg 22 g = ___ g
3010 g = ___ kg ___ g	2 kg 1 g = ___ g

Wenn ich von kg in g umwandle, wird die Zahl größer.

APP

1

	1 kg	100 g	10 g	1 g	Gewicht (kg)
1 225 g	1	2	2	5	1,
2 459 g					
709 g					
9 kg 3 g					
8 kg 20 g					
6 kg 198 g					
5 005 g					

Das Komma trennt kg und g.

2

9 kg 345 g	9 345 g	9
		7,568 kg
	8 945 g	
3 kg 670 g		
	9 860 g	
		2,89 kg

> Das verschicken wir an unsere Partnerschule.

1 Welches Gesamtgewicht?

a)

b)

c)

d)

e)

f)

2 Welche Produkte könntest du bis zum erlaubten Gesamtgewicht dazulegen?

a)

b)

c)

d)

e)

2. Hinweis: Das maximale Gewicht auf der Briefmarke darf nicht überschritten werden.

APP

3

Artikel		
4 Stempel	▢,▢▢▢	kg
5 Klebestifte	▢,▢▢▢	kg
Lernkartei	▢,▢▢▢	kg
Gewicht	▢,▢▢▢	kg

Artikel		
Memo	▢,▢▢▢	kg
3 Tuschkästen	▢,▢▢▢	kg
3 Radiergummis	▢,▢▢▢	kg
Gewicht	▢,▢▢▢	kg

Artikel		
4 Ordner	▢,▢▢▢	kg
Buntstifte	▢,▢▢▢	kg
Matherätsel	▢,▢▢▢	kg
Gewicht	▢,▢▢▢	kg

Artikel		
4 Stempelkissen	▢,▢▢▢	kg
8 Textmarker	▢,▢▢▢	kg
Knete	▢,▢▢▢	kg
Gewicht	▢,▢▢▢	kg

4 Wie viel wiegen die Pakete zusammen? Schreibe das Ergebnis in g und kg.

a) 1 kg   700 g

b) 7 kg   855 g

c) 4 kg   568 g

d) 7 kg   608 g

e) 3,01 kg   80 g

f) 8,3 kg   600 g

g) 15 kg   50 g

h) 11 kg   120 g

i) 5,6 kg   556 g

j) 9,8 kg   78 g

k) 6,6 kg   221 g

l) 18 kg   91 g

a)	1 kg + 700 g	=
	1000 g + 700 g	=
	1 kg + 0,7 kg	=

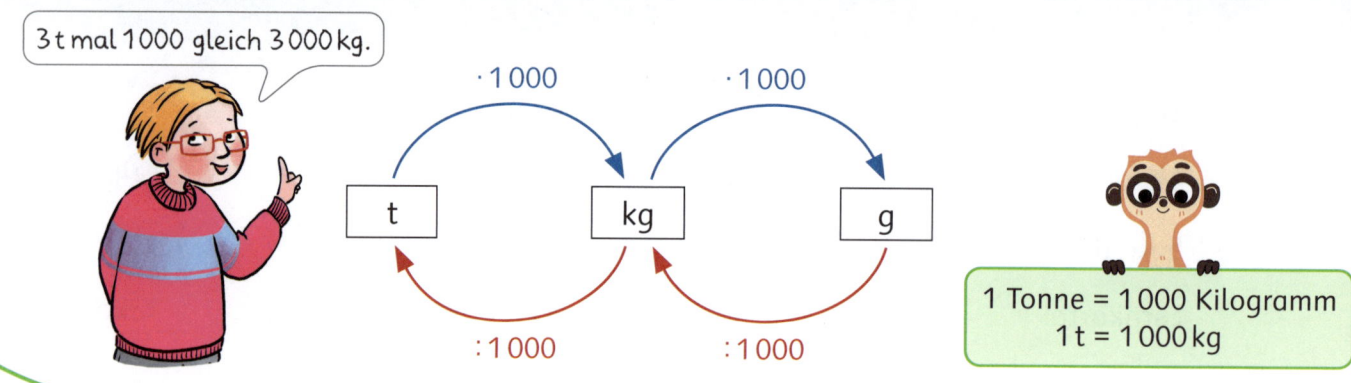

3 t mal 1000 gleich 3000 kg.

·1000   ·1000

| t | | kg | | g |

:1000   :1000

1 Tonne = 1000 Kilogramm
1 t = 1000 kg

1

8 t

2 000 t

10 000 t

1 t

40 t

ungefähr 30 Viertklässlerinnen und Viertklässler

ungefähr 240 Viertklässlerinnen und Viertklässler

ungefähr 1 200 Viertklässlerinnen und Viertklässler

ungefähr 300 000 Viertklässlerinnen und Viertklässler

ungefähr 60 000 Viertklässlerinnen und Viertklässler

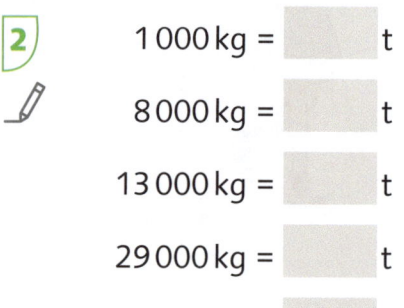

Wenn ich von t in kg umwandle, wird die Zahl größer. Wenn ich von kg in t umwandle, wird die Zahl kleiner.

2

1 000 kg = ___ t

8 000 kg = ___ t

13 000 kg = ___ t

29 000 kg = ___ t

342 000 kg = ___ t

45 t = ___ kg

9 t = ___ kg

213 t = ___ kg

67 t = ___ kg

48 t = ___ kg

APP

3

	1 t	100 kg	10 kg	1 kg	Gewicht (t)
3 200 kg	3	2	0	0	3,
6 800 kg					
4 356 kg					
9 042 kg					
725 kg					
8 088 kg					
9 009 kg					
5 055 kg					
606 kg					

4 Immer 1 t.

a) 468 kg + __
   475 kg + __
   158 kg + __
   237 kg + __

b) 44 kg + __
   769 kg + __
   969 kg + __
   429 kg + __

c) 0,809 t + __
   0,007 t + __
   0,463 t + __
   0,103 t + __

d) 0,010 t + __
   0,005 t + __
   0,505 t + __
   0,9 t + __

5

3 t 600 kg	3 600 kg	3,
	4 700 kg	
		8,2 t
	5 390 kg	
4 t 235 kg		
		35,78 t
12 t 50 kg		
		4,089 t
		9,3 t

1 Welches Gesamtgewicht?

a)

24 600 kg

15 200 kg

b)

20 834 kg

8 kg

15 kg

c)
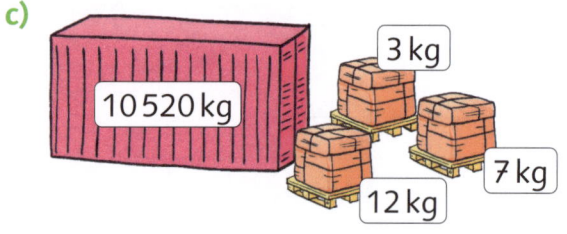

10 520 kg

3 kg

7 kg

12 kg

d)

30,2 t

30,3 t

30,5 t

2 Wie viel fehlt bis zum Maximalgewicht von 30,5 t?

a)
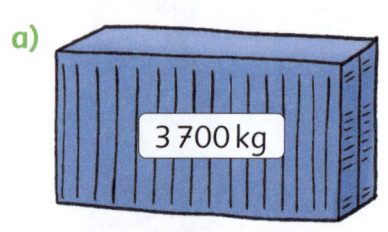

3 700 kg

b)
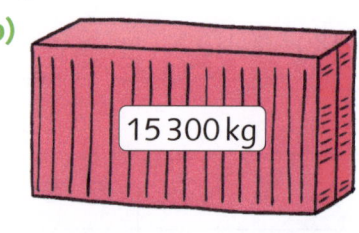

15 300 kg

c)
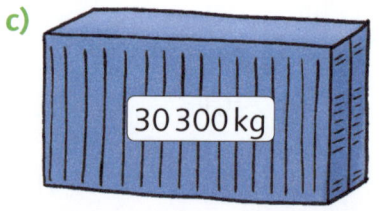

30 300 kg

d)
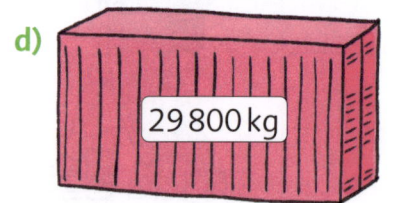

29 800 kg

e)
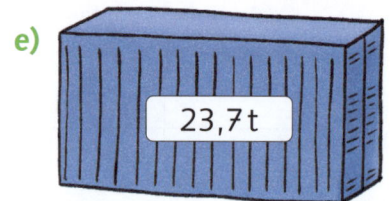

23,7 t

f)
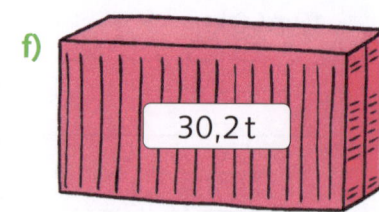

30,2 t

APP

3

6000 kg + 5 t

⬚ kg + ⬚ kg = ⬚ kg

⬚ t + ⬚ t = ⬚ t

9 t + 3000 kg

⬚ kg + ⬚ kg = ⬚ kg

⬚ t + ⬚ t = ⬚ t

70,5 t + 5800 kg

⬚ kg + ⬚ kg = ⬚ kg

⬚ t + ⬚ t = ⬚ t

2000 kg + 4 t

⬚ kg + ⬚ kg = ⬚ kg

⬚ t + ⬚ t = ⬚ t

30 t – 650 kg

⬚ kg – ⬚ kg = ⬚ kg

⬚ t – ⬚ t = ⬚ t

3000 kg – 2 t

⬚ kg – ⬚ kg = ⬚ kg

⬚ t – ⬚ t = ⬚ t

358 t – 1000 kg

⬚ kg – ⬚ kg = ⬚ kg

⬚ t – ⬚ t = ⬚ t

7,9 t – 840 kg

⬚ kg – ⬚ kg = ⬚ kg

⬚ t – ⬚ t = ⬚ t

> Ich rechne immer in einer Einheit.

4

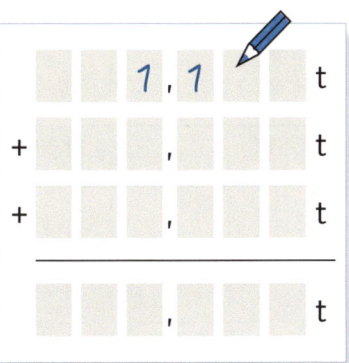

1,1 t

1200 kg

3002 kg

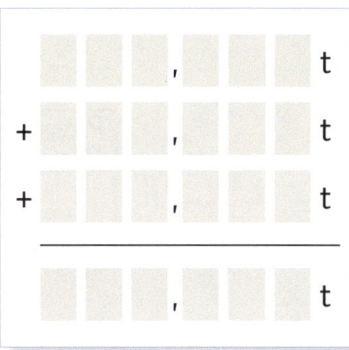

0,009 t

50 kg

500000 kg

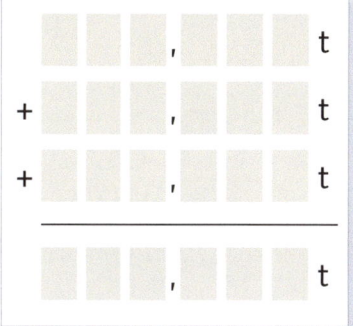

102 kg

1202 kg

7,2 t

Daten erheben

☐ S. 79

1 a) Welche Pizza wird am häufigsten bestellt?

   b) Welche Pizza wird am seltensten bestellt?

   c) Deine Fragen.

2

Sorte Pizza	Anzahl Bestellungen
Aubergine Zucchini	29

Für jede Umfrage brauche ich gute Antwortmöglichkeiten.

b) Frage: Welche Pizza isst du am liebsten?

Pizza mit Pilzen	Pizza mit Gemüse	...	keine

a) Trage die Pizzabestellungen in die Tabelle ein. Beginne mit der häufigsten Bestellung.

b) Führe eine Umfrage in deiner Klasse durch: Welche Pizza isst du am liebsten?

c) Erstelle eine Tabelle. Sortiere die Ergebnisse nach ihrer Häufigkeit.

Hinweis: Bei allen Aufgaben, in denen eine eigene Umfrage in der Klasse durchgeführt werden soll, müssen Antwortmöglichkeiten zur Auswahl stehen.

3 Giulia hält täglich mit Strichlisten fest, welche Getränke bestellt werden.

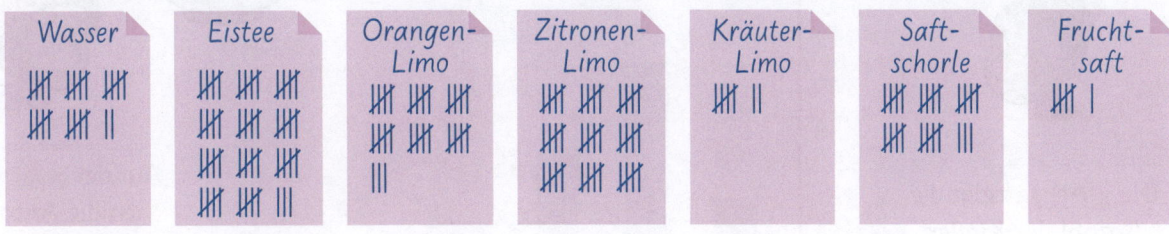

Wasser	Eistee	Orangen-Limo	Zitronen-Limo	Kräuter-Limo	Saft-schorle	Frucht-saft

a) Sortiere die Ergebnisse nach ihrer Häufigkeit in einer Tabelle.

b) Führe eine eigene Umfrage in deiner Klasse durch: Was trinkst du am liebsten?

c) Erstelle eine Tabelle. Sortiere die Ergebnisse deiner Umfrage nach ihrer Häufigkeit.

4 An der Naseweis-Schule wurde eine Umfrage durchgeführt.

Welches Fastfood isst du am liebsten?

				andere	kein Fast Food
73					

a) Ergänze die Anzahlen zur Strichliste.

b) Erstelle eine Tabelle. Sortiere die Ergebnisse nach ihrer Häufigkeit.

c) Führe die gleiche Umfrage in deiner Klasse durch.

d) Erstelle eine Tabelle. Sortiere die Ergebnisse deiner Umfrage nach ihrer Häufigkeit.

5 a) Führe eine Umfrage in der Klasse durch: Wie häufig isst du Fastfood?

b) Erstelle eine Tabelle. Sortiere die Ergebnisse deiner Umfrage nach ihrer Häufigkeit.

c) Diskutiere die Aussagen von Team Nase.

Mir schmeckt Fastfood gar nicht.

Wenn ich viel Sport mache, kann ich auch mal Fastfood essen.

Immer wenn ich Fastfood esse, will Papa, dass ich auch eine Portion Gemüse esse.

Mir ist wichtig, dass im Fastfood kein Fleisch ist. Ich liebe Gemüsedöner.

3.b) ↓ Antwortmöglichkeiten vorgeben: Eistee, Saft, Limonade, Wasser, Tee, andere. **5.a)** Antwortmöglichkeiten vorgeben: 2-mal pro Woche, 1- bis 2-mal pro Woche, 1-bis 2-mal im Monat, seltener, nie.

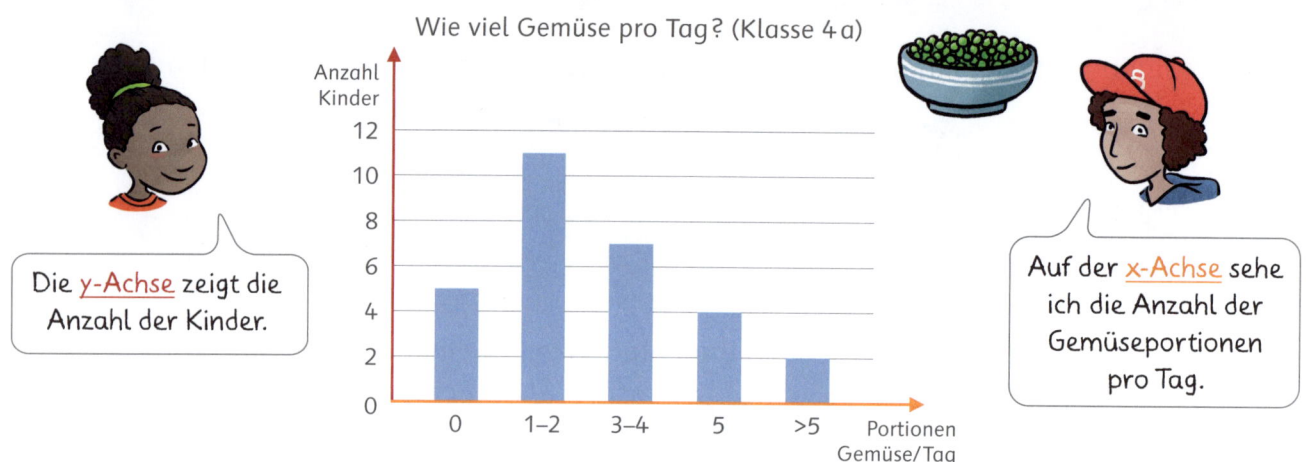

Wie viel Gemüse pro Tag? (Klasse 4a)

Die **y-Achse** zeigt die Anzahl der Kinder.

Auf der **x-Achse** sehe ich die Anzahl der Gemüseportionen pro Tag.

Die Umfrageergebnisse sind in einem **Säulendiagramm** dargestellt.

Klasse 4a					
Portionen Gemüse pro Tag	0	1–2	3–4	5	>5
Anzahl Kinder	5	11	7	4	2

1

In der Überschrift steht … ⊶ ⊶ … die Antwortmöglichkeiten der Umfrage.

An der y-Achse ist … ⊶ ⊶ … die Skala in 2er-Schritten angelegt.

An der x-Achse stehen … ⊶ ⊶ … jeweils an den Enden der x- und y-Achse.

Die Beschriftung der Achsen steht … ⊶ ⊶ … das Thema der Umfrage.

2

Die Klasse 4a hat insgesamt ▢ Kinder.

Die meisten Kinder essen ▢ Portionen Gemüse am Tag.

Die wenigsten Kinder essen ▢ Portionen Gemüse am Tag.

▢ Kinder essen mindestens 5 Portionen Gemüse am Tag.

▢ Kinder essen kein Gemüse.

3

Klasse 4c					
Portionen Gemüse pro Tag	0	1-2	3-4	5	>5
Anzahl Kinder	1	9	10	5	5

a) Erstelle ein Säulendiagramm zu den Umfrageergebnissen der Klasse 4c.

b) Führe eine Umfrage in deiner Klasse durch:
Wie viele Portionen Gemüse isst du am Tag?

c) Erstelle ein Säulendiagramm zu den Daten.

3. ↑ SuS erstellen Umfragen zu eigenen Themen, z.B. Freizeitbeschäftigung.

APP

Ein Säulendiagramm zeichnen

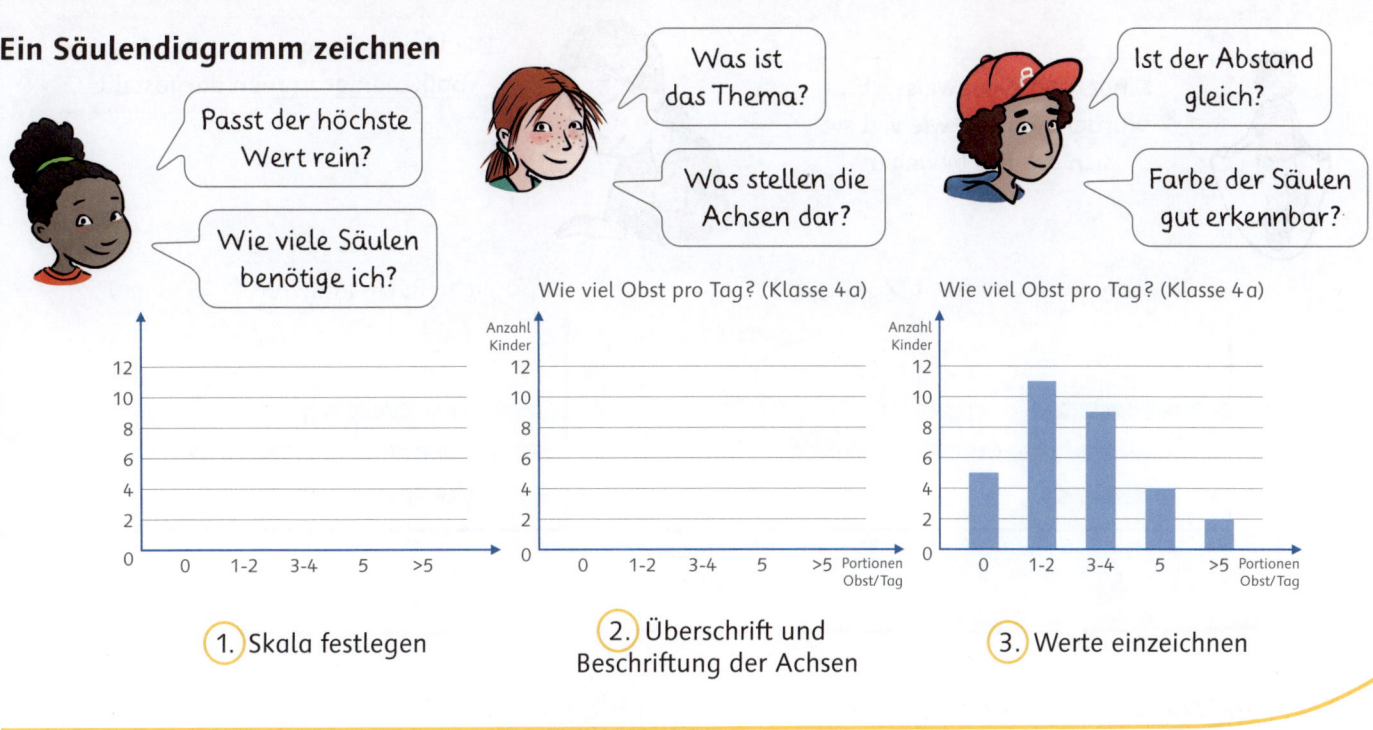

Passt der höchste Wert rein?

Wie viele Säulen benötige ich?

Was ist das Thema?

Was stellen die Achsen dar?

Ist der Abstand gleich?

Farbe der Säulen gut erkennbar?

Wie viel Obst pro Tag? (Klasse 4a)

Wie viel Obst pro Tag? (Klasse 4a)

1. Skala festlegen

2. Überschrift und Beschriftung der Achsen

3. Werte einzeichnen

4

Achtest du auf eine gesunde Ernährung?

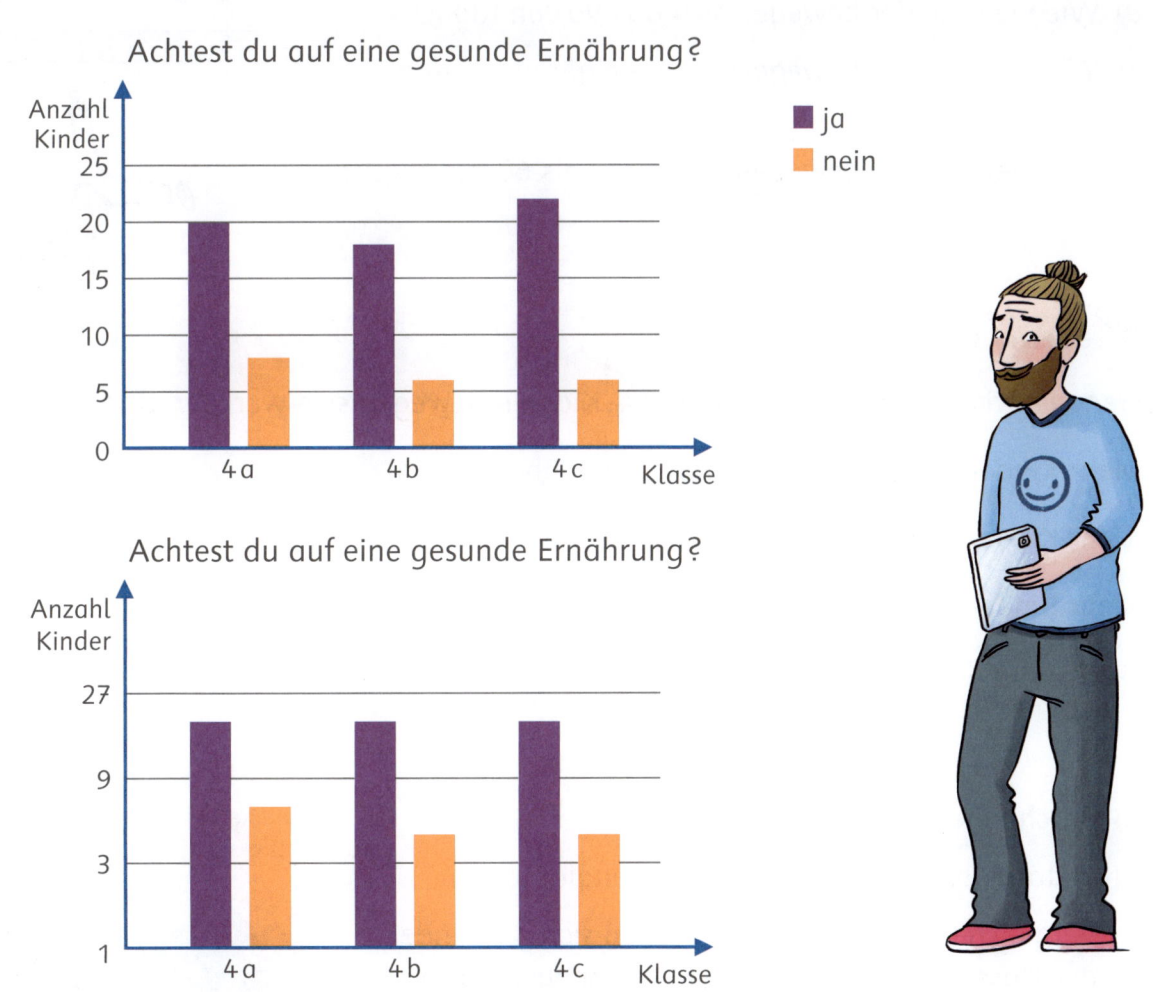

- ja
- nein

Achtest du auf eine gesunde Ernährung?

a) Was ist der Unterschied zwischen den beiden Diagrammen?

b) Welches Diagramm verfälscht die Aussage? Woran liegt das?

Daten vergleichen

📱 S. 81

Kinder der Naseweis-Schule wurden gefragt, wie viel sie sich am Tag bewegen.

Die Umfrageergebnisse sind in zwei <u>Balkendiagrammen</u> dargestellt.

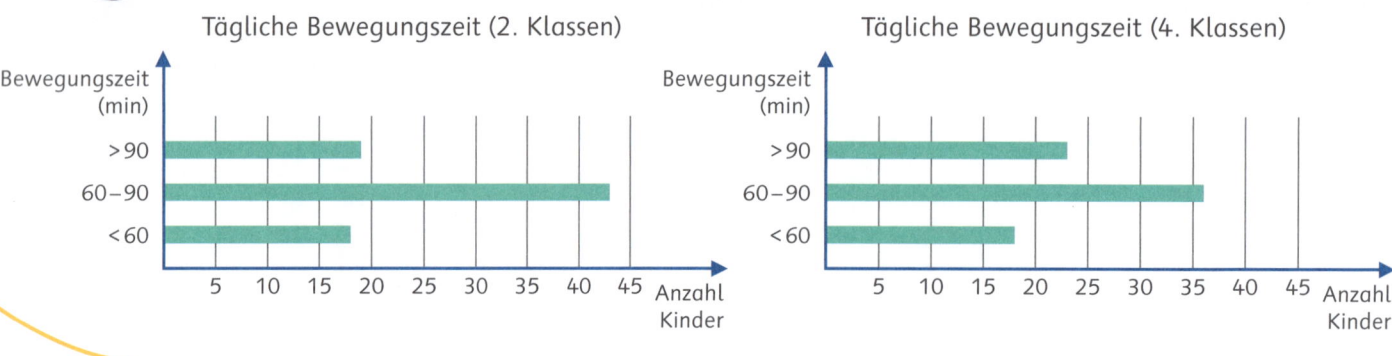

Tägliche Bewegungszeit (2. Klassen)

Bewegungszeit (min)
>90
60–90
<60
Anzahl Kinder: 5 10 15 20 25 30 35 40 45

Tägliche Bewegungszeit (4. Klassen)

Bewegungszeit (min)
>90
60–90
<60
Anzahl Kinder: 5 10 15 20 25 30 35 40 45

1

a) Wie viele Kinder haben an der Umfrage teilgenommen?

b) Wie viele Kinder bewegen sich 60–90 min täglich?

c) Wie viele Kinder bewegen sich weniger als 60 min täglich?

d) Wie viele Kinder bewegen sich mehr als 60 min täglich?

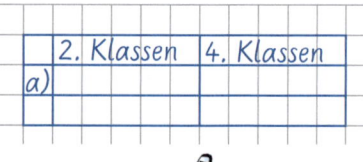

	2. Klassen	4. Klassen
a)		

2 ✔ oder ✘?

Genauso viele Kinder der 2. wie der 4. Klassen bewegen sich weniger als 60 min. ☐

Mehr Kinder der 2. Klassen bewegen sich über 90 min. ☐

Mehr Kinder der 4. Klassen bewegen sich weniger als 60 min. ☐

Mehr Kinder der 4. Klassen bewegen sich mindestens 90 min am Tag. ☐

Die Kinder der 4. Klassen bewegen sich insgesamt weniger. ☐

3

a) Beschreibe das Kreisdiagramm.

b) Erkläre den Unterschied zum Balkendiagramm.

c) Vergleiche die 4. Klassen: Bewegen sich die Kinder der Naseweis-Schule oder der Waldschule mehr?

d) Was sind die Vor- und Nachteile von Kreisdiagrammen?

Tägliche Bewegungszeit
(Waldschule, 4. Klassen, 77 Kinder)

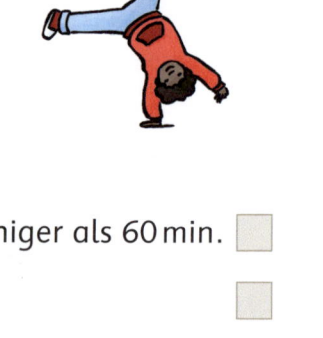

🟩 < 60 min/Tag
🟥 60–90 min/Tag
🟦 > 90 min/Tag

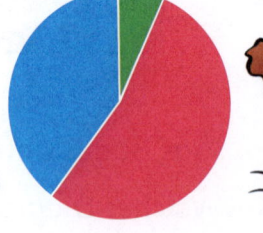

 APP

Ernährungsempfehlung **ohne** tierische Produkte

Ernährungsempfehlung **mit** tierischen Produkten

Tierische Produkte sind z.B. Fleisch, Wurst, Fisch, Eier, Milch, Käse, Butter oder Joghurt.

die Legende

■ Fleisch, Wurst, Fisch, Eier ■ Obst ■ Vollkorngetreide ■ Hülsenfrüchte
■ Milchprodukte ■ Gemüse ■ zusätzliche Fette ■ Nüsse und Samen

4

a) Beschreibe das Kreisdiagramm zur Ernährungsempfehlung **ohne** tierische Produkte.

| das Kreisdiagramm zeigt | empfohlen wird | der größte/kleinste Anteil |

| verschiedene Lebensmittelgruppen | genauso viel | weniger/mehr als |

b) Vergleiche beide Kreisdiagramme.

| im Vergleich/Unterschied zu | weniger/mehr als | statt/anstelle |

| andere Lebensmittelgruppen | abgebildet | ersetzt durch |

5

a) Erstelle die Legende zum Kreisdiagramm anhand der Aussagen.

b) Zeichne und färbe die Anteile im Kreisdiagramm ein.

c) Informiere dich über die Essens-Typen im Internet.

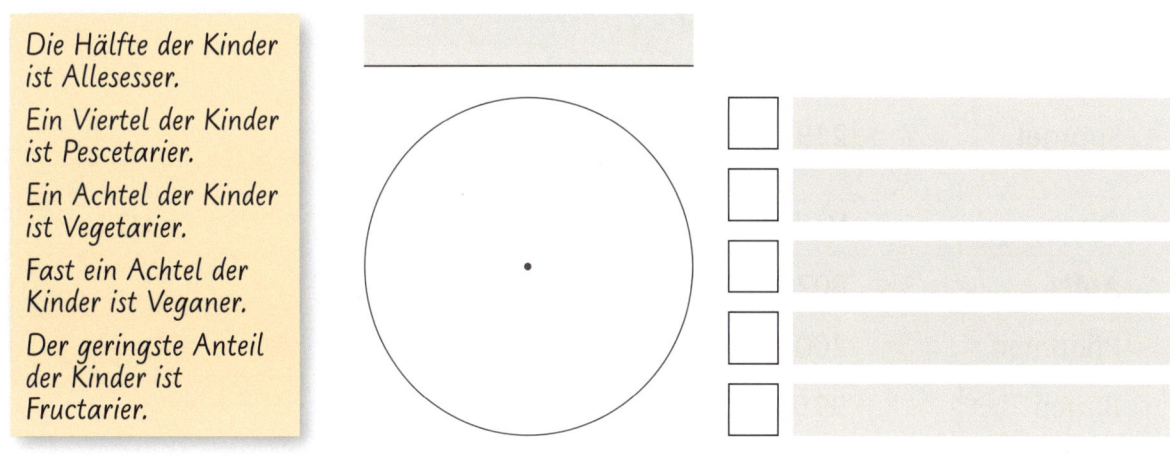

Die Hälfte der Kinder ist Allesesser.

Ein Viertel der Kinder ist Pescetarier.

Ein Achtel der Kinder ist Vegetarier.

Fast ein Achtel der Kinder ist Veganer.

Der geringste Anteil der Kinder ist Fructarier.

Jährlicher Konsum von Lebensmitteln in Nasenburg

In dem Dorf Nasenburg werden jährlich rund 950 000 kg Hülsenfrüchte, 200 000 kg Samen und rund 43 000 kg Nüsse gegessen.

Rund bedeutet, dass eine Zahl gerundet ist. Dadurch entstehen glatte Zahlen, die einfacher zu lesen und zu merken sind. In der Mathematik nutze ich zum Runden dieses Symbol: ≈

Tausender	Zehntausender	Hunderttausender	
154 065 ≈ 154 000	154 065 ≈ 150 000	716 843 ≈ 700 000	0, 1, 2, 3, 4 ↓ abrunden
716 843 ≈ 717 000	716 843 ≈ 720 000	154 065 ≈ 200 000	5, 6, 7, 8, 9 ↑ aufrunden

1

Milchprodukte	Verbrauch	≈ T	≈ ZT	≈ HT
Milch	188 273 l	*188 000 l*	*190 000 l*	*200 000 l*
Joghurt	263 155 kg			
Butter	859 621 kg			

Getreideprodukte	Verbrauch	≈ T	≈ ZT	≈ HT
Vollkornbrot	788 755 kg			
Pumpernickel	15 611 kg			
Toast	109 806 kg			

Gemüse	Verbrauch	≈ T	≈ ZT	≈ HT
Möhren	9 122 316 kg			
Rote Beete	546 778 kg			
Spargel	219 166 kg			

Obst	Verbrauch	≈ T	≈ ZT	≈ HT
Apfel	807 088 kg			
Pflaumen	200 122 kg			
Birnen	99 999 kg			

1. ↓ SuS runden nur auf eine Stelle.

APP

2 **a)** Beschreibe das Bildzeichendiagramm.

b) Vergleiche das Bildzeichendiagramm mit den Daten aus der Tabelle. Was fällt dir auf?

Teilnehmende Kinder und Jugendliche am Gesundheitsprogramm für Schulen		
gesundes Frühstück	👤👤👤👤👤👤👤 👤👤👤👤 👤👤👤👤👤	
gesundes Mittagessen	👤👤 👤👤👤👤👤👤👤👤👤	**Legende**
gesundes Bewegungstraining	👤👤👤👤 👤👤👤👤👤	👤 100 000
gesundes Stressbewältigungstraining	👤👤👤👤👤👤👤	👤 10 000
		👤 1 000

	gesundes Frühstück	gesundes Mittagessen	gesundes Bewegungstraining	gesundes Stressbewältigungstraining
Anzahl Kinder und Jugendliche	645 486	279 833	45 476	6 580

3 Erstelle aus den Daten ein Bildzeichendiagramm.
Wähle dazu eine passende Legende. Runde sinnvoll.

Ursachen für gesundheitliche Beschwerden von Kindern und Jugendlichen			
	ungesunde Ernährung	hohe Stressbelastung	fehlende Bewegung
Anzahl Kinder und Jugendliche	2 453	1 912	917

4 Erkläre die Vor- und Nachteile von Bildzeichendiagrammen.

5

Runde 12 345 auf den Hunderter.

Das sind rund 12 300.

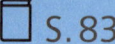

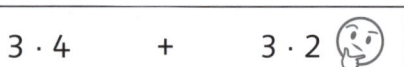

3 · 4   +   3 · 2 🤔

Ich rechne 3 · 4 und 3 · 2 und addiere die Ergebnisse. Es sind 18.

Samus Rechnung ist richtig, weil insgesamt 18 Augen auf den Würfeln sind. Die Regel sagt: Punktrechnung vor Strichrechnung.

Ich rechne zuerst 3 · 4, dann rechne ich + 3 und dann · 2. Ich habe 30 gewürfelt.

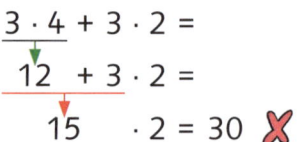

3 · 4 + 3 · 2 =
12 + 3 · 2 =
15   · 2 = 30 ✗

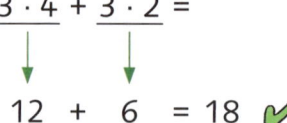

3 · 4 + 3 · 2 =

12 + 6 = 18 ✔

1

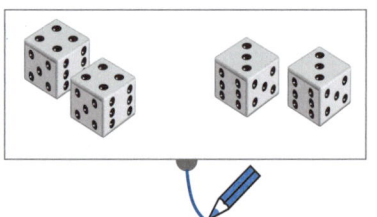      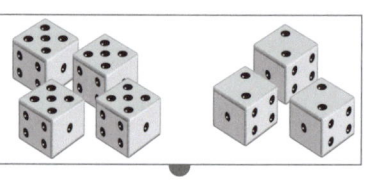

3 · 3 + 2 · 5   4 · 5 + 3 · 2   2 · 4 + 2 · 3

2 Schreibe die passende Aufgabe.

3 · 5 +

   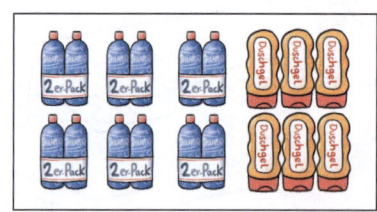   

$3 \cdot (4 + 2)$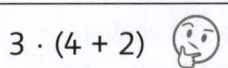

4 + 2   4 + 2   4 + 2

Wie rechne ich eine Aufgabe mit Klammern?

Zuerst die Aufgabe in Klammern rechnen: 4 + 2.

Und dann mit 3 multiplizieren.

$3 \cdot \underline{(4 + 2)} =$

$3 \cdot \quad 6 \quad = 18$ ✓

Reihenfolge der Rechenregeln:
1. Klammerrechnung (…)
2. Punktrechnung ·/:
3. Strichrechnung +/–

3 Schreibe die Aufgabe mit und ohne Klammer.

4 + 3 + 4 + 3 + 4 + 3

3 ·

4 Rechne die Aufgaben. Beachte die Rechenregeln.

a)
5 · 6 + 8
(8 + 2) · 9
(48 – 8) : 8
20 – 10 : 2
15 + 20 : 5

b)
(23 – 13) · 7
49 : 7 – 2
28 : (63 – 60)
7 + 9 · 6
65 – 35 : 7

c)
70 · 3 + 5
560 : 8 + 23
720 : (16 – 7)
3 + 5 · 90
320 : 40 – 7

d)
50 · 3 + 14
200 : 50 + 67
44 + 360 : 60
80 – 810 : 90
42 + 40 · 6

5 Löse die Aufgaben. Was fällt dir auf?

a)
45 + 6 · 3 + 5
(45 + 6) · (3 + 5)
(45 + 6) · 3 + 5

b)
63 + 4 · 9 + 128
(63 + 4) · 9 + 128
(63 + 4) · (9 + 128)

c)
360 : 6 + 4 : 2
360 : (6 + 4) : 2
360 : 6 + (4 : 2)

In einer Additionsaufgabe kann ich die Klammern beliebig setzen oder weglassen. Das Ergebnis bleibt gleich.

In einer Multiplikationsaufgabe kann ich die Klammern beliebig setzen oder weglassen. Das Ergebnis bleibt gleich.

Verbindungsgesetz

$140 + (20 + 60) = 220$

$140 + 20 + 60 = 220$

$(140 + 20) + 60 = 220$

$2 \cdot (50 \cdot 3) = 300$

$2 \cdot 50 \cdot 3 = 300$

$(2 \cdot 50) \cdot 3 = 300$

Ich kann die Summanden vertauschen.

Vertauschungsgesetz

$140 + 20 + 60 = 140 + 60 + 20$

$2 \cdot 3 \cdot 50 = 2 \cdot 50 \cdot 3$

Ich kann die Faktoren vertauschen.

Erkennst du die Regel?

Verteilungsgesetz

$3 \cdot 60 + 3 \cdot 90 = 3 \cdot (60 + 90)$

$2 \cdot 90 - 2 \cdot 80 = 2 \cdot (90 - 80)$

$50 : 2 - 40 : 2 = (50 - 40) : 2$

---

1 Rechne geschickt. Nutze das Vertauschungsgesetz.

$80 + 530 + 20 =$ ▭

$80 + 20 + 530 =$ ▭

$345 + 529 + 55 =$ ▭

$=$ ▭

$5 \cdot 125 \cdot 20 =$ ▭

$=$ ▭

$94 + 321 + 6 + 79 =$ ▭

$=$ ▭

$125 + 62 + 25 + 38 =$ ▭

$=$ ▭

$2 \cdot 136 \cdot 5 \cdot 10 =$ ▭

$=$ ▭

---

2 Verbinde mit der passenden Aufgabe. Nutze das Verteilungsgesetz.

| $4 \cdot 8 + 4 \cdot 5$ | $8 \cdot 4 + 8 \cdot 5$ | $5 \cdot 8 - 5 \cdot 4$ | $8 : 4 + 8 : 4$ | $8 \cdot (5 - 4)$ |

| $8 \cdot (4 + 5)$ | $(8 + 8) : 4$ | $4 \cdot (8 + 5)$ | $8 \cdot 5 - 8 \cdot 4$ | $5 \cdot (8 - 4)$ |

3 Welche Aufgaben haben das gleiche Ergebnis? ☒

356 + (976 + 24)

976 + 24 + 356 ☐
976 + (356 + 24) ☐
(356 + 976) + 24 ☐
1000 + 356 ☐
356 + 4 + 976 + 24 − 4 ☐

250 · 4 · 36

(250 · 4) · 36 ☐
6 + 36 · 250 · 4 − 6 ☐
250 · 4 + 36 ☐
24 · (50 · 36) ☐
36 · 1000 ☐

25 · 7 − 22 · 7

25 − 22 · 7 ☐
7 · (25 − 22) ☐
(7 − 7) · 25 · 22 ☐
3 · 7 ☐
25 · 7 · 22 ☐

4 Finde Aufgaben mit dem gleichen Ergebnis. Nutze die Rechengesetze.

a) | 5 · (30 − 10) |

b) | 5 783 + (2 458 + 1 759) |

c) | 480 : 6 + 36 : 6 |

5 ✔ oder ✗?

7 · (30 + 50) = 260 ☐   22 + 560 : 70 = 102 ☐   (470 − 5) : 6 = 70 ☐
40 + 320 : 4 = 90 ☐   540 : 90 − 3 = 57 ☐   480 − 240 : 3 = 80 ☐
85 + 3 · 70 = 295 ☐   180 + 20 : 10 = 20 ☐   (790 − 70) : 9 = 90 ☐

6 Trage ⊕, ⊖, ⊙ oder ⊙ richtig ein.

200 ⚪ 50 ⚪ 5 = 210   50 ⚪ 6 ⚪ 8 = 308   400 ⚪ 5 ⚪ 15 = 95
9 ⚪ (40 ⚪ 50) = 810   350 ⚪ 50 ⚪ 2 = 250   60 ⚪ 4 ⚪ 35 = 275
630 ⚪ (14 ⚪ 7) = 90   (44 ⚪ 6) ⚪ (1 ⚪ 3) = 200   (245 ⚪ 220) ⚪ 15 = 31

7 Schreibe die Aufgabe zu den Rechengeschichten.

Team Nase sammelt gemeinsam mit Herrn Turing Pflaumen im Schulgarten.
Am ersten Tag sammeln sie 135 Pflaumen und am zweiten Tag 210 Pflaumen.
Sie teilen die Pflaumen fair untereinander auf. Wie viele Pflaumen kriegt jeder?

Auf dem Pflanzenhof Näsli sammelt Amari 135 Aprikosen. Am nächsten Tag
sammelt Amari gemeinsam mit 4 Freunden 210 Aprikosen, die sie fair
untereinander aufteilen. Wie viele Aprikosen hat Amari insgesamt?

8 Schreibe eigene Rechengeschichten zu den Aufgaben.

a) | (810 + 90) : 5 | b) | 810 + 90 : 5 | c) | 8 · 50 − 20 | d) | 8 · (50 − 20) |

Wir stellen die Zahl 6 nur mit der Ziffer 3 dar.

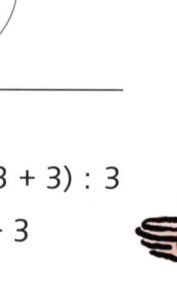

6

3 + 3

(3 + 3 + 3 + 3 + 3 + 3) : 3

(33 + 3) : 3 − 3 − 3

Wir nutzen die vier Rechenarten und die Klammern, um die Zahl 6 auf verschiedene Weise darzustellen.

1 Stelle die Zahl 8 nur mit …

… 4 dar.	… 2 dar.	… 1 dar.
⑧	⑧	⑧
4 + 4		

2 Stelle die Zahl 10 nur mit …

… 2 dar.	… 5 dar.	… 3 dar.
⑩	⑩	⑩

3 Welche Zahl wird dargestellt?

○　　　　　○　　　　　○　　　　　○

$(66 + 6) : 6 - 6$　　$4 \cdot 4 - (4 + 4)$　　$9 : 9 + 99 : 9$　　$77 - 7 \cdot 7 + 7 : 7$

4 Stelle die Zahl 20 dar, indem du Rechenzeichen und Klammern ergänzt.

⟨20⟩　　　　　　⟨20⟩　　　　　　⟨20⟩

5　5　5　5　5　　　　　22　2　　　　　4　4　4　4　4　4　4

5 Stelle die Zahl 100 dar.

⟨100⟩　　　　　⟨100⟩　　　　　⟨100⟩

111　11　1　1　　5　5　5　5　5　　99　9　9

⟨100⟩　　　　　⟨100⟩　　　　　⟨100⟩

888　8　88　8　　33　3　3　3　　44　44　4　4　4

6 Wähle deine Zahlen und stelle sie dar.

○　　　　　　○　　　　　　○

○　　　　　　○　　　　　　○

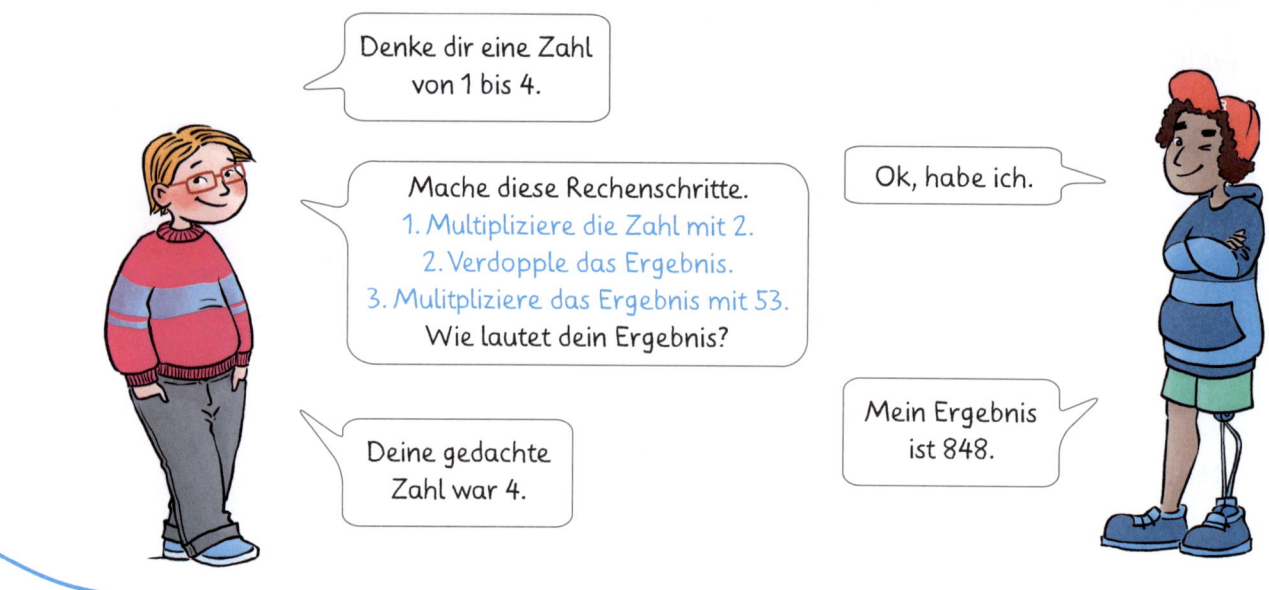

Denke dir eine Zahl von 1 bis 4.

Mache diese Rechenschritte.
1. Multipliziere die Zahl mit 2.
2. Verdopple das Ergebnis.
3. Mulitpliziere das Ergebnis mit 53.
Wie lautet dein Ergebnis?

Ok, habe ich.

Mein Ergebnis ist 848.

Deine gedachte Zahl war 4.

1 Notiere die Rechnungen, die Samu diktiert.

2 Probiere den Zaubertrick mit einem Partnerkind aus.

3 Vergleiche Ergebniszahl und Startzahl. Was fällt dir auf?

4 Entwickle ein Rätsel bei dem das 100-fache einer Zahl entsteht.

5 Notiere die Rechnungen, die Noa diktiert.

6 Probiere den Zaubertrick mit einem Partnerkind aus.

7 Erkläre mit Hilfe der Rechnungen, warum das Ergebnis immer 3 ist.

8 Entwickle ein Rätsel, bei dem das Ergebnis immer 5 / 7 / 2 ist.

Geraden und Strecken

S. 87

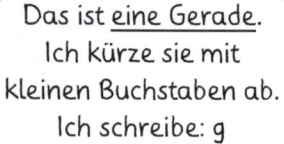

Das ist eine Gerade. Ich kürze sie mit kleinen Buchstaben ab. Ich schreibe: g

Das ist eine Strecke. Die Strecke hat einen Anfangspunkt A und einen Endpunkt B.

Die Strecke kürze ich mit großen Buchstaben ab. Ich schreibe: $\overline{AB}$

So wie bei Zugstrecken.

$\overline{AB}$ = 25 cm

---

1 Markiere am Geodreieck.

- der Nullpunkt
- das Lineal
- parallele Linien
- die Mittellinie
- der Winkelbogen

die Gerade ——
die Strecke ⊢——⊣

Geodreieck ist die Abkürzung für Geometrie-Dreieck.

---

2 Teste dein Geodreieck. Zeichne ein Muster aus Geraden in dein LTB.

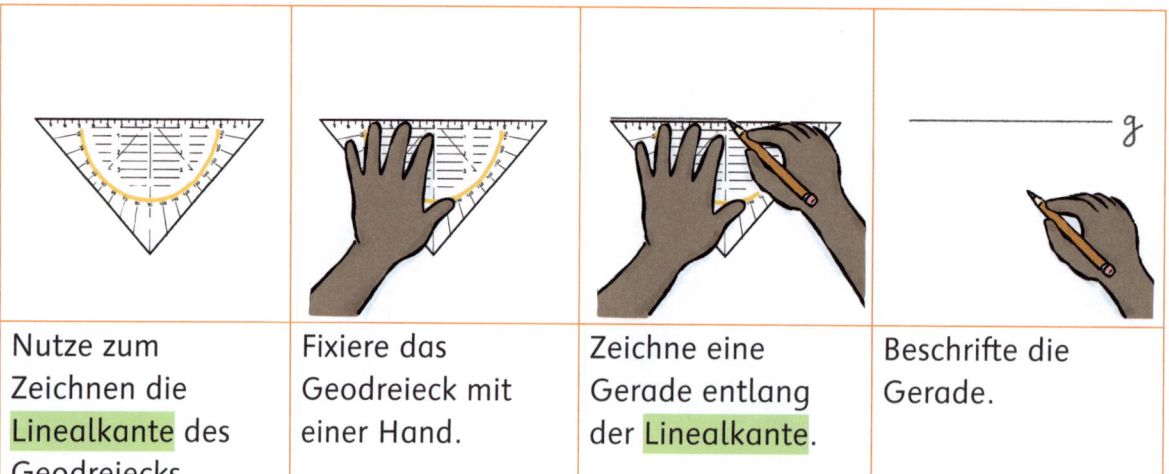

Nutze zum Zeichnen die Linealkante des Geodreiecks.	Fixiere das Geodreieck mit einer Hand.	Zeichne eine Gerade entlang der Linealkante.	Beschrifte die Gerade.

---

1. ↑ SuS erläutern, wie sich Lineal und Geodreieck voneinander unterscheiden.

3 Zeichne die Strecken von A nach B.

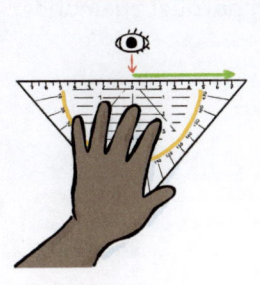 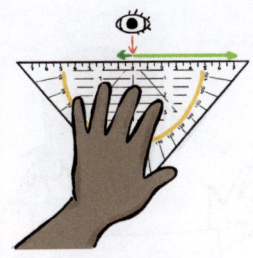 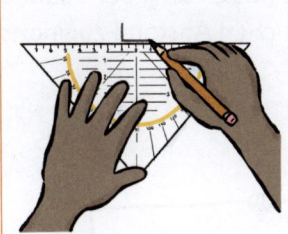 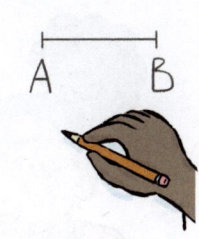

Starte beim Messen am Nullpunkt. Miss die Strecke $\overline{AB}$ = 8 cm ab.	Miss 7 cm rechts vom Nullpunkt plus 1 cm links vom Nullpunkt ab.	Markiere Anfangs- und Endpunkt. Zeichne die Strecke zwischen den Markierungen ein.	Beschrifte die Strecke.

$\overline{AB}$ = 3 cm

$\overline{AB}$ = 8,5 cm

$\overline{AB}$ = 4,5 cm

$\overline{AB}$ = 10,5 cm

$\overline{AB}$ = 7,7 cm

$\overline{AB}$ = 9,2 cm

4 Markiere die Geraden und die Strecken. Notiere die Länge der Strecken.

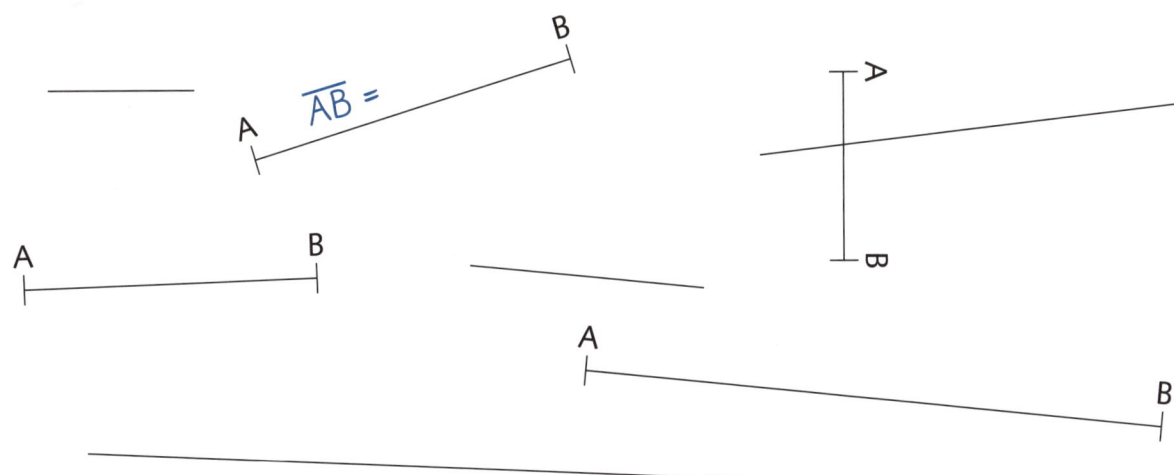

1 Zeichne zu den Geraden immer eine Parallele. Sie soll durch den Punkt gehen.

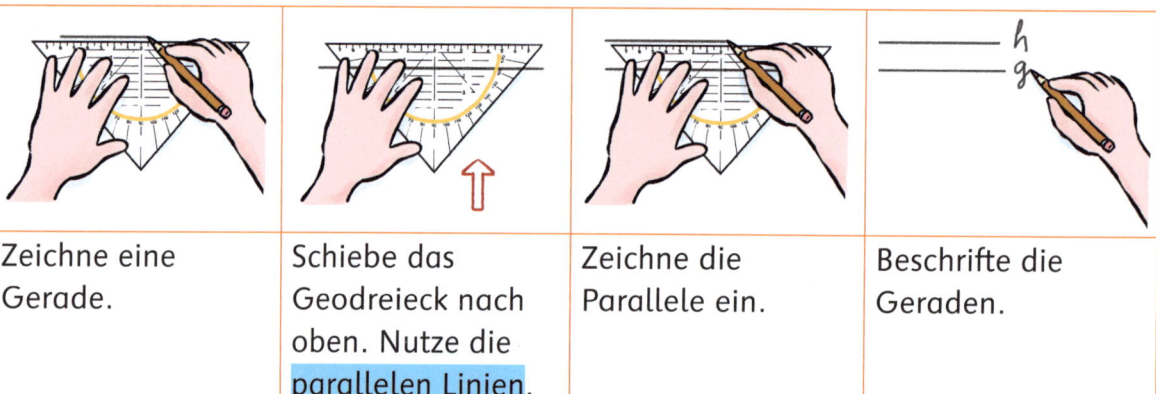

Zeichne eine Gerade.	Schiebe das Geodreieck nach oben. Nutze die parallelen Linien.	Zeichne die Parallele ein.	Beschrifte die Geraden.

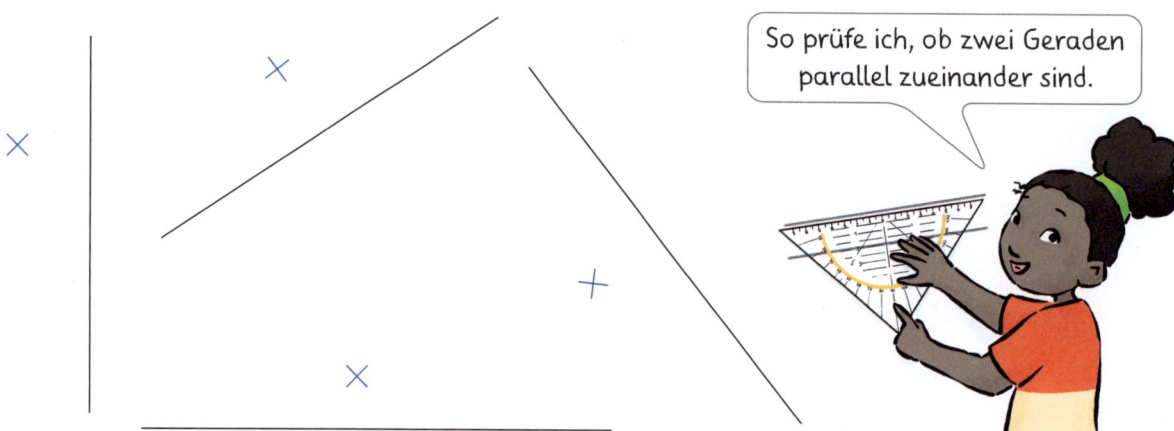

2 Immer 2 cm Abstand.

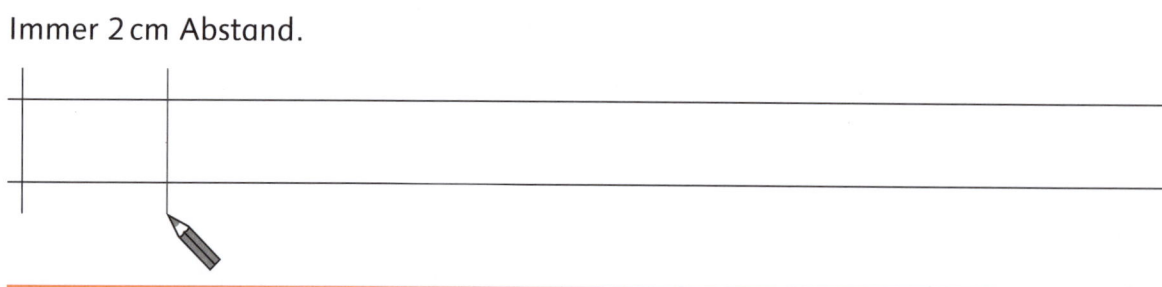

3 Setze die Parallelen fort.

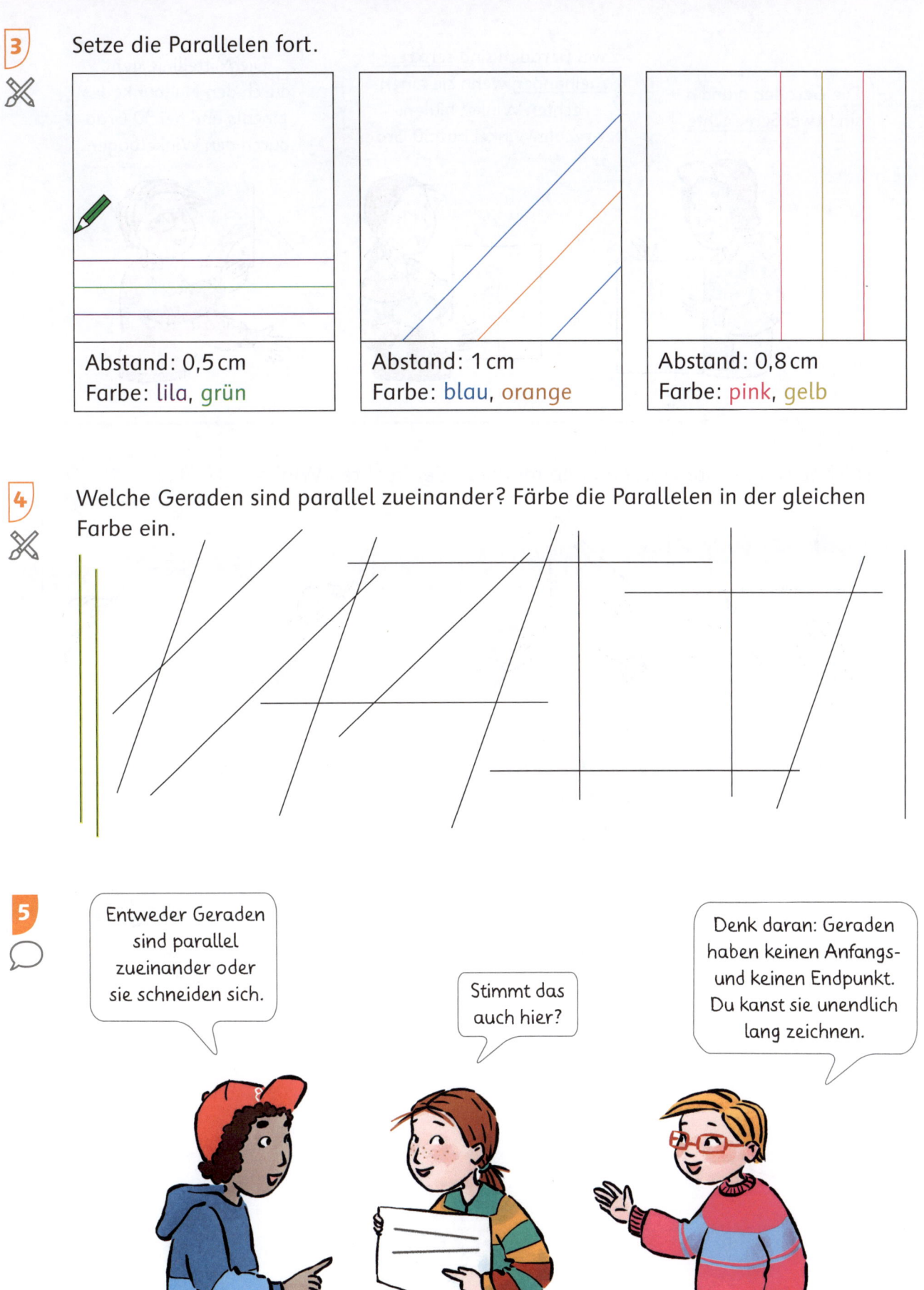

Abstand: 0,5 cm
Farbe: lila, grün

Abstand: 1 cm
Farbe: blau, orange

Abstand: 0,8 cm
Farbe: pink, gelb

4 Welche Geraden sind parallel zueinander? Färbe die Parallelen in der gleichen Farbe ein.

5

Entweder Geraden sind parallel zueinander oder sie schneiden sich.

Stimmt das auch hier?

Denk daran: Geraden haben keinen Anfangs- und keinen Endpunkt. Du kanst sie unendlich lang zeichnen.

Die Senkrechte

S. 89

Die Geraden g und h sind zwei <u>Senkrechte</u>.

Zwei Geraden sind <u>senkrecht zueinander</u>, wenn sie einen rechten Winkel bilden. Der rechte Winkel hat 90 Grad.

Die Mittellinie geht durch den Nullpunkt des Lineals und bei 90 Grad durch den Winkelbogen.

---

1 Zeichne senkrechte Geraden und markiere den rechten Winkel.

Zeichne eine Gerade.	Lege die Mittellinie auf die Gerade. Zeichne die Senkrechte ein.	Markiere den rechten Winkel.	Beschrifte die Geraden.

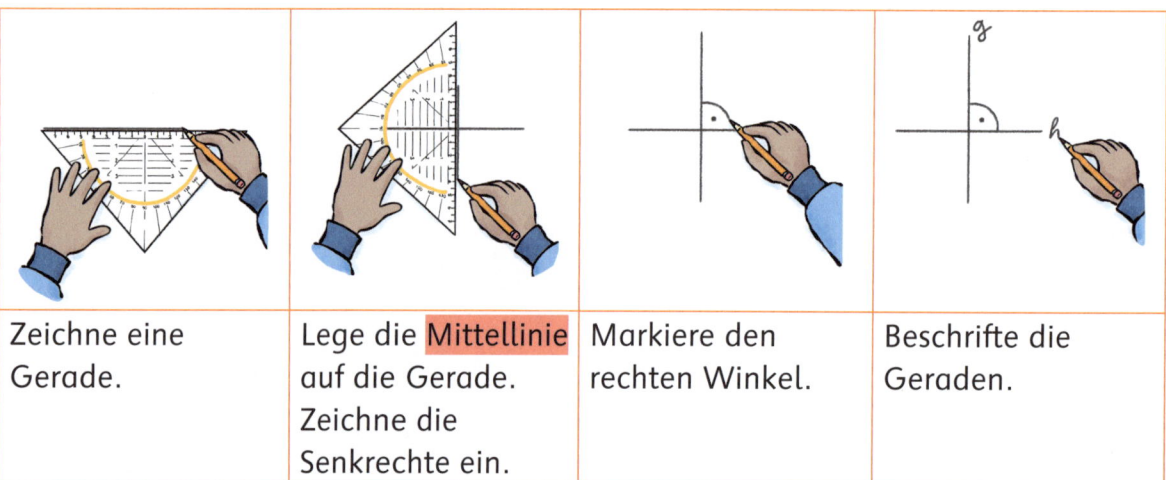

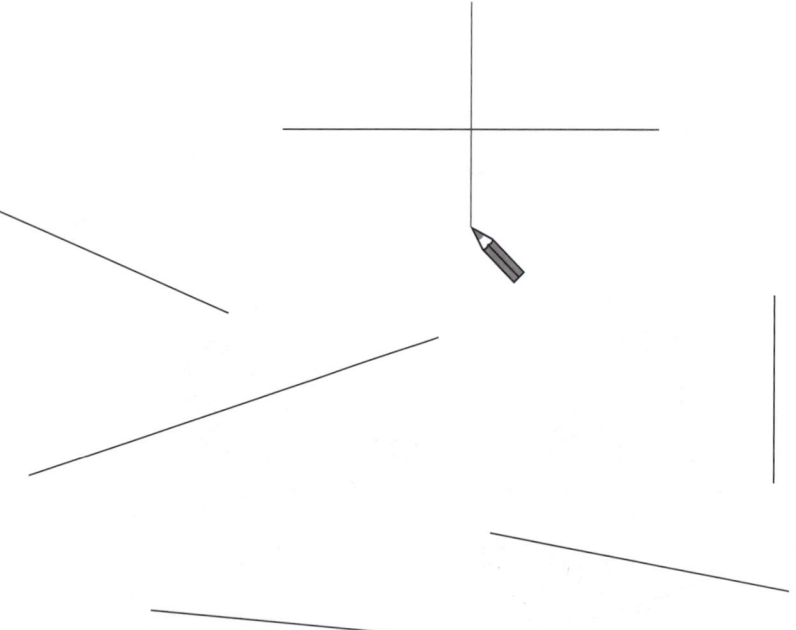

die Senkrechte
senkrecht
der rechte Winkel

2 Zeichne eine Senkrechte durch den vorgegebenen Punkt.

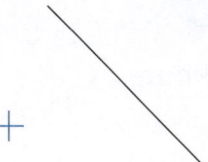

3 Zeichne Rechtecke. Markiere die rechten Winkel.

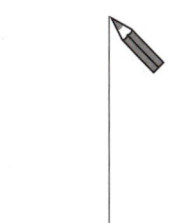

Länge = 3 cm
Breite = 2 cm

Länge = 2,5 cm
Breite = 3,5 cm

Länge = 4 cm
Breite = 2,5 cm

Länge = 3,3 cm
Breite = 3,5 cm

Ich lege die Mittellinie an die Seite, zeichne die Senkrechte ein und drehe das Geodreieck um 90 Grad weiter. Zeichne … Drehe …

4 Zeichne alle rechten Winkel ein.

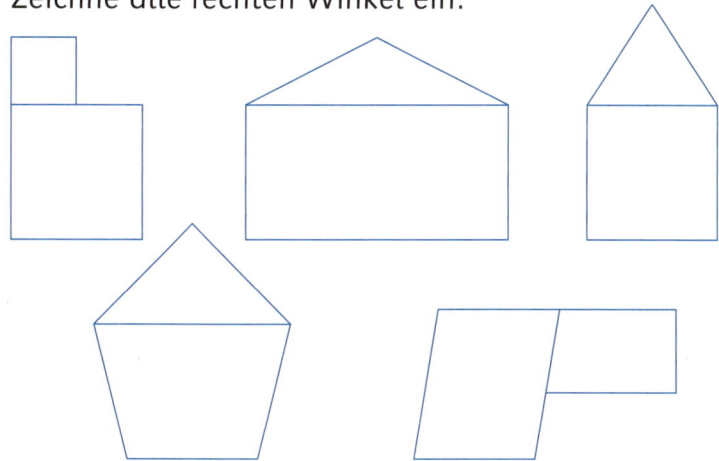

Ich lege die Linealkante an eine Seite und prüfe, ob die Senkrechte entlang der Mittellinie verläuft.

Geometrische Formen

📖 S. 90

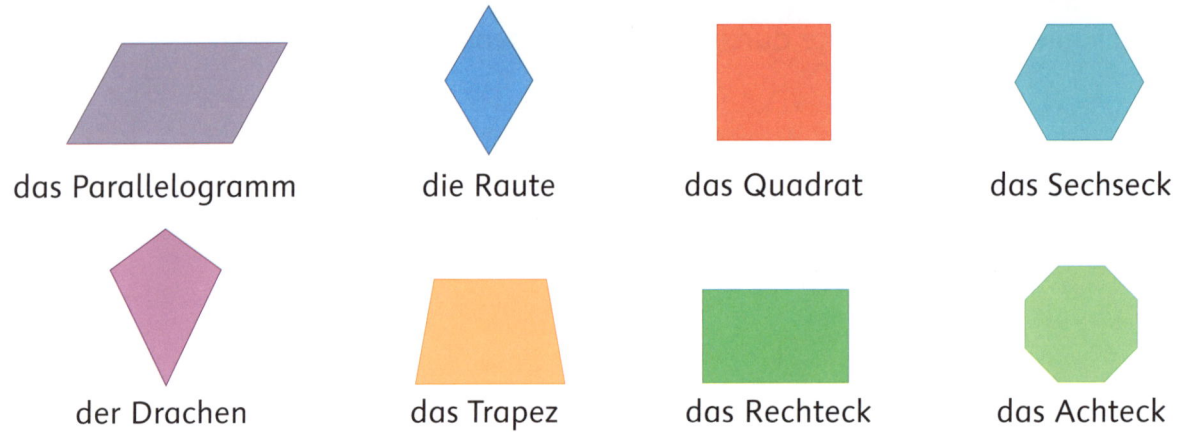

das Parallelogramm   die Raute   das Quadrat   das Sechseck

der Drachen   das Trapez   das Rechteck   das Achteck

1

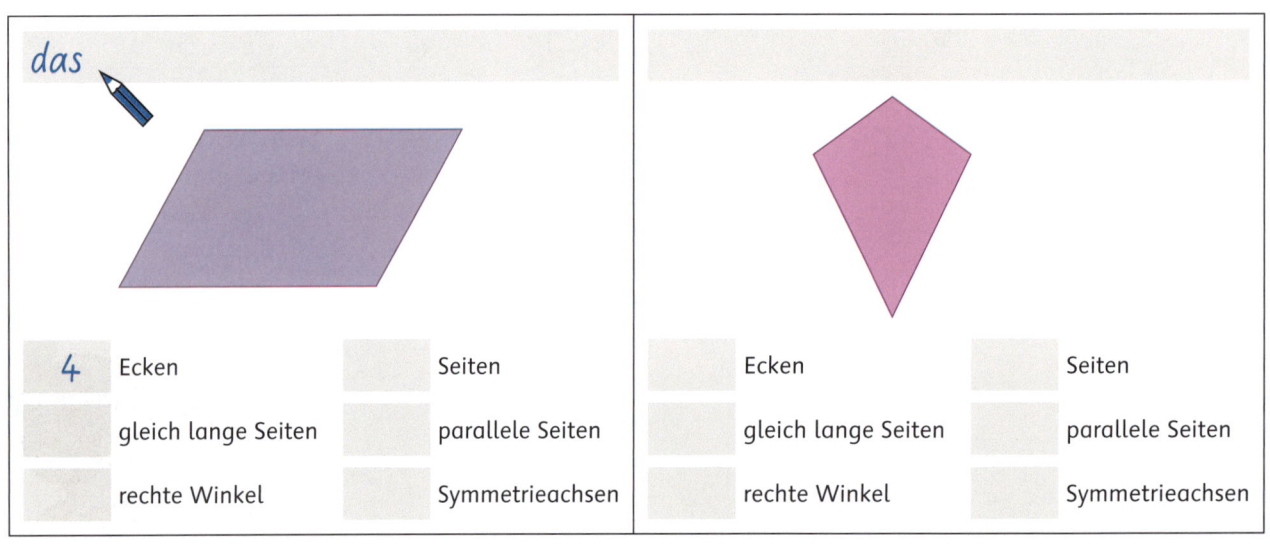

das	
4 Ecken	Seiten
gleich lange Seiten	parallele Seiten
rechte Winkel	Symmetrieachsen

Ecken	Seiten
gleich lange Seiten	parallele Seiten
rechte Winkel	Symmetrieachsen

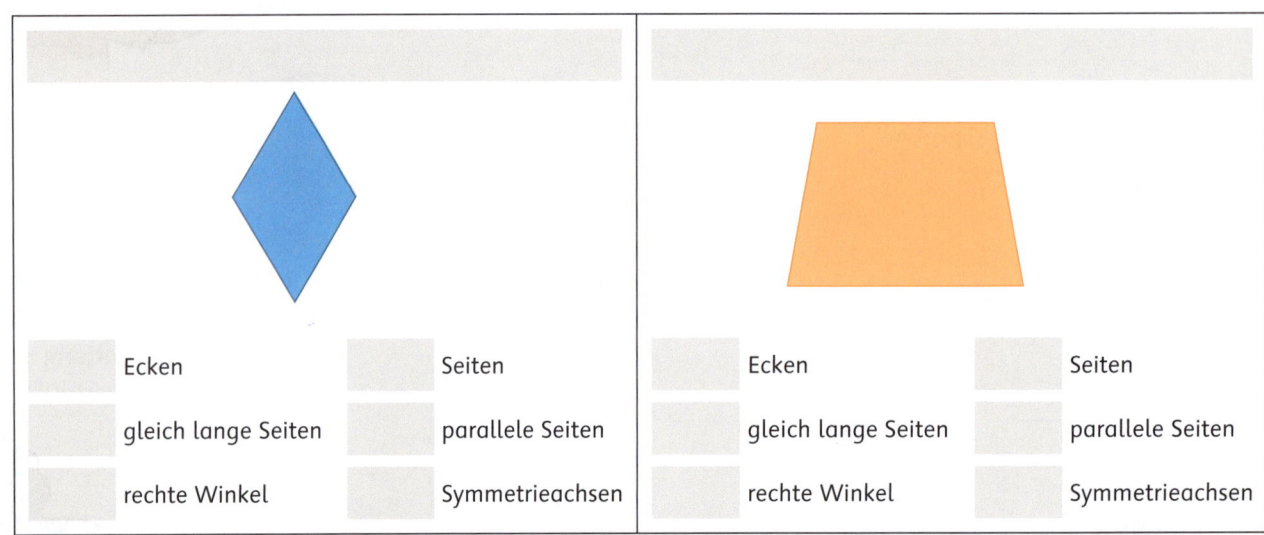

Ecken	Seiten
gleich lange Seiten	parallele Seiten
rechte Winkel	Symmetrieachsen

Ecken	Seiten
gleich lange Seiten	parallele Seiten
rechte Winkel	Symmetrieachsen

2

Zeichne eine Stadt aus Formen.

Das ist auch ein Trapez.

Thematisieren, dass die Formen teilweise auch anders aussehen können und nicht unbedingt symmetrisch sein müssen. **1.** ↑ SuS erstellen zum Sechs- und Achteck Steckbriefe im eigenen Heft.

 APP

3

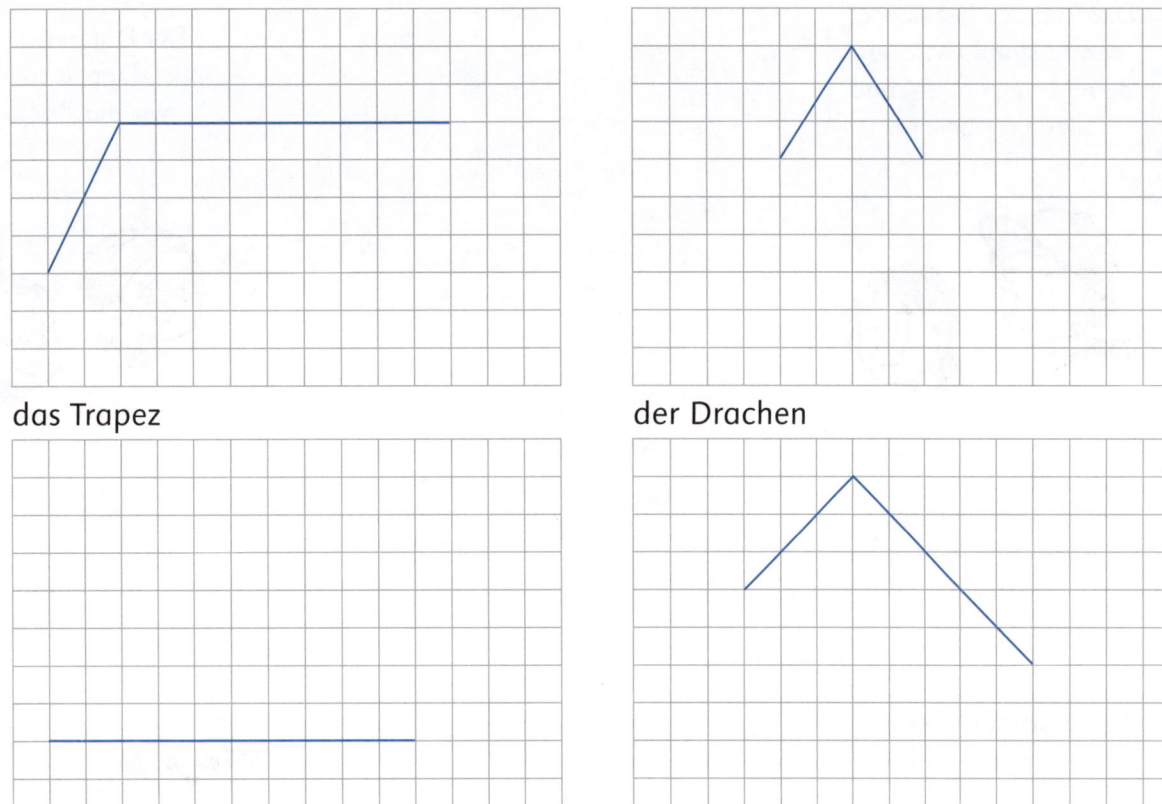

das Trapez

der Drachen

das Parallelogramm

das Rechteck

4 Welche Formen sind es? Zeichne und schreibe.

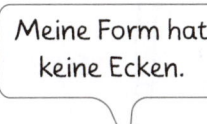 Meine Form hat keine Ecken.

Meine Formen haben vier Seiten. Je zwei Seiten davon sind gleichlang.

Bei meinen Formen sind die gegenüberliegenden Seiten parallel und gleich lang.

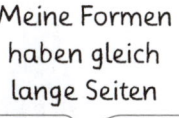 Meine Formen haben gleich lange Seiten

a)

b)

c)

d)

5 Zerlege die Formen durch eine Gerade in …

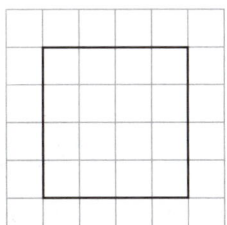

… zwei Dreiecke.

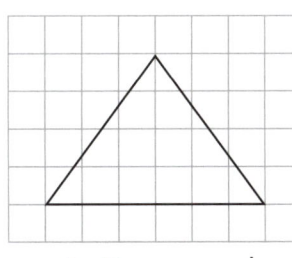

… ein Trapez und ein Dreieck.

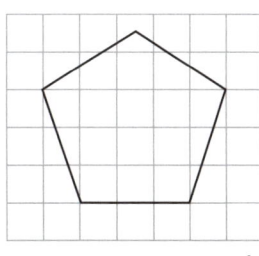

… ein Trapez und ein Dreieck.

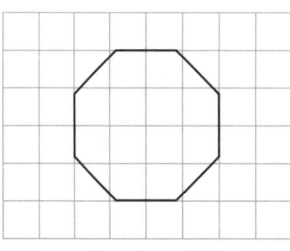

…

5. Mehrere Lösungen möglich.

Der Zirkel

📱 S. 92–93

Der Radius r bezeichnet den Abstand zwischen dem Mittelpunkt M und der Kreislinie k.

Alle Punkte auf der Kreislinie k sind gleich weit vom Mittelpunkt M entfernt.

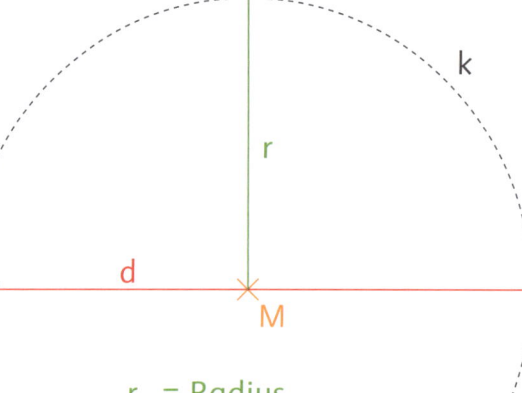

r = Radius
d = Durchmesser
M = Mittelpunkt
k = Kreislinie

Der Durchmesser d ist doppelt so lang wie der Radius r.

Die Kreislinie k ist die Begrenzung des Kreises.

---

1 Teste deinen Zirkel.
Zeichne unterschiedlich große Kreise.

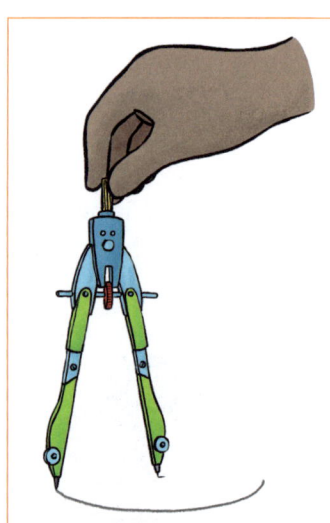

1. Fasse den Zirkel am Griff mit einer Hand an.
2. Stich mit der Einstechspitze in das Papier.
3. Halte den Zirkel leicht schräg.
4. Drehe den Zirkel so, dass die Bleistiftmine einen Kreis zeichnet.

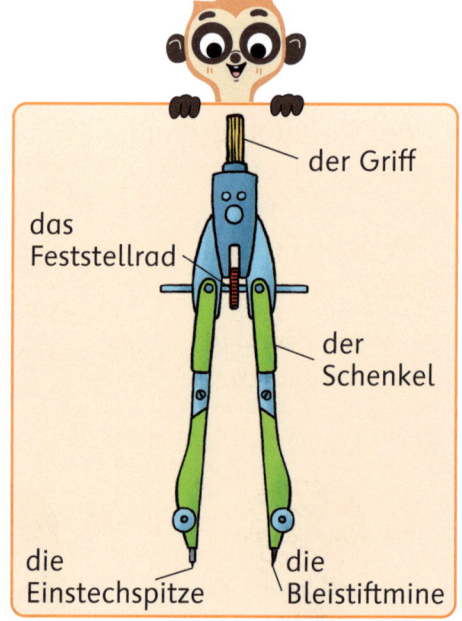

der Griff

das Feststellrad

der Schenkel

die Einstechspitze

die Bleistiftmine

2

k

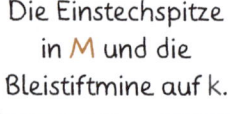

Die Einstechspitze in M und die Bleistiftmine auf k.

k

k

APP

3

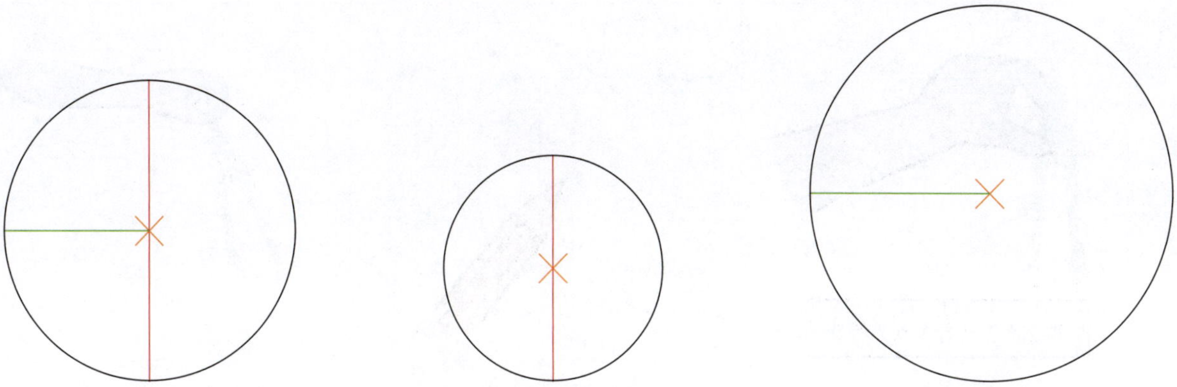

r = ___ cm
d = ___ cm

r = ___ cm
d = ___ cm

r = ___ cm
d = ___ cm

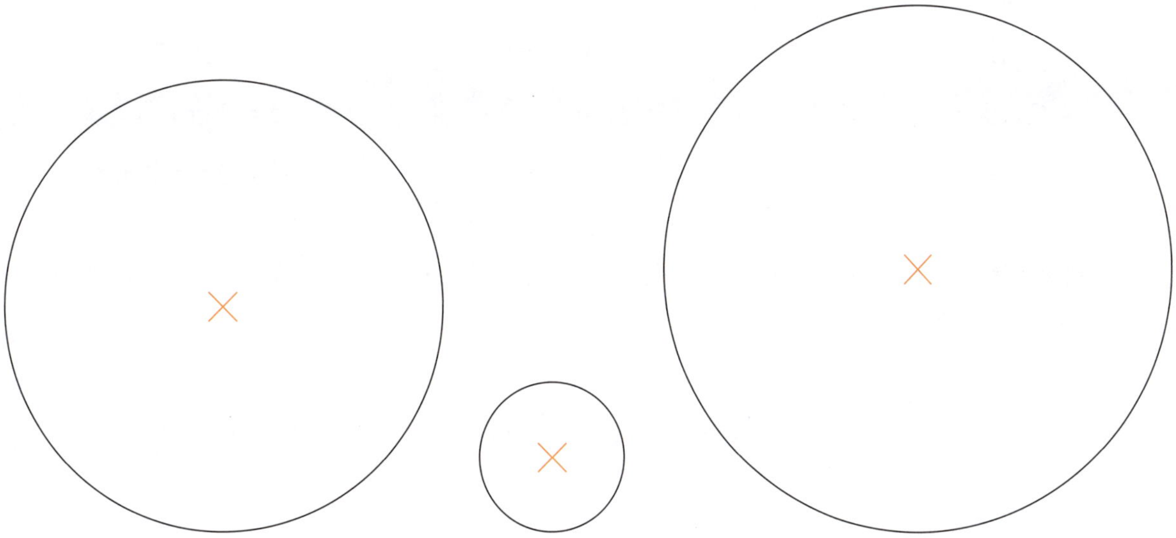

r = ___ cm
d = ___ cm

r = ___ cm
d = ___ cm

r = ___ cm
d = ___ cm

4 Welche Kreise haben einen kleineren Durchmesser als 2 cm?

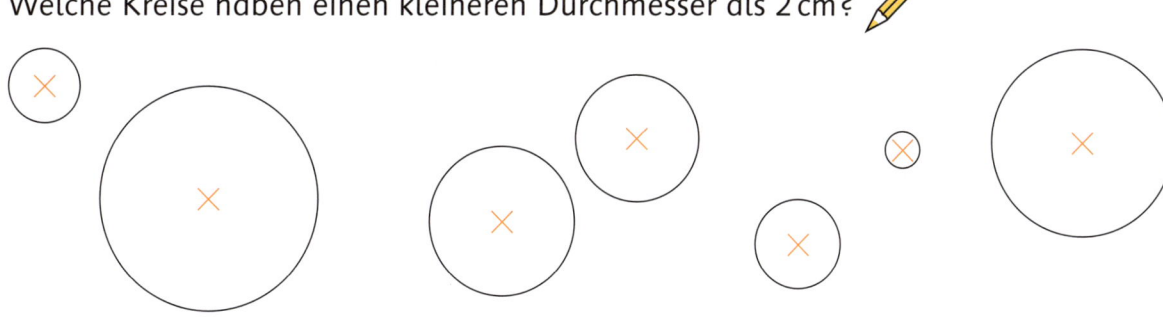

1

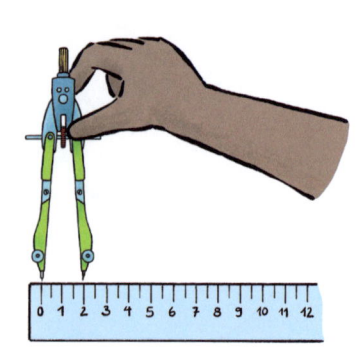  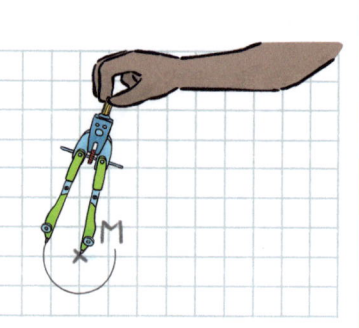

| Stelle den Zirkel mit Hilfe deines Lineals ein. | Markiere den Mittelpunkt dort, wo sich das Karopapier kreuzt. | Stich mit der Einstechspitze in den Mittelpunkt und ziehe den Kreis mit einer Hand. |

a) $r = 6\,cm$

$r = 4\,cm\ 5\,mm$

$r = 2\,cm$

$r = 5\,cm\ 3\,mm$

b) $d = 6\,cm$

$d = 4\,cm\ 5\,mm$

$d = 2\,cm$

$d = 5\,cm\ 3\,mm$

c) $r = 1\,cm$

$r = 2\,cm\ 7\,mm$

$d = 1\,cm$

$d = 2\,cm\ 7\,mm$

2 Zeichne mehrere Kreise um den gleichen Mittelpunkt. Vergrößere den Radius immer um 1 cm.

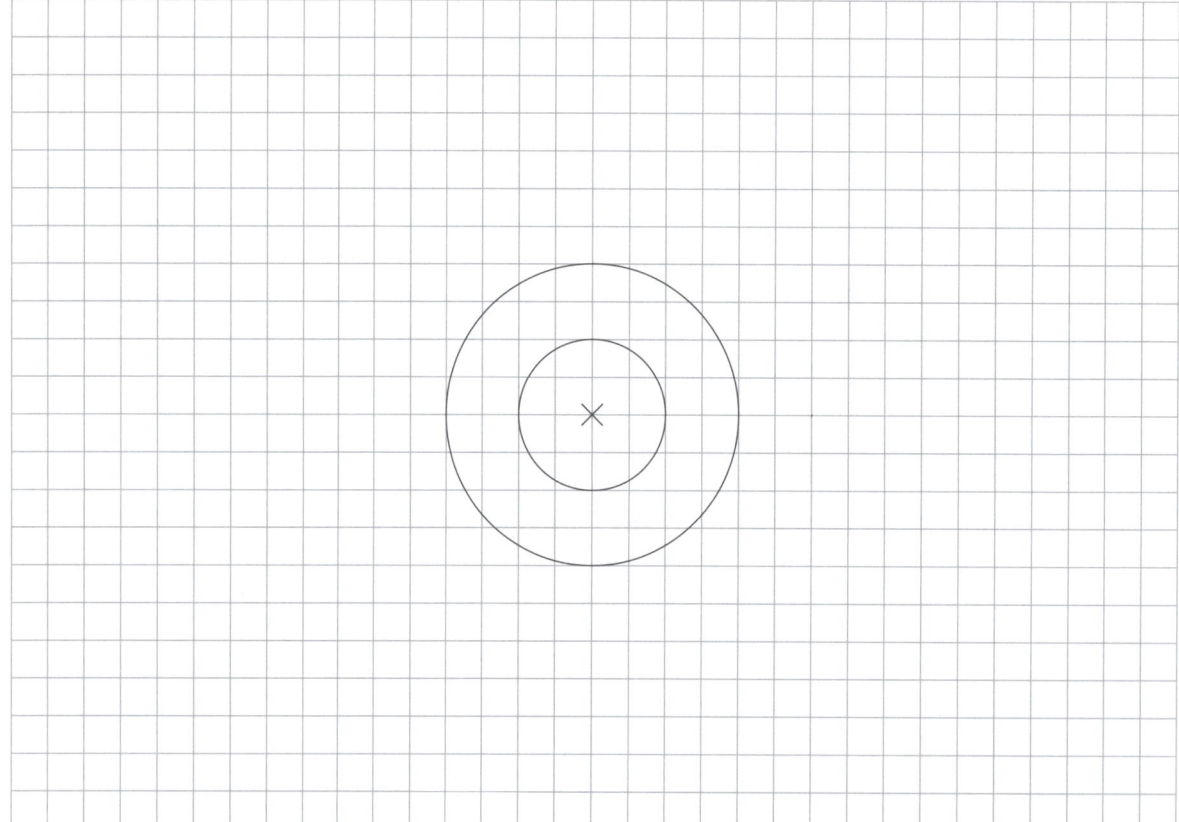

APP

3 Zeichne die Abbildungen mit deinem Zirkel nach.

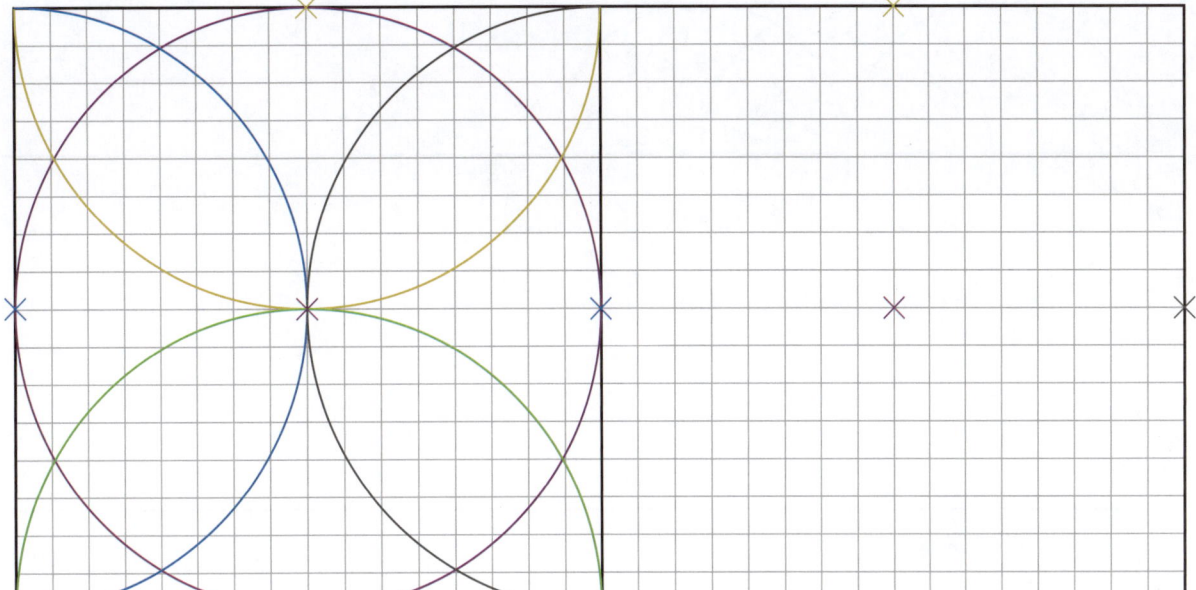

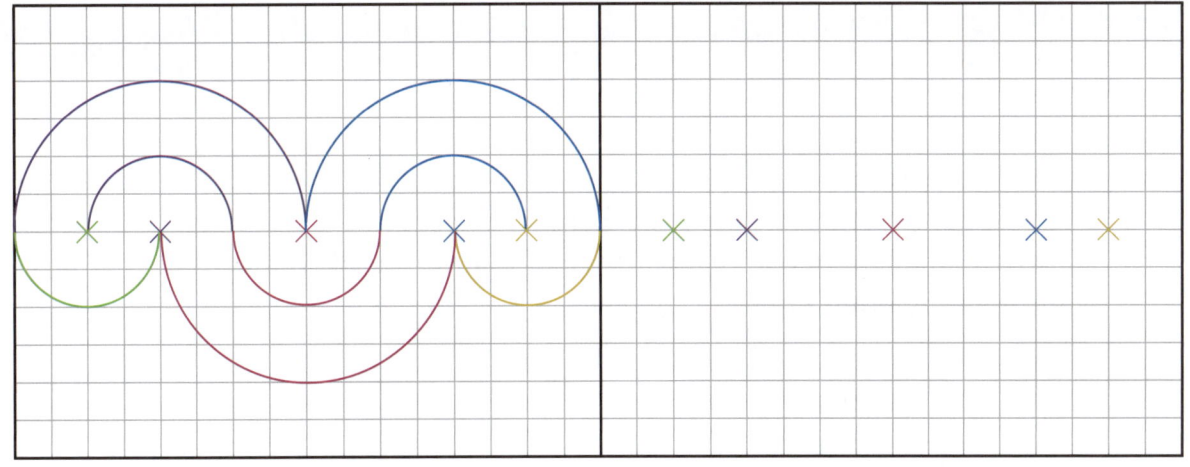

4 Übertrage die Figur in dein Heft.

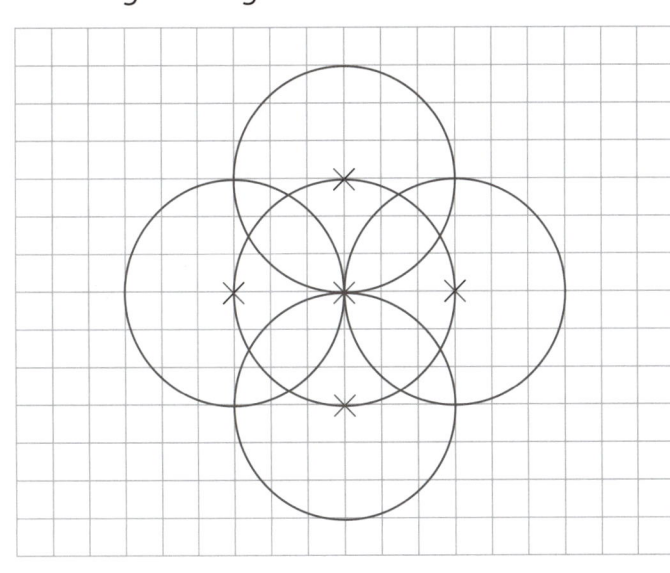

Ich messe den Radius mit Hilfe des Zirkels ab.

5 Setze fort. r = 2 cm

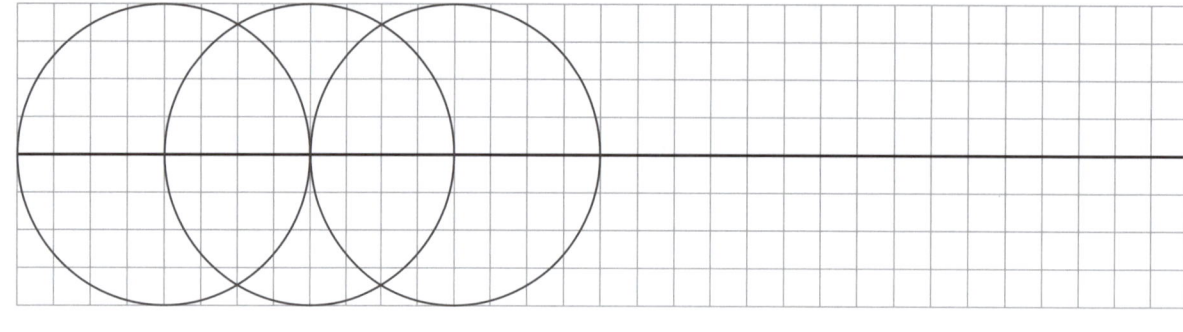

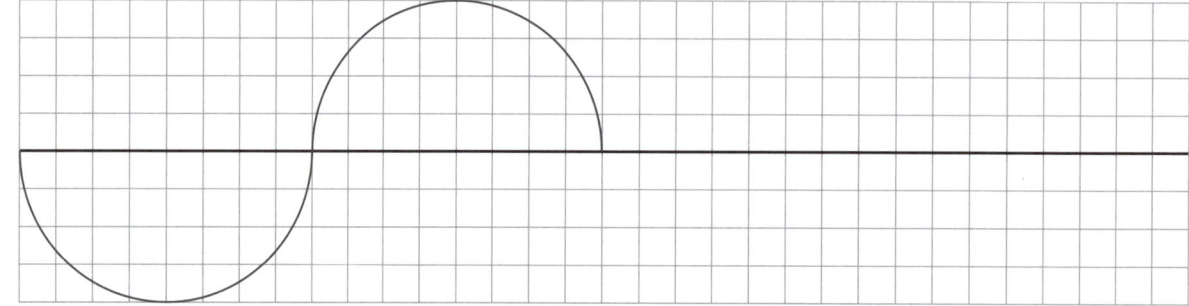

6
1. Zeichne eine Gerade.
2. Wähle einen Radius.
3. Ziehe deinen ersten Kreis links am Rand.
4. Stich den Zirkel am rechten Schnittpunkt von Kreis und Gerade ein.
5. Ziehe einen zweiten Kreis.
6. …

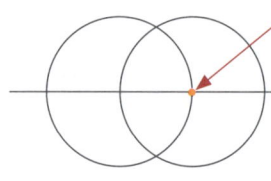

Schnittpunkt von
Kreis und Gerade

7 Zeichne eigene Muster.

Mein Muster auf
der Geraden.

Mein Muster auf der
geschwungenen Linie.

8 Durch die Schnittpunkte entstehen neue Mittelpunkte. Setze fort. d = 6 cm

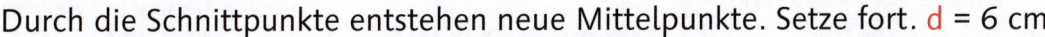

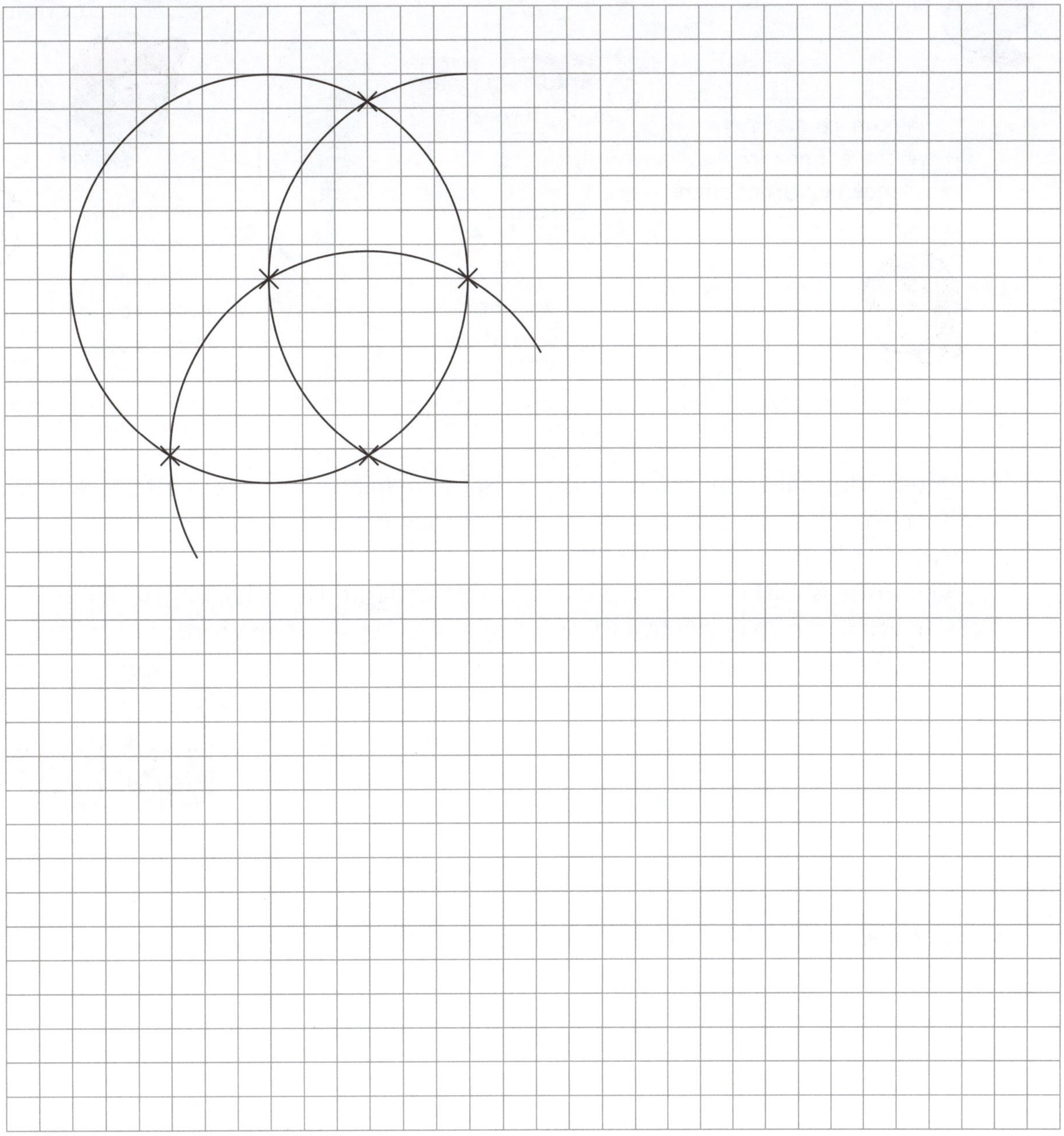

9

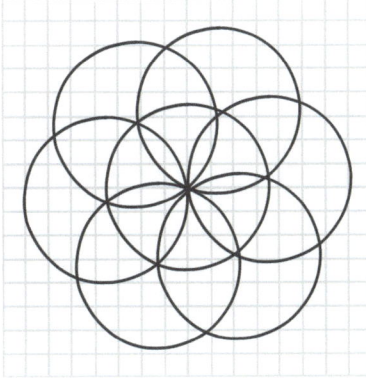 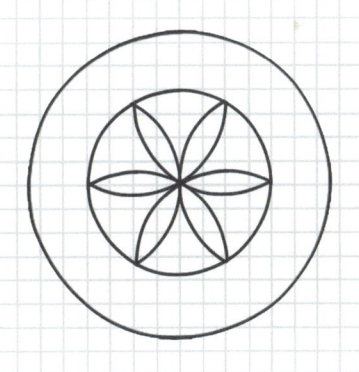 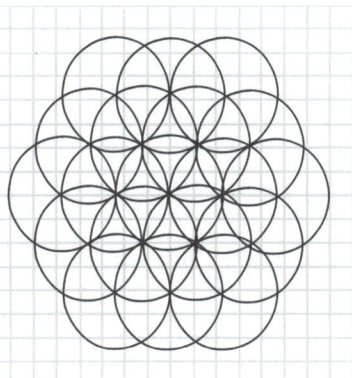

Sachaufgaben schrittweise lösen

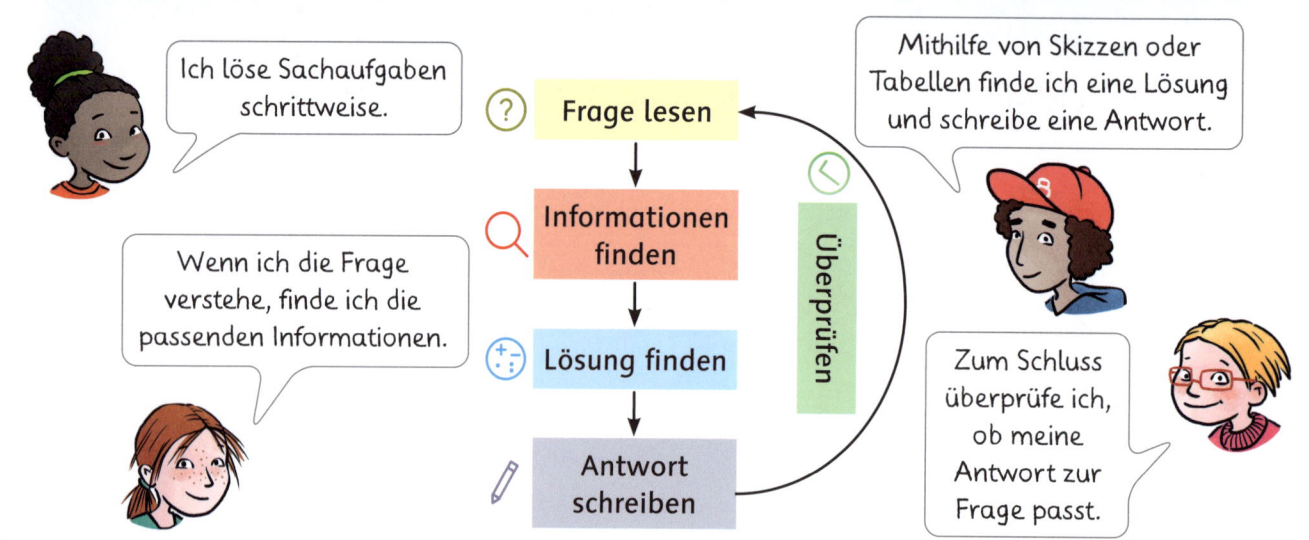

1

Für unsere Klassenreise haben wir einen Reisebus gemietet. Dieser startet um 8:10 Uhr vor dem Haupteingang unserer Schule. Wir machen um circa 9:40 Uhr auf der Raststätte Erdenburg eine 30-minütige Pause.
Die Raststätte ist 88 km von unserem Startpunkt entfernt. Dann fahren wir weitere 125 km. Wir kommen nach etwa 85 Minuten in unserer Jugendherberge in Surikat an. Was ist die erwartete Ankunftszeit in der Jugendherberge?

? Frage lesen Schreibe die Frage auf.

Informationen finden Welche Informationen sind wichtig? ☒

☐ Der Reisebus startet um 8:10 Uhr vor dem Haupteingang der Schule.

☐ Die Raststätte ist 88 km vom Startpunkt entfernt.

☐ Um etwa 9:40 Uhr ist auf der Raststätte eine 30-minütige Pause.

☐ Dann fährt der Bus weitere 125 km.

☐ Nach etwa 85 Minuten ist die Ankunft in der Jugendherberge.

Lösung finden

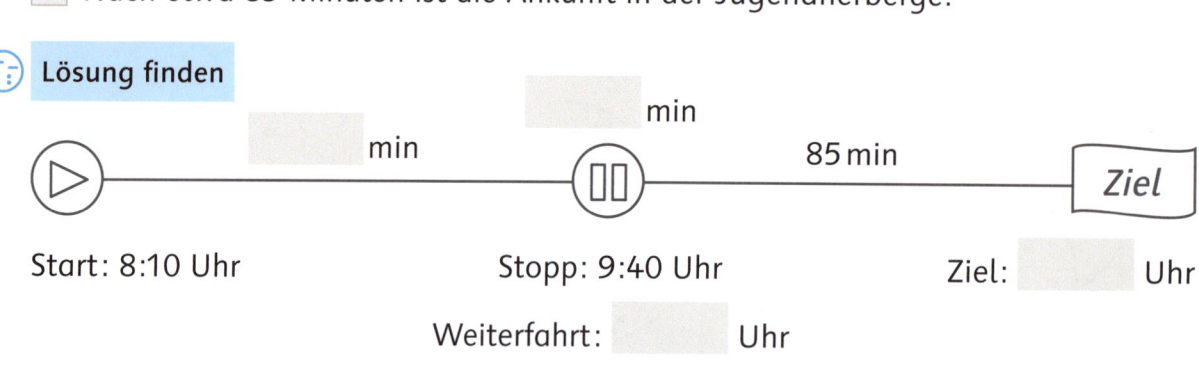

___ min

___ min   85 min

Start: 8:10 Uhr   Stopp: 9:40 Uhr   Ziel: ___ Uhr

Weiterfahrt: ___ Uhr

APP

✎ **Antwort schreiben**   *Die erwartete Ankunftszeit*

✓ **Überprüfen**   Ich vergleiche meine Antwort mit der Frage und der Lösung.

2

Wie lang ist die erwartete Reisezeit?
Auch Klasse 4b fährt nach Surikat. Der Reisebus startet um 9:45 Uhr vor der Schule. Nach 100 km und circa eineinhalb Stunden Fahrt wird eine Pause auf einem Busparkplatz eingelegt. 25 Minuten später fährt der Bus weiter. Die erwartete Ankunftszeit in der Jugendherberge ist 13:30 Uhr.

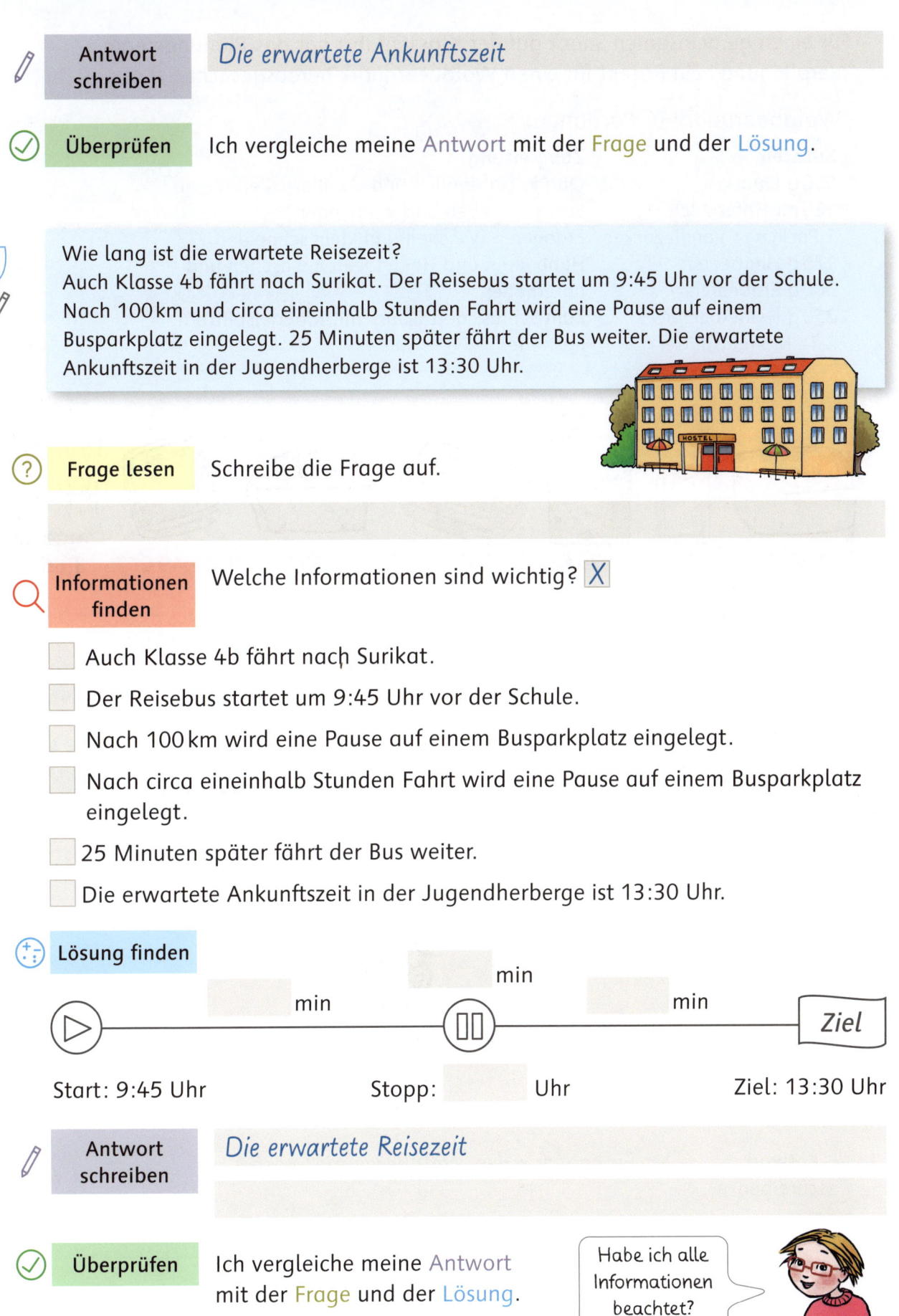

(?) **Frage lesen**   Schreibe die Frage auf.

🔍 **Informationen finden**   Welche Informationen sind wichtig? ☒

☐ Auch Klasse 4b fährt nach Surikat.

☐ Der Reisebus startet um 9:45 Uhr vor der Schule.

☐ Nach 100 km wird eine Pause auf einem Busparkplatz eingelegt.

☐ Nach circa eineinhalb Stunden Fahrt wird eine Pause auf einem Busparkplatz eingelegt.

☐ 25 Minuten später fährt der Bus weiter.

☐ Die erwartete Ankunftszeit in der Jugendherberge ist 13:30 Uhr.

Lösung finden

min

min   min   Ziel

▷ ────────── ⏸ ────────── Ziel

Start: 9:45 Uhr   Stopp: Uhr   Ziel: 13:30 Uhr

✎ **Antwort schreiben**   *Die erwartete Reisezeit*

✓ **Überprüfen**   Ich vergleiche meine Antwort mit der Frage und der Lösung.

Habe ich alle Informationen beachtet?

Vermischte Sachaufgaben lösen

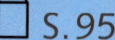

1 Für einen gemeinsamen Snack auf der Klassenfahrt hat das Planungsteam „Verpflegung" ein Rezept für einen Waldbeerquark herausgesucht.

Waldbeerquark (4 Portionen)

Zutaten	Zubereitung
500 g Quark	Quark, Hafermilch und Vanillezucker in eine Schüssel geben und vermengen.
125 ml Hafermilch	
1 Päckchen Vanillezucker	Erdbeeren waschen und klein schneiden.
125 g Himbeeren	Himbeeren und Heidelbeeren waschen und unterheben.
500 g Erdbeeren	
250 g Heidelbeeren	Zum Schluss den Quark mit Mandelsplittern bestreuen.
2 TL Mandelsplitter	

| 1,85 € | 1,25 € | 0,29 € | 2,69 € | 5,50 € | 2,49 € | 3,66 € |

? Frage lesen — Wie viel Geld muss das Team „Verpflegung" für den Snack einplanen, wenn alle 26 Kinder und 2 Lehrpersonen jeweils eine Portion Waldbeerquark bekommen sollen?

Informationen finden — Markiere die wichtigen Informationen.

Lösung finden — Vervollständige die Lösung.

> Ich multipliziere wie gewohnt die Stellenwerte. Wenn ich beim Komma angelangt bin, schreibe ich an die gleiche Stelle beim Ergebnis das Komma.

Quark:

$7 \cdot 500\,g = 3\,500\,g$

Preisliste:

$1,85 € \cdot 7$

$12,95 €$

Antwort schreiben — *Der Einkauf für den Waldbeerquark kostet*

2 Ist bei der Berechnung für den Betrag des Waldbeerquarks auch ein Überschlag ausreichend? Begründe deine Aussage.

3

Das Team „Ausflüge" plant einen Ausflugstag während der Klassenreise.
In der Klasse sind 26 Kinder und 2 Lehrpersonen. Pro Person dürfen höchstens 25€
ausgegeben werden.

Eintritt Zoo Tagesticket Kind: 12,00€ Tagesticket Erwachsener: 16,50€ Gruppentarif (ab 20 Personen): 11,50€ p.P.	**Safari-Menü** 1. Pommes + Salat + Saft 0,5 l: 9,50€ 2. Vegetarischer Linseneintopf: 7,95€
Eintritt Kletterpark (90 min) Kind: 18,50€ Erwachsener: 21,50€ Gruppentarif (5–20 Personen): 17,00€ p.P.	**Essen in der Gartenhütte** Jedes Menü Mo–Fr: 9,95€ Sa–So: 12,95€
Eintritt Kanutour 10 Kinder + 2 Erwachsene: 125,00€ pro weiteres Kind: 9,00€ pro weiteren Erwachsenen: 17,00€	**Grillevent** 12,50€ p.P.

a) Welche Angebote kann die Klasse buchen? Berechne. ☒

b) Für welches Angebot würdest du dich entscheiden? Begründe.

4

Die Klassen 4a (26 Kinder) und 4b (28 Kinder)
vergleichen am Ende der Klassenfahrt ihre
Kosten.

Kosten	4a (in €)	4b (in €)
Verpflegung	2400	2600
Unterkunft	1100	1200
Aktivitäten	2500	2200
Reisekosten	1800	1700

■ Klasse 4a
■ Klasse 4b

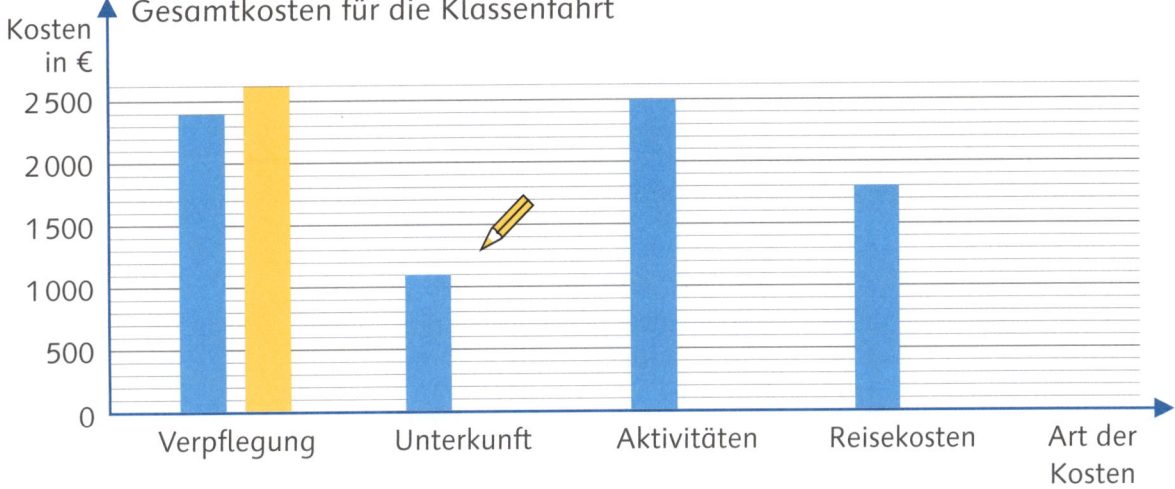

a) Ergänze das Säulendiagramm für Klasse 4b.

b) Berechne die Gesamtkosten für die Klassenfahrt pro Kind in der 4a und 4b.

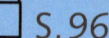

Wie viel bezahlt die Klasse 4a insgesamt für den Fahrradverleih?

Die Klasse 4a besteht aus 26 Kindern. Die Hälfte der Klasse leiht sich ein Mountainbike und die andere Hälfte ein 7-Gang-Rad für jeweils 3 Tage aus.

7-Gang-Rad	
1 Tag	5€
3 Tage	12€
Mountainbike	
1 Tag	7€
3 Tage	18€

```
2 6 : 2 = 1 3

1 3 · 1 2 €      1 3 · 1 8 €
    1 3 0 €          1 3 0 €
      2 6 €          1 0 4 €
    1 5 6 €          2 3 4 €

1 5 6 € + 2 3 4 € = 3 9 0 €
```

Die Sachaufgabe hat eine mathematische Frage. ✓	Ich habe alle Informationen, um die Frage beantworten zu können. ✓	Ich löse die Aufgabe mathematisch (Rechnung, Tabelle, Skizze). ✓

1 Sind die Merkmale einer guten Sachaufgabe erfüllt?  oder ✗?

Nahverkehr

Kinder
Einzelticket   2,10€
Tagesticket   4,50€
Erwachsene
Einzelticket   4,90€
Tagesticket   7,50€
Gruppen-Ticket
Tageskarte   12,60€
(2 Erwachsene + 2 Kinder oder 4 Kinder)

	mathematische Frage	Alle Infos	mathematische Lösung
4 Kinder der 4a kaufen ein Gruppenticket. Wie viel kostet das Gruppenticket?			
Die 4a mit 26 Kindern und 2 Erwachsenen kauft Tagestickets. Wie hoch sind die Gesamtkosten?			
Die 4a macht einen Tagesausflug mit dem Bus. Wann kommen sie an, wenn sie alle ein Einzelticket kaufen?			

Jugendherberge
Preise pro Tag/Person

Einzelzimmer: 35€
Doppelzimmer: 30€
3er-Zimmer: 25€
4er-Zimmer: 20€
5er-Zimmer: 18€

Die 4a informiert sich: Wie viel kostet ein Einzelzimmer pro Tag?			
Die 4a bucht vier 5er-Zimmer und zwei 3er-Zimmer. Wie hoch sind die Übernachtungskosten für die 8-tägige Reise?			
Die 26 Kinder der 4a sollen in der Unterkunft so verteilt werden, dass jedes Bett belegt ist. Wie hoch sind die Gesamtkosten, wenn die Klasse möglichst günstig bucht?			

2 Ist die Frage eine gute Sachaufgabe? ✔ oder ✗? Verbessere die Frage, wenn nötig.

Automat in der Jugendherberge

3,80 €	3,70 €	2,10 €	2,40 €	2,30 €	2,70 €	3,10 €

Welche Snacks gibt es im Automaten? ☐

Wie viel bezahlt Noa, wenn er während der 8-tägigen Klassenreise jeden Tag zwei Proteinriegel und eine Packung Pistazien kauft? ☐

Wie viel Taschengeld bleibt übrig, wenn sich Samu jeden Tag eine Packung Erdbeerchips kauft? ☐

Wie viel kostet der Inhalt des gesamten Automaten? ☐

3 Ergänze den Sachtext so, dass die Frage beantwortet werden kann. Löse die Aufgabe.

> Wie viele Schritte ist Amari während der Klassenreise pro Tag gelaufen?

Amari hat einen Schrittzähler während der Klassenreise. Amari, Noa, Ella und Samu laufen täglich. Sie lernen während ihrer Ausflüge viel dazu. Am Ende der Klassenreise zeigt der Zähler 95 461 Schritte an.

95 461 Schritte

Im Internet finde ich ein passendes Thema für eine Sachaufgabe.

Ich schreibe den Sachtext und eine passende Frage.

Eigene Sachaufgaben erstellen

1. Wähle ein Thema und suche Informationen.
2. Schreibe die Sachaufgabe mit Frage.
3. Prüfe die Sachaufgabe:
   - Sind alle Merkmale einer guten Sachaufgabe erfüllt?
   - Kann ich die Sachaufgabe selbst lösen?
   - Kann mein Partnerkind sie lösen?

Ich prüfe, ob die Sachaufgabe gelungen ist, indem ich sie selbst löse.

Mein Partnerkind löst die Sachaufgabe. Die Probe wird zeigen, ob die Sachaufgabe für andere verständlich ist.

---

1 Erstelle eine Sachaufgabe. Löse die Aufgabe.

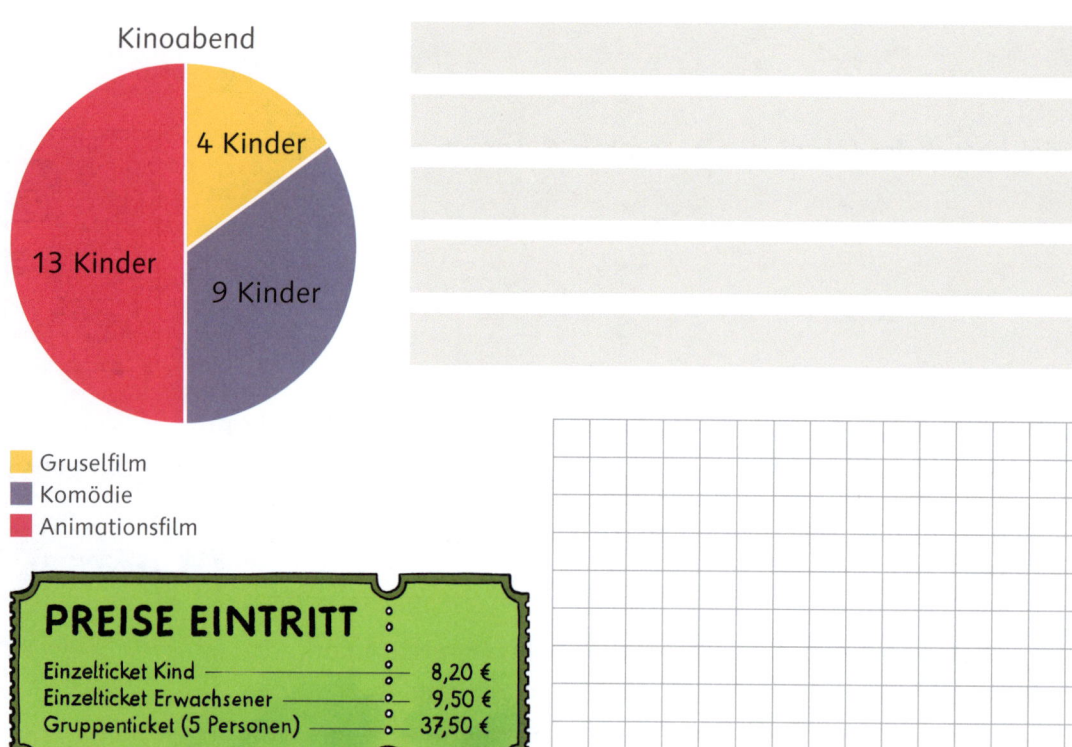

Kinoabend

4 Kinder
13 Kinder
9 Kinder

🟨 Gruselfilm
🟪 Komödie
🟥 Animationsfilm

PREISE EINTRITT

Einzelticket Kind ———————— 8,20 €
Einzelticket Erwachsener ———————— 9,50 €
Gruppenticket (5 Personen) ———————— 37,50 €

2 Erstelle eine Sachaufgabe. Löse die Aufgabe.

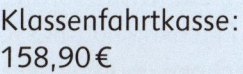 Klassenfahrtkasse: 158,90 €

 ANGEBOT
Größe M + 2 Toppings
6,50 €
+ 1 Sauce + Sahne

Frozen Joghurt
Größe S: 3,60 €
Größe M: 4,70 €
Größe L: 5,80 €
Je Topping: 0,80 €
Je Sauce: 0,30 €
Portion Sahne: 0,50 €

Toppings:

 Schoko
 Mandel
 Beeren
 Linsen

Sauce:

 SCHOKO
 ERDBEER
 MANGO
 KARAMELL

 3 Erstelle eine eigene Sachaufgabe.

 Welche Aufgaben kann ich zu den Spielergebnissen stellen?

 SUCHE:

 Zu Gewichten finde ich schnell Aufgaben.

Bei Kochrezepten gibt es viele Zahlen.

1

A = [ ] cm² A = [ ] cm² A = [ ] cm² A = [ ] cm² A = [ ] cm²

2

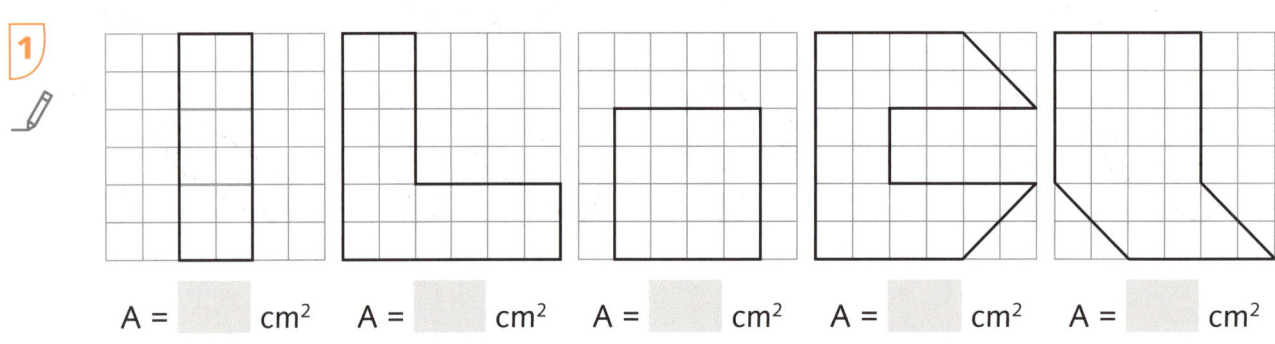

A = 4 cm²   A = 2 cm²   A = 8 cm²   A = 7 cm²   A = [ ] cm²

3

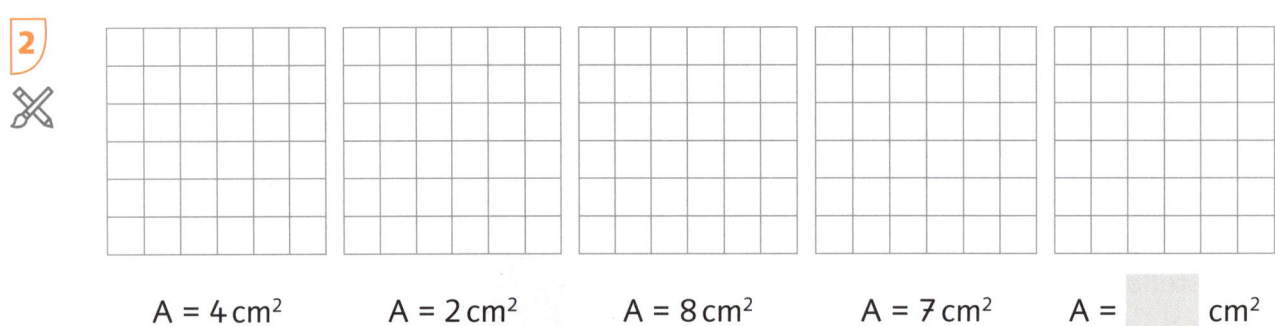

A = [ ] cm²   A = [ ] cm²   A = [ ] cm²

der Flächeninhalt A
der Quadratzentimeter cm²

1. ↓ SuS zeichnen die Einheitsquadrate ein.
3. ↑ SuS zeichnen die Einheitsquadrate mit Lineal ein und berechnen dann den Flächeninhalt.

APP

4

U =   cm   U =   cm   U =   cm   U =   cm   U =   cm

5

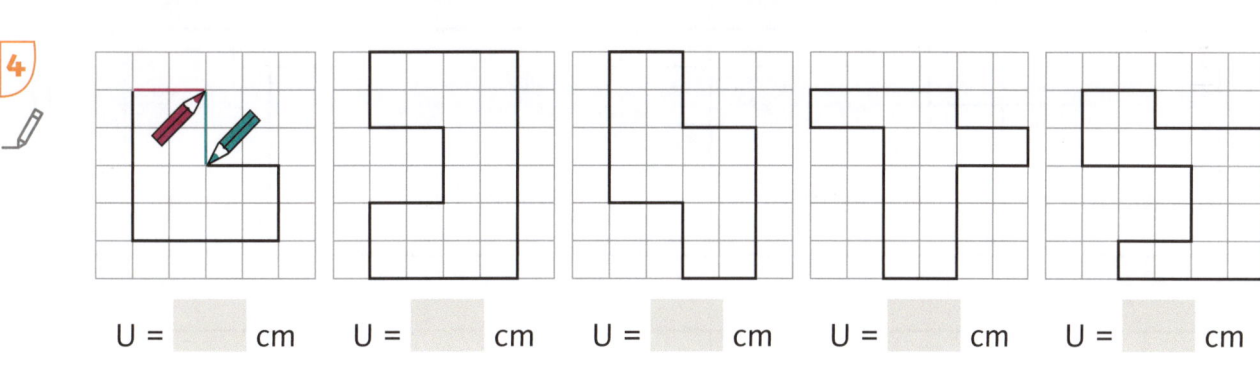

U = 8 cm   U = 10 cm   U = 12 cm   U = 13 cm   U =   cm

6

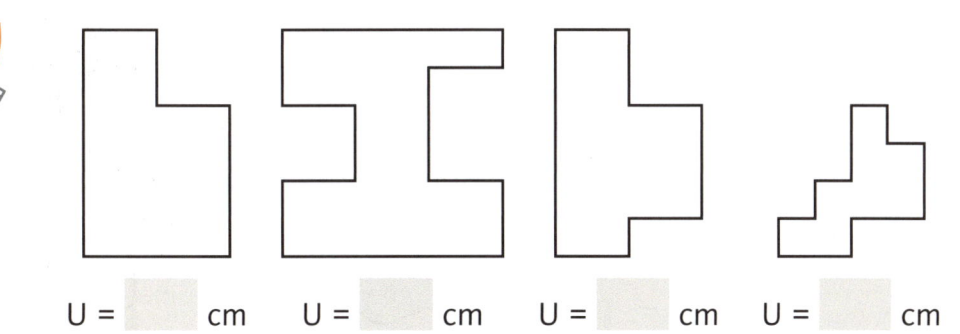

U =   cm   U =   cm   U =   cm   U =   cm

der Umfang U

4. ↓ SuS markieren die Seiten abwechselnd in zwei verschiedenen Farben.
6. SuS nutzen zur Berechnung des Umfangs ihr Lineal.

APP

83

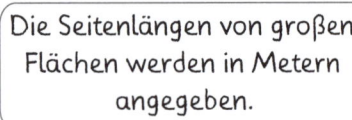

Flächeninhalt (m²) und Umfang (m)

S. 100

Die Seitenlängen von großen Flächen werden in Metern angegeben.

Der Flächeninhalt großer Flächen wird in Quadratmetern angegeben.

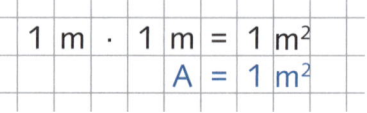

$$1 m \cdot 1 m = 1 m^2$$
$$A = 1 m^2$$

der Quadratmeter m²

1 Jedes Kästchen hat einen Flächeninhalt von $1 m^2$.

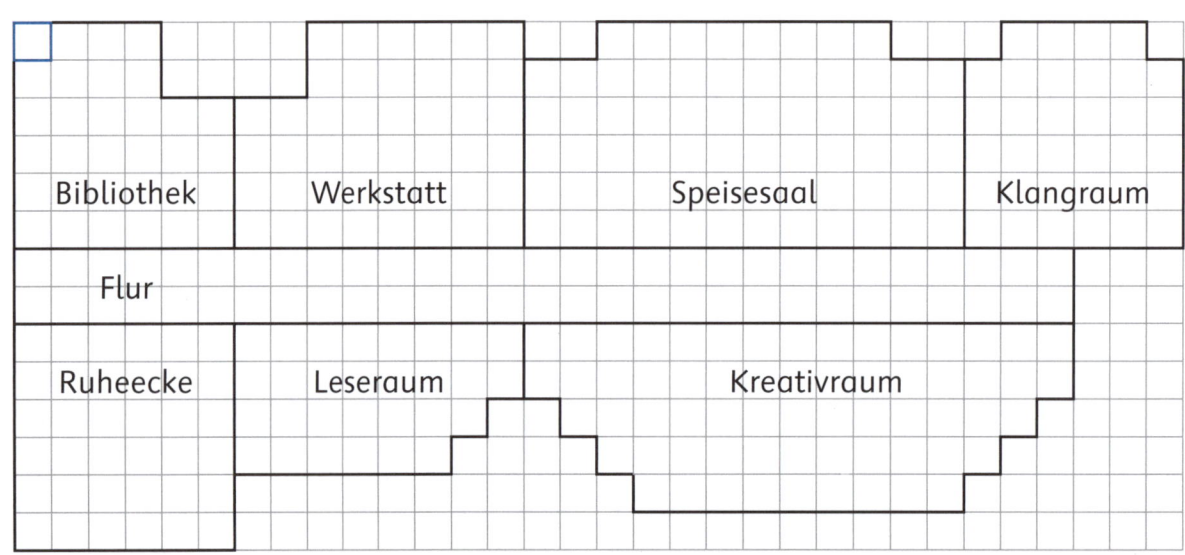

Bibliothek   Werkstatt   Speisesaal   Klangraum

Flur

Ruheecke   Leseraum   Kreativraum

Bibliothek: A = ___ m²   Speisesaal: A = ___ m²   Gesamtfläche:

Ruheecke: A = ___ m²   Kreativraum: A = ___ m²   A = ___ m²

Werkstatt: A = ___ m²   Klangraum: A = ___ m²

Leseraum: A = ___ m²   Flur: A = ___ m²

2 Bestimme ungefähr den Flächeninhalt des Teiches im Schulgarten.
Wie gehst du vor?

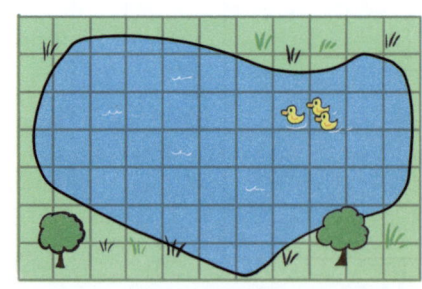

1. ↑ SuS erstellen einen eigenen Lageplan zu den Räumen ihrer Traumschule.

APP

6 m + 6 m + 6 m + 6 m = 2 4 m

U = 2 4 m

3 Bibliothek: U = ☐ m   Speisesaal: U = ☐ m

Ruheecke: U = ☐ m   Kreativraum: U = ☐ m

Werkstatt: U = ☐ m   Klangraum: U = ☐ m

Leseraum: U = ☐ m   Flur: U = ☐ m

Eine Kästchenlänge entspricht 1m Umfang.

4 Du hast 40 m Zierband. Welche Räume könntest du damit verzieren?

5 Wie viele Meter Zierband werden für diese Räume benötigt?

a)
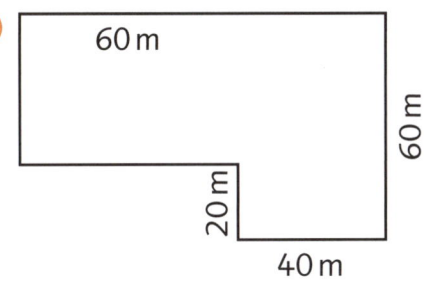

b)
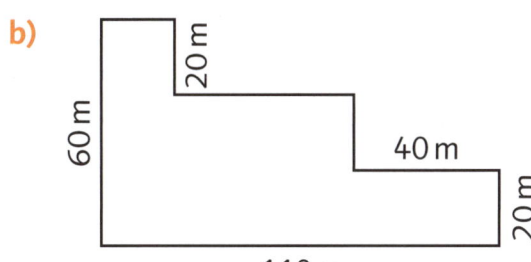

c)
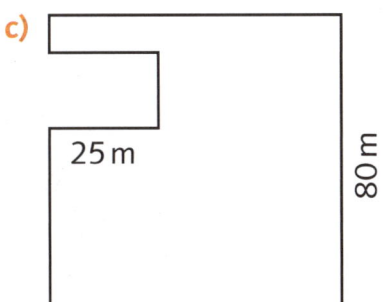

d)
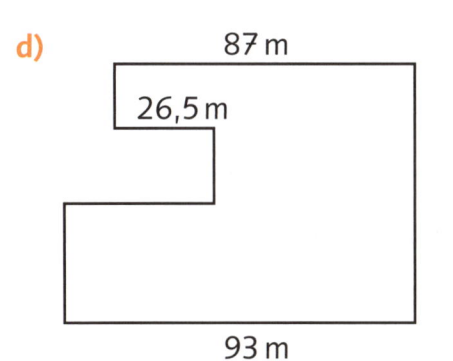

5. Hinweis: Die SuS müssen den Umfang ohne Lineal berechnen.

Entdeckungen

 S. 101

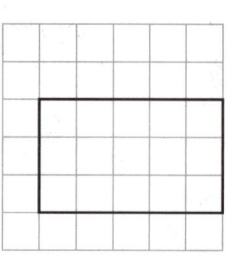

Bei einem Umfang von 20 m beträgt der Flächeninhalt immer 25 m².

Bei einem Flächeninhalt von 15 m² beträgt der Umfang immer 16 m.

Stimmt das?

1   Bestimme Flächeninhalt und Umfang. Was fällt dir auf?

a) 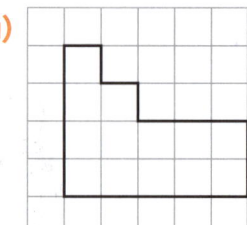 b) 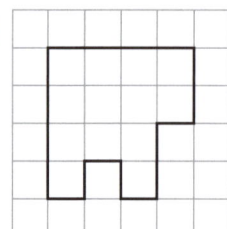 c) 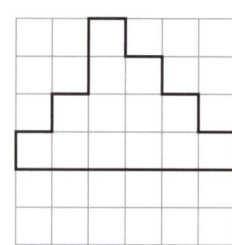 d)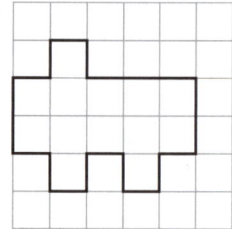

2    Bestimme Flächeninhalt und Umfang. Was fällt dir auf?

a) 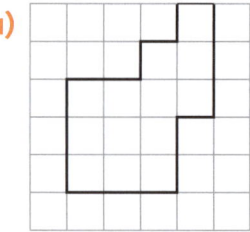 b) 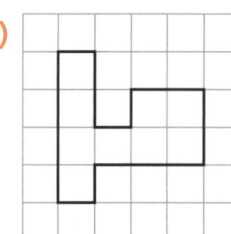 c) 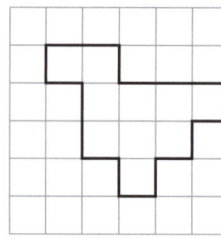 d)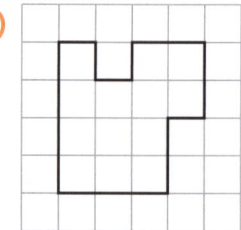

3   Zeichne jeweils 3 verschiedene Figuren mit

a) A = 8 m²   b) A = 10 m²   c) A = 16 m²

4   Zeichne jeweils 3 verschiedene Figuren mit

a) U = 12 m   b) U = 14 m   c) U = 18 m

5    ✔ oder ✘ ?

Figuren mit gleichem Umfang haben immer den gleichen Flächeninhalt. ☐

Figuren mit gleichem Flächeninhalt können den gleichen Umfang haben. ☐

Figuren mit gleichem Umfang können den gleichen Flächeninhalt haben. ☐

Wenn A verdoppelt wird, verdoppelt sich auch immer U. ☐

86

Jedes Kästchen hat einen Flächeninhalt von 1 m²

APP

	A	B	C	D	E	F	G	Gesamt
A	m²	m²	m²	m²	m²	m²	m²	m²
U	m	m	m	m	m	m	m	m

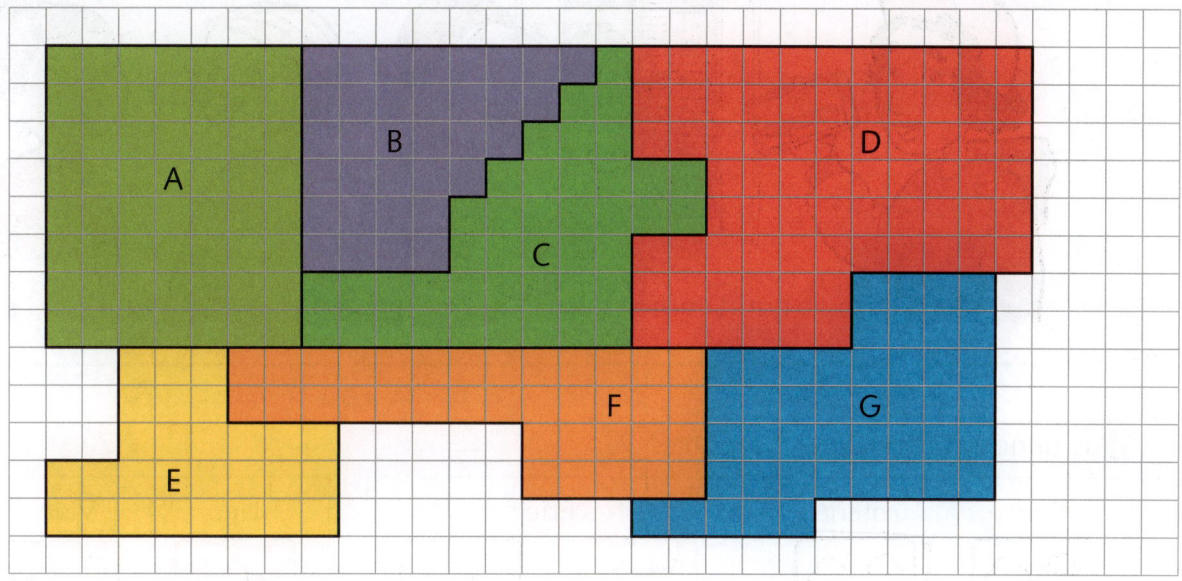

Verändere die Teilflächen von **6** so, dass alle gleich groß sind.
Verändere nicht die Außengrenzen.

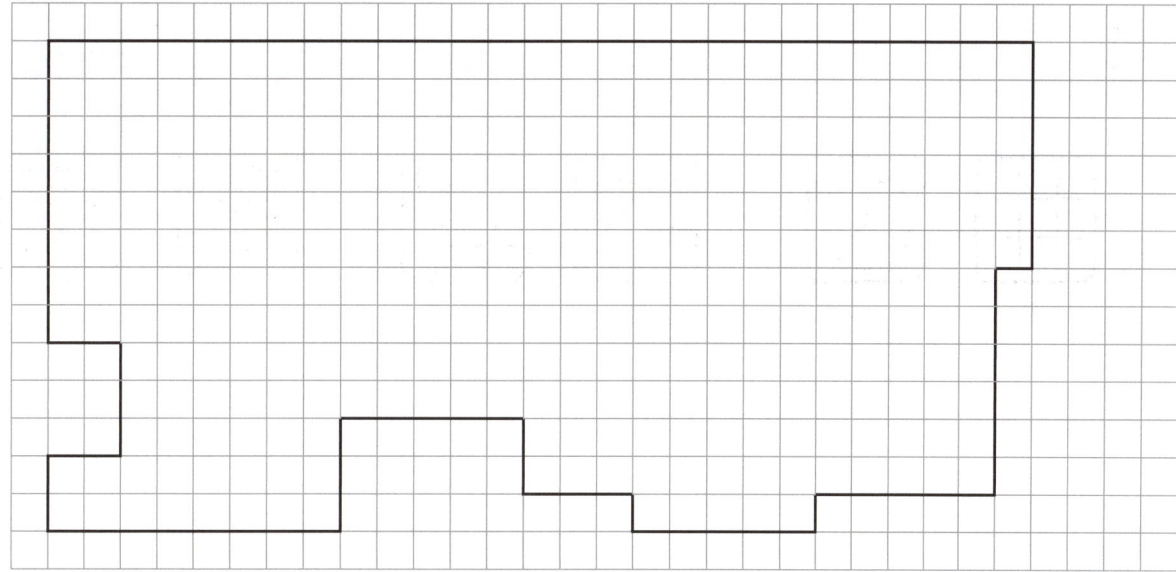

A = 24 m². Finde die Figur mit dem größten
und dem kleinsten Umfang.
Wie gehst du vor?

---

6. Hinweis: Beim Gesamtumfang ist der Umriss der Gesamtfläche gemeint.

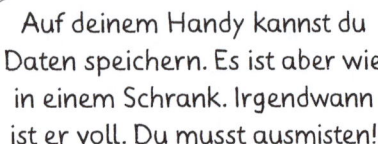

Auf deinem Handy kannst du Daten speichern. Es ist aber wie in einem Schrank. Irgendwann ist er voll. Du musst ausmisten!

Winterjacken benötigen viel Platz im Schrank, Socken wenig. So ist es auch in deinem Handy.

Ein Video hat eine große Datenmenge und benötigt daher mehr Speicherplatz als ein Foto.

1 Was benötigt mehr Speicherplatz? ☒

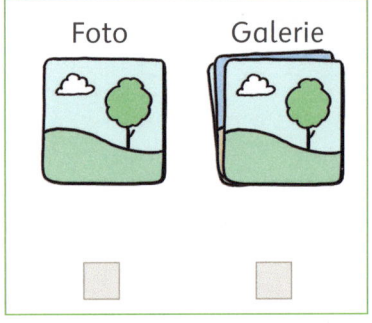

Foto   Galerie

Nachrichten

0:15 min

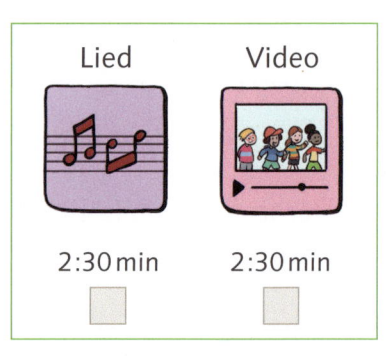

Lied   Video

2:30 min   2:30 min

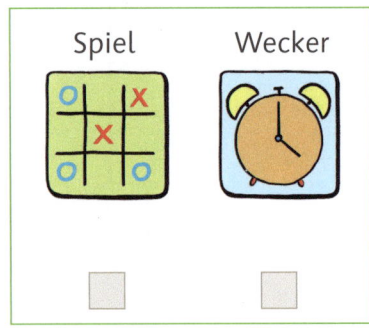

Spiel   Wecker

Foto   GIF

Nachrichten

150 Zeichen   200 Zeichen

2 Ordne nach der Speichergröße. Von klein zu groß.

2:30 min

1:30 min

Hinweis: Die Speichergrößen in den Endgeräten prüfen.

APP

Datenmengen haben verschiedene Einheiten. Byte ist hier die kleinste Einheit, Gigabyte die größte.

Viele Gigabyte bedeuten eine große Datenmenge. Eine große Datenmenge benötigt viel Speicherplatz.

1000 Megabyte sind ungefähr 1 Gigabyte.

Byte
Kilobyte
1 000 B ≈ 1 KB
Megabyte
1 000 KB ≈ 1 MB
Gigabyte
1 000 MB ≈ 1 GB

3 KB, MB oder GB?

 2:30 min

3,2 MB   2 ____   320 ____   570 ____

 0:15 min

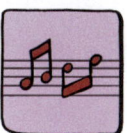 2:30 min

10 ____   32 ____   88 ____   2,5 ____

So, wie es für Längen die Einheiten cm, m und km gibt, nutzen wir für Datenmengen die Einheiten B, KB, MB, GB.

4 Wofür benötigst du Speicherplatz? Erstelle eine Collage.

Kilo = Tausend, Mega = Million, Giga = Milliarde

Umrechnen

S. 103

Die Umrechnungszahl ist 1024. Ich überschlage und rechne mit 1000. Das ist einfacher.

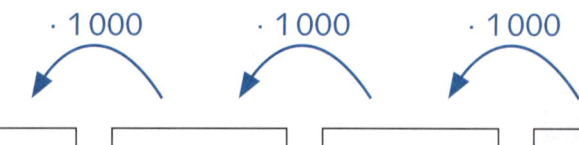

· 1000	· 1000	· 1000

1 000 000 B Byte	1000 KB Kilobyte	1 MB Megabyte	0,001 GB Gigabyte

: 1000	: 1000	: 1000

1

5 000 B	5 000 KB	5 000 MB	5,5 MB	5,5 GB

5 GB	5 KB	5 MB	5 500 KB	5 500 MB

2 Rechne in KB um.

3 000 B =	KB	17 MB =	KB
9 000 B =	KB	122 MB =	KB
2 000 B =	KB	138 MB =	KB
4 000 B =	KB	1 009 MB =	KB
4 GB =	KB	551 MB =	KB
5 GB =	KB	1 000 B =	KB
8 GB =	KB	9 GB =	KB
2 GB =	KB	2 099 MB =	KB

3 Rechne in MB um.

a) 125 GB	**b)** 7 000 KB	**c)** 966 GB	**d)** 1 000 000 B
166 GB	900 000 KB	1 000 GB	55 000 KB
21 GB	16 000 KB	10 000 KB	2 000 000 B

1. ↓ SuS zeichnen einen roten Trennstrich in den Bildern zwischen Euro und Cent.

4 Wie viel KB?

	100 KB	10 KB	1 KB	100 B	10 B	1 B	KB
5 525 B			5				
6 009 B							
30 796 B							
859 090 B							

5 Wie viel MB?

	100 MB	10 MB	1 MB	100 KB	10 KB	1 KB	MB
70 KB			0	0	7	0	0,
5 009 KB							
6 089 KB							
9 252 KB							

6

10 GB 500 MB	10 500 MB	10,5 GB
	1 001 KB	
		5,38 KB
	6 006 B	
150 MB 150 KB		
		105,02 MB
	6 689 MB	

7 <, > oder =?

5 B	⬤	2 KB	2 000 B	⬤	2 KB	1 555 B	⬤	1 KB
10 KB	⬤	2 MB	5 500 KB	⬤	9 MB	17 000 KB	⬤	13 MB
10 B	⬤	7 MB	1 700 MB	⬤	17 B	28 000 B	⬤	28 KB
16 MB	⬤	2 B	990 B	⬤	99 MB	9 900 MB	⬤	99 KB

 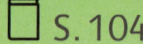

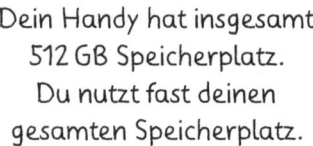

Dein Handy hat insgesamt 512 GB Speicherplatz. Du nutzt fast deinen gesamten Speicherplatz.

Hier siehst du, wofür du deinen Speicherplatz nutzt und wo du aufräumen könntest.

■ GB / 512 GB belegt

SPEICHER

■	Bilder	3228 MB
■	Videos	382 GB
■	Audio	5500 MB
■	Apps	102,33 GB

---

1 Wie viel Gigabyte Speicherplatz sind auf dem Handy belegt?

a)

Audiobuch		7,7 GB
Nachrichten		6,93 GB
Fotos		3,81 GB
SozialMedia		1,49 GB
HitMusik		1 GB

b)

Fotos		12,31 GB
HitMusik		10,09 GB
Audiobuch		5,5 GB
KartenApp		0,6 GB
SozialMedia		0,01 GB

c)

Spieleudo		3,42 GB
Audiobuch		2,24 GB
Internet		900 MB
Nachrichten		10 MB
Fotos		3 MB

d)

Filme		26,5 GB
Spieleudo		3,42 GB
Spielise		1,01 MB
SozialMedia		477 MB
Kamera		458 MB

e)

Fotos		15,67 GB
SozialMedia		0,81 MB
HitMusik		8,26 GB
Kamera		561 MB
Audiobuch		9,05 GB

f)

Spielise		5,05 GB
Nachrichten		7,21 GB
Filme		116,44 GB
Internet		654 MB
KartenApp		1,1 GB

2 Wie viel Speicherplatz ist frei?

a) _____ von 64 GB sind frei.   **b)** _____ von 64 GB sind frei.

■ GB / 64 GB belegt

SPEICHER

■	Bilder	10,32 GB
■	Videos	7,38 GB
■	Audio	241 MB
■	Apps	21,26 GB

■ GB / 64 GB belegt

SPEICHER

■	Bilder	9,3 GB
■	Videos	511 MB
■	Audio	839 MB
■	Apps	18,89 GB

c) _____ von 128 GB sind frei.   **d)** _____ von 256 GB sind frei.

■ GB / 128 GB belegt

SPEICHER

■	Bilder	5,96 GB
■	Videos	3271 MB
■	Audio	5 GB
■	Apps	21,06 GB

■ GB / 256 GB belegt

SPEICHER

■	Bilder	29,59 GB
■	Videos	80,42 GB
■	Audio	11000 MB
■	Apps	54,70 GB

e) _____ von 512 GB sind frei.   **f)** _____ von 512 GB sind frei.

■ GB / 512 GB belegt

SPEICHER

■	Bilder	3228 MB
■	Videos	382 GB
■	Audio	5500 MB
■	Apps	102,33 GB

■ GB / 512 GB belegt

SPEICHER

■	Bilder	118,77 GB
■	Videos	112,01 GB
■	Audio	3950 MB
■	Apps	16520 MB

3 Reicht der Speicherplatz? ✔ oder ✘ ?

a)
Neue App:
580 000 KB

Speicher:
512 GB
Belegt:
120 000 MB

□

b)
Neue App:
1 GB

Speicher:
128 000 MB
Belegt:
590 550 KB

□

c)
Neue App:
980 MB

Speicher:
256 GB
Belegt:
255 350 MB

□

Zeig, was du kannst!

1

T	H	Z	E

T	H	Z	E

2

550 000 ⬤ 680 000	125 456 ⬤ 12 545	10 100 ⬤ 10 010
420 000 ⬤ 820 000	31 333 ⬤ 244 121	889 998 ⬤ 989 888
205 000 ⬤ 201 000	85 478 ⬤ 85 454	1 000 000 ⬤ 101 000
981 000 ⬤ 189 000	623 062 ⬤ 613 309	589 999 ⬤ 589 999

3 Schreibe die Nachbarhunderttausender, Nachbarzehntausender und Nachbartausender.

	VHT	VZT	VT	Zahl	NT	NZT	NHT
a)	300 000	340 000	343 000	344 000	345 000	350 000	400 000

a)	b)	c)	d)
344 000	557 000	785 100	456 654
296 000	832 700	799 560	888 888
666 000	899 000	456 650	999 111
802 000	787 500	498 530	101 202

4 Verschiebe ein Plättchen. Welche Zahlen können es jetzt sein?

a)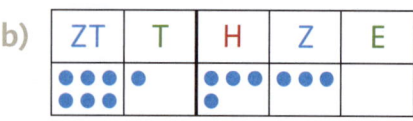

a)	Z:	2	4	5	0	4
		1	5	5	0	4,

d)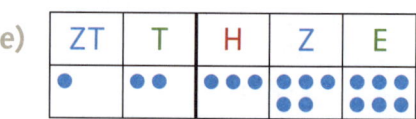

b)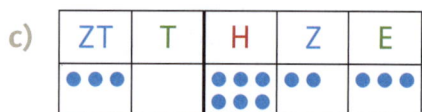

e)

c)

f)

94

APP

1

a) 4 561 + 8
2 568 + 1
7 644 + 5

b) 49 156 + 3
55 122 + 7
98 183 + 5

c) 5 000 + 4 000
40 000 + 50 000
700 000 + 200 000

d) 50 000 + 20 000
600 000 + 300 000
8 000 + 1 000

2

a) 3 000 + 8 000
5 000 + 7 000
4 000 + 9 000

b) 25 000 + 8 000
36 000 + 7 000
64 000 + 8 000

c) 125 000 + 6 000
254 000 + 7 000
968 000 + 4 000

d) 450 000 + 60 000
380 000 + 60 000
590 000 + 80 000

3

a) 45 368 + 49 000
56 123 + 39 000
396 644 + 59 000

b) 24 000 + 26 000
28 000 + 62 000
67 000 + 23 000

c) 26 597 + 190 000
45 978 + 390 000
55 652 + 29 000

d) 15 436 + 790 000
470 000 + 420 000
380 000 + 320 000

4

```
    5 4 5 1 3 5
  + 2 3 1 3 2 4
```

```
    2 2 0 4 5 6
  + 4 1 9 2 2 0
```

```
    6 5 5 3 3 1
  + 2 2 0 1 1 3
```

```
        5 3 3 7
  + 8 8 5 0 1 2
```

```
    6 3 6 4 2 2
  + 1 4 4 4 5 6
```

```
    3 0 2 3 4 7
  + 5 2 6 5 0 2
```

```
      5 5 4 3 2
  + 2 2 1 0 0 8
```

```
        6 4 4 8
  + 9 1 1 0 5 7
```

```
    7 4 7 3 4 4
  + 2 5 2 5 3 4
```

```
    4 1 3 4 5 6
  + 4 3 7 0 0 3
```

```
      5 0 9 6 3
  + 1 0 2 8 9 7
```

```
    4 5 6 8 8 7
  +       5 8 3 2
```

Zeig, was du kannst!

1

a) 5 347 – 4
8 547 – 3
6 272 – 2

b) 47 328 – 6
35 333 – 2
66 816 – 4

c) 50 000 – 40 000
60 000 – 20 000
900 000 – 700 000

d) 70 000 – 60 000
8 000 – 5 000
800 000 – 400 000

2

a) 15 000 – 6 000
16 000 – 9 000
18 000 – 9 000

b) 25 000 – 8 000
46 000 – 9 000
82 000 – 4 000

c) 145 000 – 8 000
447 000 – 9 000
884 000 – 6 000

d) 240 000 – 70 000
830 000 – 90 000
540 000 – 60 000

3

a) 85 368 – 49 000
66 123 – 39 000
796 587 – 59 000

b) 48 000 – 23 000
83 000 – 63 000
67 000 – 22 000

c) 826 597 – 190 000
645 978 – 390 000
555 652 – 29 000

d) 915 436 – 399 000
77 256 – 499 000
880 108 – 398 000

4

		2	5	5	6	5	3
–			2	2	7	3	0

	5	7	7	3	7	6
–	1	3	4	5	0	6

	7	8	1	1	4	6
–	5	3	2	0	0	1

	7	2	2	2	1	5
–	4	0	0	0	2	3

		4	3	3	7	6	5
–			1	1	7	4	2

	6	6	9	4	4	6
–	3	3	5	2	2	7

	8	9	2	2	5	7
–	3	5	0	1	2	0

	8	1	2	2	4	5
–	5	2	2	1	0	6

	5	7	8	6	3	3
–	4	7	9	6	6	3

	8	8	1	2	4	7
–	6	0	5	1	1	7

	9	0	7	1	7	5
–	2	2	8	9	6	9

		5	8	9	6	6	7
–			5	4	1	0	8

1

6 · 9 =	80 · 2 =	7 · ____ = 490
60 · 9 =	8 · 200 =	70 · ____ = 49 000
6 · 900 =	80 · 200 =	700 · ____ = 490 000

😊 🤔

2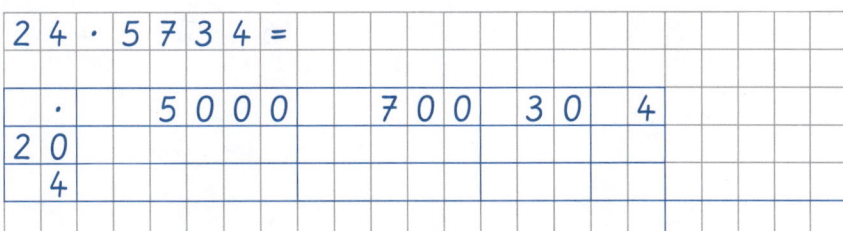

24 · 5734 =

·	5000	700	30	4
20				
4				

32 · 4513 =

·	4000	500	10	3
30				
2				

😊 🤔

3 • Ohne Übertrag.

T H Z E		T H Z E		T H Z E		T H Z E
2 2 3 1 · 3		1 3 3 1 · 2		2 2 1 1 · 4		4 4 3 1 · 2
T H Z E		T H Z E		T H Z E		T H Z E

😊 🤔

4 • Mit Übertrag.

T H Z E		T H Z E		T H Z E		T H Z E
4 6 5 6 · 4		6 7 8 8 · 7		2 4 5 9 · 6		3 3 5 1 · 5
T H Z E		T H Z E		T H Z E		T H Z E

😊 🤔

5

3 5 6 · 2 4	1 8 8 · 2 2	4 7 8 · 4 3	9 6 8 · 5 2

😊 🤔

Zeig, was du kannst!

1

24 000 : 300 = ⬚   49 000 : 700 = ⬚   48 000 : 600 = ⬚

63 000 : 7 000 = ⬚   24 000 : 4 000 = ⬚   32 000 : 40 = ⬚

4 500 : 900 = ⬚   81 000 : 900 = ⬚   50 000 : 500 = ⬚

2 ✏: Ohne Rest.

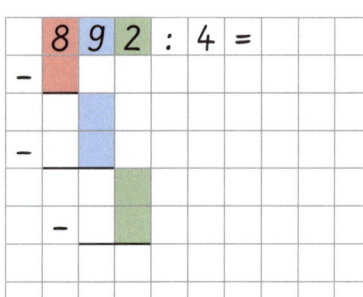   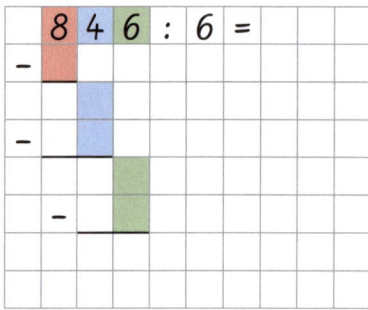   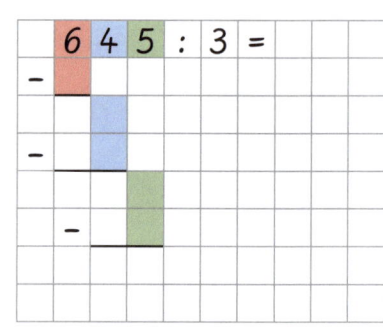

8 9 2 : 4 =   8 4 6 : 6 =   6 4 5 : 3 =

3 ✏: Mit Rest.

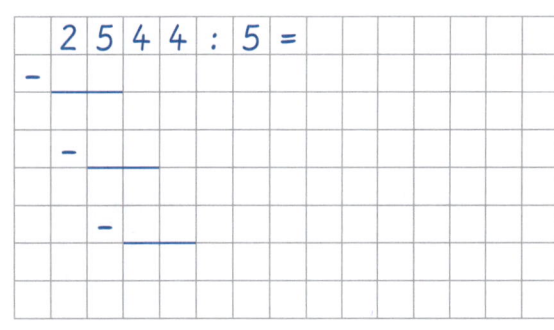   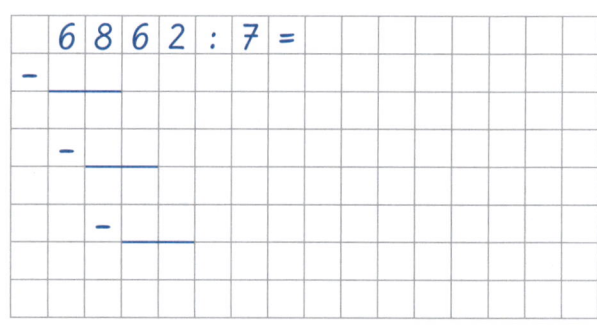

2 5 4 4 : 5 =   6 8 6 2 : 7 =

4 ✏:

a) 2264 : 4   b) 4830 : 5   c) 31 927 : 7   d) 35 178 : 6
   2691 : 3   3428 : 5   53 832 : 6   27 424 : 8

5 ✏: Prüfe mit der Probe.

a) 3825 : 17   b) 7823 : 21   c) 13 338 : 18   d) 15 926 : 25
   1026 : 18   8080 : 16   45 971 : 61   26 987 : 33
   3224 : 13   5444 : 14   31 537 : 47   12 570 : 26
   12 438 : 18   8218 : 14   25 284 : 42   87 513 : 64

APP

1

5 m = ☐ dm   1 dm = ☐ cm   2 cm = ☐ mm   3 m = ☐ dm

7 m = ☐ dm   8 dm = ☐ cm   6 dm = ☐ mm   8 cm = ☐ mm

4 m = ☐ dm   3 dm = ☐ cm   9 dm = ☐ mm   6 dm = ☐ cm

2 <, > oder =?

0,9899 km ◯ 9899 m   7,137 km ◯ 7370 m   0,008 km ◯ 8 m

1,650 km ◯ 165 m   3,448 km ◯ 344 m   8,005 km ◯ 800 m

0,101 km ◯ 222 m   0,089 km ◯ 89 m   0,684 km ◯ 6840 m

2,035 km ◯ 475 m   8,909 km ◯ 8990 m   6,137 km ◯ 6107 m

3

Wir wandern 6 gleich lange Etappen. Jede Etappe ist 6,8 km lang. Wie viele km sind wir insgesamt gelaufen?

Ich möchte einen 136 km langen Weg in 8 gleich langen Etappen laufen. Wie lang ist jede Etappe?

Ich möchte 25 km in 3 Etappen laufen. Zwei Etappen sollen gleich lang sein. Wie lang könnte jede Etappe sein?

4

5 l 230 ml		5,23 l
	6419 ml	
		4,09 l
	18526 ml	
1 l 25 ml		
		10,75 l

1 Zeichne durch den vorgegebenen Punkt jeweils eine Senkrechte und Parallele.

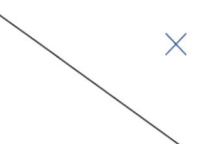
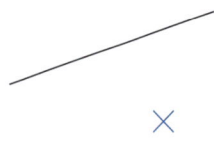
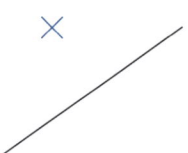
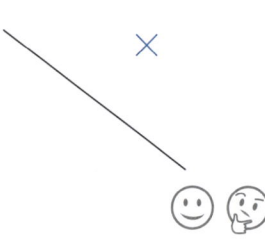

2 Zeichne Rechtecke. Markiere die rechten Winkel.

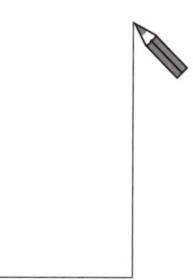

Länge = 3,4 cm
Breite = 2,2 cm

Länge = 3,7 cm
Breite = 1,8 cm

Länge = 2,8 cm
Breite = 3,1 cm

3 Setze fort. r = 1,5 cm

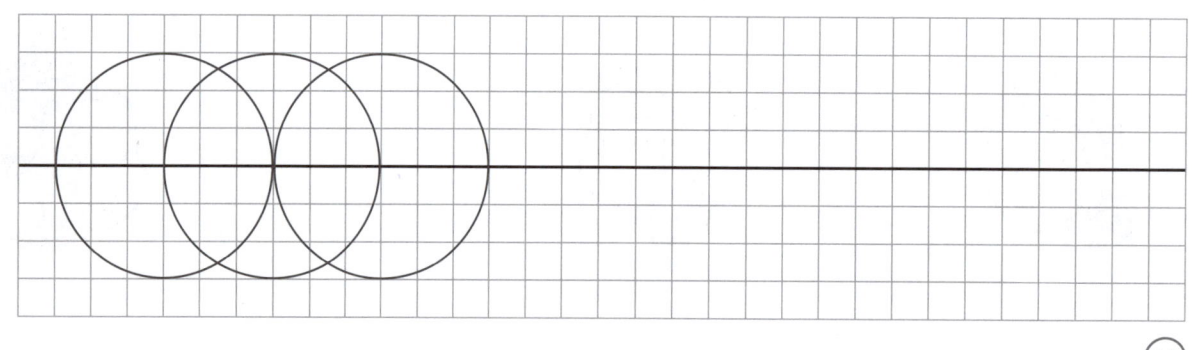

4 Flächeninhalt und Umfang.

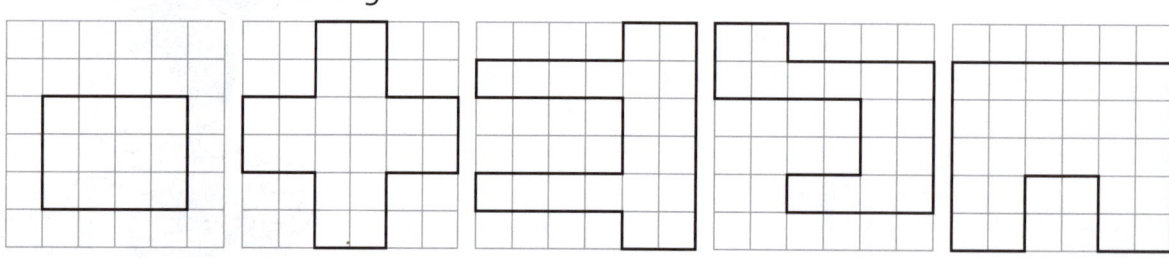

A =   cm²   A =   cm²   A =   cm²   A =   cm²   A =   cm²

U =   cm   U =   cm   U =   cm   U =   cm   U =   cm

APP

1

	2 kg	1 kg	500 g	200 g	100 g	50 g	20 g	10 g	5 g	2 g	1 g
🏸 15 g								1			
📱 292 g											
🏀 5 000 g											
🍬 125 g											
🎾 ½ kg											
🧳 6 132 g											

☺ 🤔

2

2 kg = ⬚ g 7 600 g = ⬚ kg 3,450 kg = ⬚ g

3 000 g = ⬚ kg 4 030 g = ⬚ kg 0,5 kg = ⬚ g

7 000 g = ⬚ kg 8 001 g = ⬚ kg 8 080 g = ⬚ kg

40 kg = ⬚ g 2 809 g = ⬚ kg 70 508 g = ⬚ kg

☺ 🤔

3 Wie viel wiegen die Pakete zusammen? Schreibe das Ergebnis in g und kg.

a) 3 kg | 600 g f) 23 kg | 50 g

b) 4 kg | 155 g g) 66 kg | 220 g

c) 7 kg | 572 g h) 4,7 kg | 156 g

d) 8 kg | 808 g i) 9,9 kg | 66 g

e) 3,1 kg | 60 g j) 8,7 kg | 13 g

☺ 🤔

 101

Merkwissen

Die Multiplikation, die Division
S. 4, 16

multiplizieren	dividieren
5 · 2 000 = 10 000	28 000 : 4 = 7 000
1. Faktor 2. Faktor Produkt	Dividend Divisor Quotient

Das Gewicht
S. 28, 36

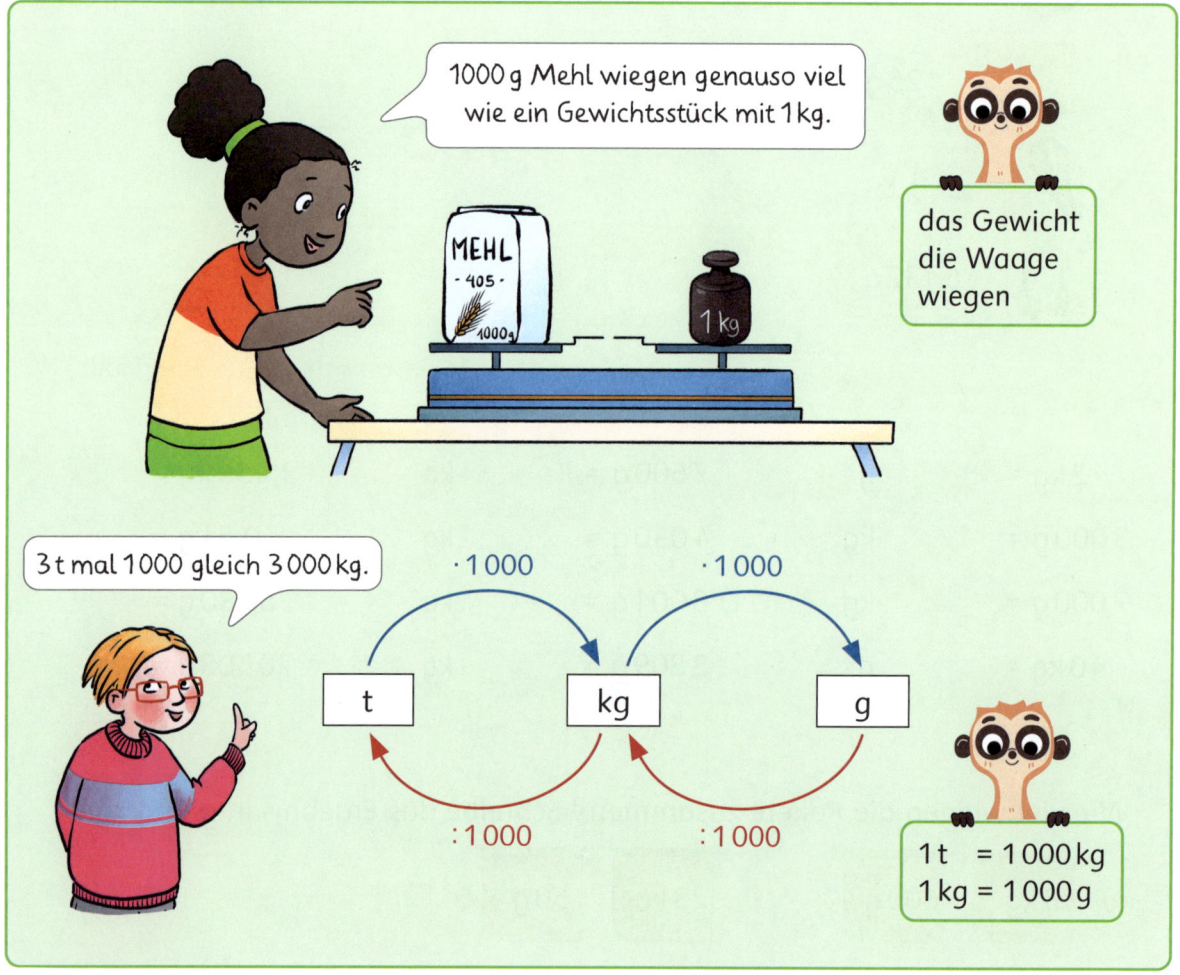

Diagramme
S. 46–49

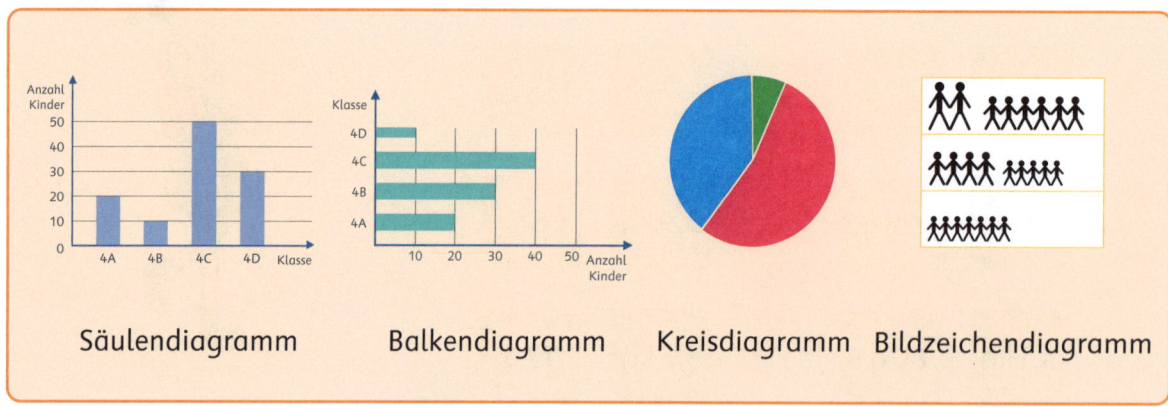

Säulendiagramm   Balkendiagramm   Kreisdiagramm   Bildzeichendiagramm

Runden
S. 50

Tausender	Zehntausender	Hunderttausender	
154<u>0</u>65 ≈ 154 000	15<u>4</u>065 ≈ 150 000	<u>7</u>16 843 ≈ 700 000	0, 1, 2, 3, 4 ↓ abrunden
716<u>8</u>43 ≈ 717 000	71<u>6</u>843 ≈ 720 000	<u>1</u>54 065 ≈ 200 000	5, 6, 7, 8, 9 ↑ aufrunden

Linien
S. 60–64

Die beiden Geraden sind <u>parallel zueinander</u>.

Die beiden Geraden sind <u>senkrecht zueinander</u>.

die Gerade   die Strecke   die Parallele   die Senkrechte

Geometrische Formen
S. 67

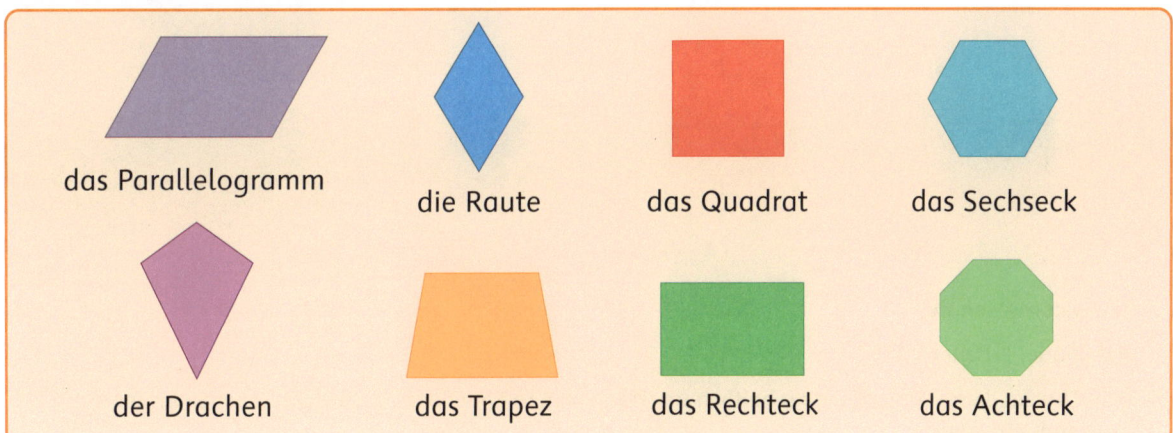

das Parallelogramm   die Raute   das Quadrat   das Sechseck

der Drachen   das Trapez   das Rechteck   das Achteck

Byte, Kilobyte, Megabyte, Gigabyte
S. 89, 90

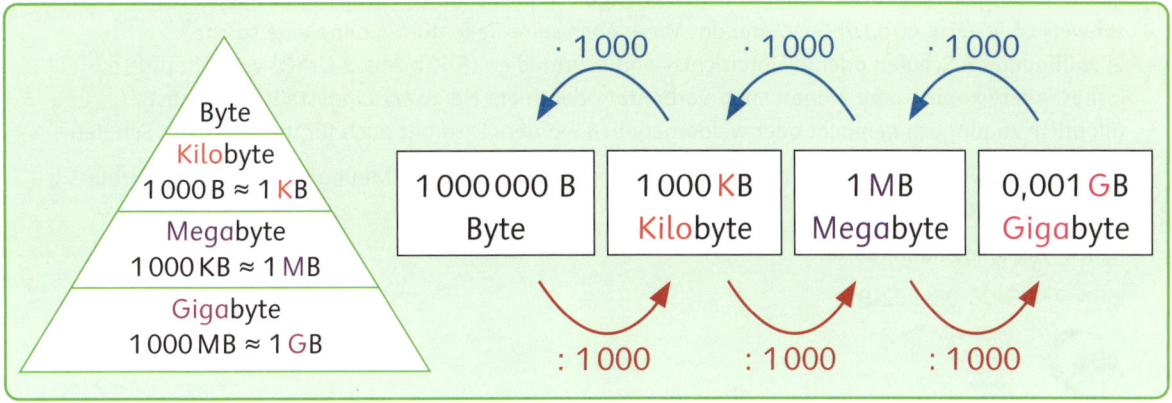

Byte

Kilobyte
1 000 B ≈ 1 KB

Megabyte
1 000 KB ≈ 1 MB

Gigabyte
1 000 MB ≈ 1 GB

· 1000   · 1000   · 1000

| 1 000 000 B Byte | 1 000 KB Kilobyte | 1 MB Megabyte | 0,001 GB Gigabyte |

: 1000   : 1000   : 1000

Nase vorn!

Mathematik

Arbeitsheft 4 B

Erarbeitet von:	Alexandra Freytag, Anna Harrich-Voßen, Gesa Hochscherff, Jule Johnen, Uwe Nienhaus, Anna Pöllinger-Miebach
Begutachtet von:	Christian Grulich
Redaktion:	Juliane Hasselbrink, Angela Lucke, Simone Micek
Illustration:	Friederike Ablang (Team Nase), Berlin, Antje Hagemann (Illustrationen ohne Team Nase), Berlin, Christine Wächter (Dienes-Material S. 4, 94, geometrische Formen S. 66), Berlin, Josephine Wolff (Eddi), Berlin
Umschlaggestaltung:	Corinna Babylon, Berlin
Layoutkonzept:	Heike Börner, Berlin
Layout und technische Umsetzung:	Corngreen GmbH, Leipzig

Begleitmaterial für die Lernenden

Einstiegsbuch	978-3-06-084955-0
Zahlen bis zur Million. Kopfrechnen	978-3-06-084123-3
Halbschriftlich/Schriftlich rechnen mal und geteilt	978-3-06-084124-0
Sicher in die 5. Klasse	978-3-06-084125-7
Sachrechnen	978-3-06-084187-5
Größen	978-3-06-084266-7
Geometrie	978-3-06-084472-2

www.cornelsen.de

1. Auflage, 1. Druck 2025

Alle Drucke dieser Auflage sind inhaltlich unverändert und können im Unterricht nebeneinander verwendet werden.

© 2025 Cornelsen Verlag GmbH, Mecklenburgische Straße 53, 14197 Berlin, E-Mail: service@cornelsen.de

Druck: H. Heenemann, Berlin

ISBN 978-3-06-084952-9

PEFC-zertifiziert
Dieses Produkt stammt aus nachhaltig bewirtschafteten Wäldern

PEFC

PEFC/04-31-1156   www.pefc.de